AF671879

Anna Pröhle

Organspende und Journalisten

Einstellungen und Kenntnisstand in Deutschland tätiger Publizisten zu Hirntod und ausgewählten Aspekten der postmortalen Organgabe. Eine deskriptiv-medizinethische Untersuchung

Studien und Materialien zur praktischen Philosophie
Studies and Materials on Practical Philosophy

Band 4

Herausgegeben von
Professor Dr. mult. Nikolaus Knoepffler
und Dipl.-Jur. Sebastian C. Dewaldt

Organspende und Journalisten

Einstellungen und Kenntnisstand in Deutschland tätiger Publizisten zu Hirntod und ausgewählten Aspekten der postmortalen Organgabe. Eine deskriptiv-medizinethische Untersuchung

von

Anna Pröhle

SOCIETAS 2015

Bibliographische Information der Deutschen Nationalbibliothek

Die Deutsche Nationalbibliothek verzeichnet diese Publikation in der deutschen Nationalbibliographie; detaillierte bibliographische Daten sind im Internet über <http://dnb.ddb.de> abrufbar.

Alle Rechte vorbehalten
Societas Verlagsgesellschaft
UG (haftungsbeschränkt) & Co. KG
Jena / Bad Frankenhausen, 2015

ISBN 978-3-944420-34-9

www.societas-verlag.de

Vorwort

Die vorliegende Forschungsarbeit wurde von Prof. Dr. mult. *Nikolaus Knoepffler* am Lehrstuhl für Angewandte Ethik der Friedrich-Schiller-Universität Jena betreut. Ihm gilt mein Dank an erster Stelle.

Des Weiteren danke ich seinem Team, insbesondere Dr. *Johannes Achatz* und den ehemaligen Mitarbeiterinnen Dr. *Sabine Odparlik* und *Christine Baumbach-Knopf* für Diskussionen und Kritik.

Prof. Dr. *Katrin Großmann* und Dr. *Matthias Jurgk* danke ich für ihr konstruktives Feedback.

Weiterer Dank gilt *Andreas Zagelow*, meinen Eltern, *Eileen Buck, Judith Kühlenthal, Chris Turrak, Franziska Wellner, Hendryk Proske, Katja Lathan* und *Frans Zimmer* für Treu, Glauben, Kritik und Inspiration.

Leipzig, im Juli 2015 *Anna Pröhle*

Inhaltsübersicht

Inhaltsverzeichnis

Abkürzungsverzeichnis

Abs.	Absatz
Aufl.	Auflage
Bd.	Band
bearb.	bearbeitet(e)
BZgA	Bundeszentrale für gesundheitliche Aufklärung
ca.	circa
ddr	dead donor rule
d.h.	das heißt
DJV	Deutscher Journalisten-Verband
DSO	Deutsche Stiftung Organtransplantation
ebd.	ebenda
einschl.	einschließlich
engl.	englisch
erw.	erweitert(e)
FAZ	Frankfurter Allgemeine Zeitung
FB	Fallbeispiel
FG	Forschungsgruppe
GG	Grundgesetz
ggfs.	gegebenenfalls
Hrsg.	Herausgeber
i.d.	in der
Jg.	Jahrgang
Neuausg.	Neuausgabe

Nr.	Nummer
President's Council	President's Council on Bioethics
PVS	Persistent Vegetative State
rev.	revidiert(e)
S.	Seite
SA	Spenderausweis
s.o.	siehe oben
Tab.	Tabelle
TPG	Deutsches Transplantationsgesetz
u.a.	unter anderem
überarb.	überarbeitet(e)
Ü.d.A.	Übersetzung der Autorin
Vgl.	Vergleiche
vollst.	vollständig
z.T.	zum Teil

Geschlechtsneutrale Formulierung

Um die Lesbarkeit zu vereinfachen, wird in dieser Arbeit auf geschlechtsspezifische Differenzierungen wie etwa Spender/in oder Journalist/in verzichtet. Entsprechende Begriffe beziehen stets beide Geschlechter mit ein.

Einleitung: Postmortale Organspende und Journalisten

Die Transplantationsmedizin steckt in der Krise. Die Diskrepanz zwischen Angebot und Bedarf an postmortal gespendeten Organen ist im Jahr 2013 erneut gestiegen.[1] 876 Menschen haben 2013 postmortal Organe gespendet. 2012 waren es noch 1.046, im Jahr 2010 lag die Zahl der Spender bei 1.296.[2] Damit lag die Organspenderrate 2013 in Deutschland bei 10,9 pro Million Einwohner. Im Vergleich dazu war sie in Kroatien mit 36,5 Spendern pro Million Einwohner am höchsten, gefolgt von Spanien mit 35,1.[3]

Insgesamt wurden 2013 3.035 Organe postmortal gespendet, auch das ist die niedrigste Zahl seit langem, 2012 waren es 3.511, 2010 noch 4.205.[4] Ende 2013 standen hingegen 10.757 Menschen auf der Warteliste für eine Transplantation.[5] „Eine Organspende kann Leben retten", hat Bundeskanzlerin Angela Merkel als Schirmherrin der Stiftung ‚FÜR'S LEBEN' auf der entsprechenden Internetseite[6] treffend vermerkt, doch momentan sind offensichtlich zu wenige Bundesbürger bereit dazu.

---

[1] Die Transplantationsmedizin schließt selbstverständlich auch Lebendspenden ein, diese bilden jedoch nicht den Gegenstand der vorliegenden Untersuchung, weshalb sich die folgenden Ausführungen stets auf postmortale Organspenden beziehen.

[2] Vgl. Deutsche Stiftung Organtransplantation: *Organspende und Transplantation in Deutschland. Jahresbericht 2013*, Frankfurt am Main, April 2014, S. 53.

[3] Vgl. ebd.

[4] Vgl. ebd., S. 54-55.

[5] Vgl. Eurotransplant: *Jahresstatistik 2013*, in: `http://www.eurotransplant.org/cms/mediaobject.php?file=year_20131.pdf`, zuletzt überprüft am 23. März 2014.

[6] Vgl. Merkel, Angela: *Grußwort zur Stiftung FÜR'S LEBEN*, in: `http://www.fuers-leben.de/in-dex.php/seasons/current/2/n,38/s,0`, zuletzt überprüft am 25. Juli 2014.

Dabei stellt der Organmangel ein gesamtgesellschaftliches Problem dar, das jeden Einzelnen etwas angeht. Zum einen, weil jeder in die Situation kommen kann, selbst ein Organ zum Weiterleben zu benötigen. Zum anderen, weil jeder grundsätzlich die Möglichkeit hat, durch die Zustimmung zu einer postmortalen Organgabe anderen Menschen ein Weiterleben zu ermöglichen. Organspenden bilden eine Gemeinschaftsaufgabe, wie Ministerpräsidentin Hannelore Kraft es formuliert hat.[7] An der nicht nur Medizin, Ethik und Politik beteiligt sind, sondern für deren Bewältigung jeder Einzelne aktiv werden sollte.

Unterschiedliche Gründe behindern diesen Prozess. Einer ist der eingetretene Vertrauensverlust in die Transplantationsmedizin, ausgelöst durch die von einzelnen Ärzten vorgenommenen Datenmanipulationen von Patienten auf der Warteliste, welche 2012 öffentlich wurden. Die Deutsche Stiftung Organtransplantation (DSO) stellte Anfang 2014 in einer Pressemitteilung fest, „dass die aufgedeckten Manipulationen in Transplantationszentren deutliche Spuren hinterlassen haben. Das Vertrauen der Bevölkerung in die Transplantationsmedizin wurde erheblich geschwächt, was sich in Folge dessen auch negativ auf die Organspende ausgewirkt hat“[8].

Doch der Vertrauensverlust stellt nur einen Einflussfaktor auf die niedrige Spendebereitschaft dar. Einen weiteren bilden möglicherweise entstehende Unannehmlichkeiten, die eine Auseinandersetzung mit dem Tod mit sich bringt. Ängste, Unsicherheit, Verdrängung und Aufschieben von Entscheidungen stellen mögliche Gründe dar, warum keine Entscheidung zu Organspenden getroffen wird. Die derzeitige gesetzliche Regelung sieht zwar vor, dass anhand gezielter Aufklärungskampagnen mehr Menschen eine Auseinandersetzung mit dem Thema vornehmen, dennoch kann niemand gezwungen werden, einen Organspendeausweis auszufüllen.

Weiterhin könnte die niedrige Spendebereitschaft mit der anhaltenden Debatte um die Gleichsetzung von Hirntod und Tod im Zusammenhang stehen. In diesem Rahmen ist auch ein mangelndes Vertrauen in die Hirntoddiagnose möglich. Mögliche Bedenken, dass Ärzte bei vor-

[7] Deutsche Stiftung Organtransplantation: *Zeichen* der Hoffnung setzen, in: `http://www.dso.de/dso-pressemitteilungen/einzelansicht/article/zeichen-der-hoffnung-setzen.html`, zuletzt überprüft am 8. September 2014.

[8] Deutsche Stiftung Organtransplantation: *Entwicklung der postmortalen Organspende in Deutschland*, in: `http://www.dso.de/dso-pressemitteilungen/einansicht/article/entwicklung-der-postmortalen-organspende-in-deutschland.html`, zuletzt überprüft am 23. März 2014.

liegendem Spenderausweis potentielle Therapien vorzeitig abbrechen, rufen möglicherweise eine Ablehnung postmortaler Spenden hervor.

Nicht zuletzt vermittelt die anhaltende Diskussion um die Kriterien und Kontrolle der Verteilung von Spenderorganen, welche Schwierigkeiten die Allokation der knappen Organe mit sich bringt. Durch die Manipulationsskandale ist die Öffentlichkeit darauf aufmerksam gemacht worden, dass Schwachstellen existieren, die Täuschungen und die Inkaufnahme von Todesfällen zur Folge hatten. Auch diese Problematik hat vermutlich dazu beigetragen, dass der Transplantationsmedizin, und in diesem Zusammenhang auch einer postmortalen Organspende, von vielen Menschen eine Absage erteilt wird.

Ein weiterer anzunehmender Grund für die geringe Zahl von gespendeten Organen im Jahre 2013 ist auch durch die gesetzliche Regelung gegeben. Die Notwendigkeit einer vorliegenden Zustimmung für Organentnahmen führt dazu, dass viele Menschen nicht für eine Spende in Betracht kommen, selbst wenn sie möglicherweise dazu bereit gewesen wären, aber keinen Spenderausweis ausgefüllt haben.

Auch mangelndes Sachwissen könnte eine Ablehnung von postmortalen Spenden begünstigen, etwa, wenn die Voraussetzungen oder notwendige medizinische Definitionen der postmortalen Organspende nicht bekannt sind. Denn eine schnelle Lektüre dürfte kaum genügen, um sich eine umfassende Meinung zu bilden, wer sich mit dem Thema postmortale Organspende auseinandersetzt, sieht sich vor verschiedene ethische Fragen gestellt, zu denen keine einheitliche Antwort gegeben werden kann.

Doch der Druck ist hoch und die Zeit knapp. Für diejenigen, die schwer krank sind und deren Weiterleben nur dann möglich ist, wenn sich andere Menschen zu Lebzeiten dazu bereit erklären zu helfen. Und damit Solidarität ihren Mitmenschen gegenüber üben, auch wenn sie diese nicht kennen.

Um die bestmögliche Lösung für das Problem des Organmangels sicherzustellen, bedarf es zum einen einer umfassenden theoretischen Reflexion zur Beantwortung der ethischen Fragen im Zusammenhang mit Organspenden. Zum anderen ist es notwendig, die Auffassungen und den Kenntnisstand der Allgemeinbevölkerung so umfassend zu untersuchen, dass die genauen Einflussfaktoren der genannten Gründe für die niedrige Spendebereitschaft ausfindig gemacht werden können. Von besonderer Bedeutung sind dabei Gruppen in der Bevölkerung, die einen Einfluss auf die Wahrnehmung der Transplantationsmedizin ausüben. So wie beispielsweise Journalisten.

Sie bilden die zu untersuchende Gruppe dieser Arbeit, weil sie alle Gesellschaftsbereiche in kommunikativer Arbeit miteinander verknüpfen und deshalb innerhalb der demokratischen Gesellschaft eine wichtige vermittelnde Funktion einnehmen. Sie stehen im ständigen Dialog mit der Außenwelt und bringen optimale Voraussetzungen für eine deskriptive Untersuchung mit. Denn, sofern es sich nicht um Fachjournalisten für Medizin handelt, repräsentieren sie zugleich die Allgemeinbevölkerung als medizinische Laien, womit Bezüge zu bereits vorhandenen Ergebnissen der empirischen Forschung möglich sind.

Eine deskriptiv-medizinethische Arbeit, die Einstellungen von Journalisten im deutschsprachigen Raum konkret zum Problemfeld Organtransplantation thematisiert, liegt aktuell nicht vor. Deshalb bildet die Untersuchung von Einstellungen und Meinungen einzelner, in Deutschland tätiger Journalisten zu Hirntod und postmortaler Organspende das *Kernziel* dieser Arbeit. Die Ergebnisse sollen ethisch bewertet werden, um die Entwicklung bestmöglicher Lösungen sicherzustellen.

In diesem Zusammenhang sind die Akzeptanz des Hirntodkriteriums und die Einstellungen zu den Prinzipien Selbstbestimmung und Solidarität von besonderem Interesse. Alle Antworten zusammen sagen etwas über die Grundeinstellung zur postmortalen Organspende, über ihren Stellenwert innerhalb der Gesellschaft und das vorhandene Sachwissen aus.

Dabei wird hinsichtlich Hirntod und postmortaler Organspende *die grundlegende Auffassung* vertreten, dass es gute Gründe gibt, das Hirntodkriterium als maßgebliches Todeskriterium zu akzeptieren und eine Widerspruchsregelung die bestmögliche Lösung wäre, um möglichst vielen schwerkranken Menschen ein Weiterleben zu ermöglichen.

Die *Forschungsfrage* dieser Arbeit lautet:

> *Welche Einstellungen und welchen Kenntnisstand haben einzelne in Deutschland tätige Journalisten zu Hirntod und postmortaler Organspende und was bedeutet das für den derzeitigen Organmangel?*

Zur Erfassung der Einstellungen und des Kenntnisstands wurden Methoden der empirischen Sozialforschung zu Hilfe genommen. Dabei handelt es sich um eine Mischform aus quantitativer und qualitativer

Forschung. Die Forschungsgruppe besteht aus 136 in Deutschland tätigen Journalisten, welche einen Online-Fragebogen ausgefüllt haben. Der Zeitraum der Befragung begann am 1. Mai 2012 und endete am 31. Oktober desselben Jahres. Die folgenden Aspekte wurden abgefragt:

1. *Relevanz* der Themen Hirntod und Organspende für Medienberichte (Kap. 1.1, Untersuchung mit Hilfe der *Relevanzhypothese*). Hierdurch sind Erkenntnisse über Grundeinstellung, Informationsbedarf, Publikationsinteresse und der Attraktivität des Themas für Rezipienten möglich.

2. *Vorbereitungsstand* auf Fragen zu Hirntod und postmortaler Organspende (Kap. 1.2, Untersuchung mit Hilfe der der *Wissenshypothese)*. Hierbei wird ersichtlich, ob eine bisherige Beschäftigung mit Fragen der Organspende bereits erfolgt ist wie hoch die Sicherheit im Umgang mit Fragen zu Hirntod und Organspende ist und wie gut die eigene Sachkenntnis eingeschätzt wird.

3. *Grundsätzliche Bereitschaft* zur Annahme und Spende von Organen (Kap. 1.3, Untersuchung mit Hilfe der *Bereitschaftshypothese*). Hierdurch kann festgestellt werden, wie viele Teilnehmer Organe spenden und annehmen würden, was wiederum etwas über die Grundeinstellung zu Spende und Transplantation aussagt, sowie über die Solidarität gegenüber den Mitmenschen.

4. Anzahl vorhandener *Organspendeausweise* (Kap. 1.4, Untersuchung anhand der *Ausweishypothese)*. Möglich ist die Feststellung der tatsächlichen Spendebereitschaft innerhalb der Forschungsgruppe und damit auch der Diskrepanz zwischen grundsätzlicher und tatsächlich dokumentierter Spendebereitschaft.

5. *Akzeptanz des Hirntodkriteriums* (Kap. 1.5, Untersuchung mit Hilfe der *Hirntodhypothese)*. Durch einen umfangreich gestalteten Teil werden diverse Erkenntnisse angestrebt. Zum einen zur allgemeinen Todesdefinition der Teilnehmer, weiterhin zu den von ihnen anerkannten Todeskriterien, außerdem zur Kenntnis der Definition des dissoziierten Ganzhirntodes und zur Akzeptanz des dissoziierten Ganzhirntodes als ausreichendes Todeskriterium, sowie zur Unterscheidung des Ganzhirntodes von Koma und Wachkoma (Persistent Vegetative State). Darüber hinaus zur Zustandseinordnung von Patienten in verschiedenen Situationen ba-

sierend auf dem vorhandenen Todesverständnis, zur Berücksichtigung der dead donor rule[9] bei Organentnahmen, zu als notwendig erachteten Voraussetzungen für Organentnahmen, zur Bedeutung des Ganzhirntodes für Organentnahmen, sowie zu Übereinstimmungen und Abweichungen der Einstellungen zu Ganzhirntod und Organentnahmen im Vergleich zu den gesetzlichen Regelungen, außerdem zur Grundeinstellung zu Hirntod und Organspende, zu Entschlossenheit und Sicherheit im Umgang mit Fragen zu Ganzhirntod und Organentnahmen und zum Einfluss der Intuition bei der Beantwortung der Fragen.

6. *Einstellung zur Entscheidungslösung und Widerspruchslösung* (Kap. 1.6, Untersuchung mit Hilfe der *Gesetzeshypothese).* Angestrebt werden Erkenntnisse zur Akzeptanz der derzeit gültigen Entscheidungslösung, damit verbunden zur Konfrontationsbereitschaft mit Fragen der postmortalen Organspende, sowie zur Einstellung zu einer Widerspruchslösung[10]. Dadurch wird ersichtlich, ob die Teilnehmer bereit sind, postmortale Organspenden als Pflicht anzuerkennen und eine Einschränkung ihres Selbstbestimmungsrechts in Kauf zu nehmen.

7. Berücksichtigung *biomedizinethischer Prinzipien* im Prozess der Organtransplantation (Kap. 1.7, Untersuchung mit Hilfe der *Prinzipienhypothese).* Dadurch soll eingeschätzt werden, inwiefern biomedizinethische Prinzipien mittlerer Reichweite bei Organtransplantationen als gewahrt betrachtet werden. Dabei handelt es sich um die vier Prinzipien nach Beauchamp und Childress: ‚Patientenselbstbestimmung', ‚Nichtschaden', ‚Wohltun' und ‚Gerechtigkeit'.[11]

Die *Kernthese* dieser Untersuchung lautet, dass *Einstellungen und Kenntnisstand der Journalisten eine mehrheitlich positive Grundeinstellung gegenüber postmortalen Organspenden ausdrücken, dass die*

[9]Damit ist die im deutschen Sprachraum als ‚Tote-Spender-Regel' übersetzte Regelung gemeint, die beinhaltet, dass eine Organentnahme nur dann zulässig ist, wenn der Tod nach medizinischen Vorschriften festgestellt wurde. Vgl. dazu die Definition im abschließenden Teil dieses Kapitels.

[10]Jeder ist potentieller Organspender und ihm können nach dem Tod Organe entnommen werden, wenn dem zu Lebzeiten nicht widersprochen wurde. Für genauere Informationen vgl. die Definition am Ende dieser Einleitung.

[11]Vgl. Beauchamp, Tom Lamar/ Childress, James Franklin: *Principles of Biomedical Ethics*, 7. Aufl., New York u.a.: Oxford University Press, 2013.

Befragten auch den gesamtgesellschaftlichen Wert anerkennen, aber Wissensdefizite vorhanden sind, die zu in sich widersprüchlichen Aussagen führen. Diese Kernthese stützt sich auf die Annahmen innerhalb der einzelnen Arbeitshypothesen.

Aufbau und Struktur

Wichtige Begriffe dieser Arbeit werden im Abschluss dieser Einleitung zunächst grundlegend definiert. Im *ersten Kapitel* erfolgt die Abbildung des aktuellen Sachstands mit Bezugnahme auf theoretische und empirische Forschungsresultate. Daraus erfolgt die Ableitung der Arbeitshypothesen für die Untersuchung. Hervorgehend aus den einzelnen Arbeitshypothesen erfolgt die Bildung der Kernthese (Kap. 1.8).

Das *zweite Kapitel* schildert die Methodik. Erläutert und begründet werden die Zusammensetzung der Forschungsgruppe (Kap. 2.1), die gewählte Mischform aus quantitativer und qualitativer Forschung (Kap. 2.2), die Definition des Messinstruments (Kap. 2.3) und der Inhalt und Aufbau des Fragebogens (Kap. 2.4).

Das *dritte Kapitel* beinhaltet die Darlegung der Umfrageergebnisse, bezogen auf die einzelnen Arbeitshypothesen. Vorab erfolgt eine Deskription des Profils der Forschungsgruppe (Kap. 3.1). Die Abbildung der Ergebnisse erfolgt in den Kapiteln 3.2 bis 3.8 im Bezugsrahmen der Hypothesen. Kapitel 3.9 fasst die wichtigsten Umfrageergebnisse zusammen und in Kapitel 3.10 erfolgt der Abgleich mit der Kernthese.

Das *vierte Kapitel* dient der Diskussion ausgewählter Umfrageergebnisse mit Bezug auf die ethische Reflexion. Von besonderem Interesse dabei sind die Einstellungen der Forschungsgruppe zum Hirntodkriterium, zu erfolgten Verletzungen der dead donor rule, zu den Aussagen über Selbstbestimmung und Solidarität. Davon ausgehend ist zu überlegen, ob eine zustimmungs- oder widerspruchsbasierte Regelung vorzuziehen wäre. Abschließend erfolgt ein Ausblick mit sich aus der Befragung ergebenden Potentialen und Perspektiven für die Zukunft.

Wissenschaftliche Zuordnung

Mit der Zielsetzung, Einstellungen und Kenntnisse einzelner Aspekte des Konfliktfeldes Organtransplantation zu untersuchen, ist die vorliegende Arbeit der Biomedizinethik zuzuordnen, die einen Bereich der Angewandten Ethik darstellt.

Als Disziplin der praktischen Philosophie kommt ihr dabei die spezielle Aufgabe zu, „Lösungsvorschläge für ethisch relevante Konfliktfälle zu identifizieren und zu analysieren und zugleich bescheiden eigene Lösungen als angemessenere zu entwickeln und zu vertreten."[12] Aus dieser Definition geht bereits hervor, dass es zu den meisten ethisch relevanten Konfliktfällen nicht ‚die eine' Lösung gibt, sondern eher eine Vielzahl an Lösungsvorschlägen, die ganz unterschiedlich begründet werden.

Ethisch relevante Konfliktfälle existieren in nahezu jedem Lebensbereich, sie werden in den sogenannten „Bereichsethiken" behandelt. Dabei werden Wissenschaftsethik, Technikethik, Wirtschaftsethik, Umweltethik, Bioethik des Menschen, Sportethik und Medienethik unterschieden.[13] Diese stehen nicht unabhängig nebeneinander, sondern sind aufgrund ihrer Fragestellungen miteinander verbunden.

Dabei ist die Bioethik (des Menschen) eine Bereichsethik, die bereits seit langem ein Feld andauernder Reflexion und lebhafter Diskussion ist. Denn „der Umgang mit menschlicher Sexualität (Sexualethik) und der Umgang mit menschlicher Krankheit [...] (Medizinethik) gehören [...] zum Kernbestand menschlichen Nachdenkens und sind gemeinsam unter einer menschlichen Bioethik zu verhandeln."[14] Die Bioethik reflektiert dabei „die moralische Dimension des Umgangs mit den Möglichkeiten der Medizin, beim Umgang mit Tieren und der natürlichen Umwelt, insbesondere die Auswirkungen der Life Sciences"[15].

Zu jedem dieser Aspekte haben sich wiederum spezielle Unterdisziplinen entwickelt, die sich mit den jeweiligen Problemfeldern beschäftigen. Als Unterbereich der Bioethik befasst sich die Medizinethik „mit Fragen nach dem moralisch Gesollten, Erlaubten und Zulässigen im Umgang mit menschlicher Krankheit und Gesundheit"[16]. Dazu gehö-

---

[12]Knoepffler, Nikolaus: *Angewandte Ethik: Ein systematischer Leitfaden*, Köln/ Weimar/ Wien: Böhlau, 2010, S. 61.

[13]Vgl. ebd., S. 147-260.

[14]Ebd., S. 207.

[15]Düwell, Marcus: *Bioethik: Methoden, Theorien und Bereiche,* Stuttgart/ Weimar: Metzler, 2008, S. 25.

[16]Schöne-Seifert, Bettina: Medizinethik, in: Nida-Rümelin, Julian (Hrsg.): *Angewandte Ethik: die Bereichsethiken und ihre theoretische Fundierung; ein Handbuch*, 2., aktualisierte Aufl., Stuttgart: Kröner, 2005, S. 691. Hierzu sei angemerkt, dass eine Unterordnung der Medizinethik in den Bereich der Bioethik nicht durchgängig erfolgt. Die englische Übersetzung für Medizinethik lautet Bioethics, Medical oder Biomedical Ethics, weshalb die Medizinethik auch direkt der Angewandten Ethik untergeordnet werden kann ohne die ‚Zwischenstufe' der Bioethik. Vgl. z.B. Zude, Heiko Ulrich: Medizinethik (Bioethik II), in: Knoepffler, Nikolaus et al. (Hrsg.): *Einführung in die Angewandte Ethik,* Freiburg/ München: Alber, 2006, S. 106.

ren auch Fragen am Lebensanfang, etwa der Umgang mit ungeborenem Leben, sowie Fragen am Lebensende, etwa zur aktiven Sterbehilfe, ebenso wie Fragen der Organtransplantation. Die Stiftung *Eurotransplant* hat folgende ethische Fragen im Mittelpunkt der Diskussion um Organtransplantationen angesiedelt:

1. Die Bewerkstelligung der begrenzten Behandlungsmöglichkeiten aufgrund der Organknappheit.
2. Die exakte Bestimmung des Zeitpunktes für den Todeseintritt (Hirntod und Herztod) als Anfangspunkt für Organspenden.
3. Das Erhalten der Zustimmung von Seiten des Spenders, der Angehörigen eines verstorbenen Spenders und von den Patienten – sowohl Kinder als auch Erwachsene.
4. Die Frage, ob Spender für die altruistische Tat, eine Spende anzubieten, belohnt werden sollten oder nicht.
5. Hinsichtlich der Forschung in der Medizin, die Bestimmung der angemessen Balance zwischen dem Risiko für den Patienten und dem Nutzen für die Gesellschaft.[17]

Nun kommt der Ethik, wie bereits im Vorfeld erläutert, die Aufgabe zu, „allgemeine Kriterien für gut, richtig, gerecht etc. zu entwickeln, die im Einklang sind mit einzelnen unaufgebbar erscheinenden moralischen Überzeugungen", andererseits aber auch eine Orientierungsfunktion erfüllen sollen, wenn „unsere moralischen Auffassungen unsicher oder sogar widersprüchlich sind"[18]. Die Transplantationsmedizin enthält verschiedene Aspekte, bei denen widersprüchliche moralische Auffassungen aufeinandertreffen, mindestens jedoch die fünf von *Eurotransplant* genannten Konfliktfelder.

Wenn die ethischen Kriterien zur Bewertung dieser Konfliktfelder normativ sind, quasi selbst eine moralische Überzeugung formulieren

---

[17]Vgl. Eurotransplant: *Current ethical consideration in organ transplantation*, in: `https://www.eurotransplant.org/cms/mediaobject.php?file=ethical_considerations.pdf`, zuletzt überprüft am 11. Juni 2014.

[18]Nida-Rümelin, Julian: Theoretische und angewandte Ethik: Paradigmen, Begründungen, Bereiche, in: Nida-Rümelin, Julian (Hrsg.): *Angewandte Ethik: die Bereichsethiken und ihre theoretische Fundierung; ein Handbuch*, 2., aktualisierte Aufl., Stuttgart: Kröner, 2005, S. 3.

und nicht vorfindliche moralische Überzeugungen beschreiben, wie Julian Nida-Rümelin argumentiert[19], dann ist der Schluss möglich, dass sich die vorliegende Arbeit nicht per se in die Angewandte Ethik einordnen lässt, da genau das, eine Beschreibung moralischer Überzeugungen, erfolgt.

Dennoch wird es dabei nicht belassen. Denn die Untersuchung der Einstellungen bezieht sich auf eine bestimmte, klar eingegrenzte Gruppe von Personen innerhalb der Öffentlichkeit, aber außerhalb des Bereichs der theoretischen Reflexion, deren Mitglieder aufgrund ihrer berufsbedingt erforderlichen Eigenschaften hervorragende Bedingungen für eine deskriptive Arbeit mit sich bringen. Jedoch erfolgt diese Deskription nicht völlig außerhalb der normativen Ebene. Sondern es wird ein Spannungsfeld erzeugt, das aus einer Darstellung der normativen Ansätze auf der einen und der Deskription der erfassten Meinungen auf der anderen Seite besteht, woraus eine neue moralische Überzeugung entwickelt werden kann, die sich wiederum auf die normative Ebene auswirkt, um so eine bestmögliche Lösung sicherzustellen.

Die beiden Begriffe ‚Ethik' und ‚Moral' werden im Rahmen dieser Forschungsarbeit hinsichtlich ihrer Bedeutung voneinander unterschieden. Denn während im angelsächsischen Raum, etwa bei Peter Singer, beide Begriffe im gleichen Sinne verwendet werden und deshalb „austauschbar" sind[20], findet im deutschsprachigen Raum hingegen meist eine Unterscheidung statt. Nikolaus Knoepffler definiert ‚Ethik' als eine Wissenschaftsdisziplin, die eine „Reflexionsarbeit zur Klärung von moralischen Begriffen" und eine „Erarbeitung von Normen"[21] vornimmt. Zu betonen ist dabei noch einmal die theoretische Ebene, auf der die Reflexion der Moral stattfindet. Bei ‚Moral' handelt es sich um eine normative Urteilskategorie, sie umfasst „gesellschaftliche ‚Konvention' oder Normen, Ideale, Werte im Rahmen einer ethischen Theorie"[22]. Im weiteren Verlauf der Arbeit werden beide Begriffe in diesem Sinne benutzt und dementsprechend auch hinsichtlich ihrer Bedeutung unterschieden.

---

[19] Vgl. ebd.

[20] Vgl. Singer, Peter: *Praktische Ethik*, 3., rev. und erw. Aufl., Stuttgart: Reclam, 2013, S. 21.

[21] Vgl. Knoepffler, Nikolaus: *Angewandte Ethik: Ein systematischer Leitfaden*, Köln/ Weimar/ Wien: Böhlau, 2010, S. 19.

[22] Ebd.

Einleitende Begriffsklärung

Hirntod/Hirntodkriterium

Der Begriff *Hirntod* bezeichnet den irreversiblen Funktionsausfall aller oder einzelner Teile des Gehirns. Dabei wird zwischen *Teilhirntod* und *Ganzhirntod* unterschieden.

Laut der *Richtlinien zur Feststellung des Hirntodes* wird der *Ganzhirntod* definiert als „Zustand der irreversibel erloschenen Gesamtfunktion des Großhirns, des Kleinhirns und des Hirnstamms. Dabei wird durch kontrollierte Beatmung die Herz- und Kreislauffunktion noch künstlich aufrechterhalten."[23] Der Ganzhirntod ist Voraussetzung für eine Entnahme von Organen, „das Transplantationsgesetz macht in § 3 Abs. 1 Nr. 2 die Todesfeststellung, in § 3 Abs. 2 Nr. 2 die Hirntodfeststellung zur unerlässlichen Voraussetzung jeder Organ- und Gewebeentnahme bei toten Spendern"[24]. Für eine Organentnahme muss ein so genannter *dissoziierter Ganzhirntod* vorliegen, „dabei stirbt das Gehirn ab, das Herz aber schlägt dank intensivmedizinischer Maßnahmen noch weiter"[25]. Der dissoziierte Ganzhirntod wird in der Medizin, u.a. in Deutschland, als „Tod des Organismus als Ganzem"[26] anerkannt, ist in der ethischen Reflexion als gültiges Todeskriterium aber umstritten. Einzelne Positionen dazu werden in Kapitel 1.5 aufgeführt.

Der *Teilhirntod* umfasst zwei verschiedene Arten. Zum einen ist mit Teilhirntod der sogenannte Hirnstamm-Tod oder Stammhirntod gemeint, dem „zufolge ein Mensch bereits tot ist, wenn sein Hirnstamm unwiderruflich abgestorben ist"[27]. Allerdings wären danach auch Patienten mit Locked-in-Syndrom als tot zu klassifizieren.

Des Weiteren meint Teilhirntod auch den sogenannten Großhirn-Tod, nach dem ein Mensch tot ist, wenn „sein Großhirn unwiderruflich seine Funktion eingestellt hat"[28]. Hinsichtlich des Großhirntods wird die

---

[23]Vgl. Bundesärztekammer: Richtlinien zur Feststellung des Hirntodes, in: *Deutsches Ärzteblatt.* 95. Jg., Heft 30 (24. Juli 1998), A-1861.

[24]Ebd., A-1868

[25]Knoepffler, Nikolaus: Ethische Fragen bei Organtransplantationen, in: Preuß, Dirk/ Knoepffler, Nikolaus/ Kodalle, Klaus-M. (Hrsg.): *Körperteile – Körper teilen? Kritisches Jahrbuch der Philosophie. Beiheft 8*, Würzburg: Königshausen & Neumann, 2009, S. 16.

[26]Ebd.

[27]Stoecker, Ralf: Die Hirntod-Debatte, in: Stoecker, Ralf/ Neuhäuser, Christian/ Raters, Marie-Luise (Hrsg.): *Handbuch Angewandte Ethik*, Weimar: Metzler, 2011, S. 459.

[28]Ebd.

Auffassung vertreten, dass „mit dem unwiederbringlichen Verlust der vornehmlich an die Region des Großhirns gebundenen Bewusstseinsvollzüge der Mensch als Subjekt aufgehört hat zu existieren“[29]. Da beim Teilhirntod nur ein Teil des Gehirns seine Funktion eingestellt hat, hat er in Deutschland keine Relevanz für eine Organentnahme, ein teilhirntoter Patient gilt hierzulande nicht als verstorben. Deshalb kommt dem Teilhirntod in der vorliegenden Arbeit kaum Aufmerksamkeit zu. Sofern vom Hirntodkriterium die Rede ist, bezieht sich der Begriff auf den Ganzhirntod.

Hirntodkriterium ist entweder das Ganzhirntod- oder Teilhirntodkriterium, je nachdem, welche Todesdefinition Beachtung findet. Das *Ganzhirntodkriterium* basiert auf dem Ganzhirntod (s.o.) und findet in der Medizin bereits seit mehr als 40 Jahren Anwendung, nachdem es an der Harvard Medical School 1968 erstmals formuliert und veröffentlicht wurde.[30] Die Anerkennung des Ganzhirntodes als Todeskriterium ist ethisch allerdings umstritten. Das Teilhirntodkriterium basiert auf dem Teilhirntod und hat in Deutschland keine Gültigkeit.

Der Begriff *Hirntodkriterium* wird im Laufe der Arbeit, soweit nichts anderes explizit erläutert ist, als Synonym für *Ganzhirntodkriterium* verwendet, da die vorliegende Untersuchung sich auf in Deutschland gültige Regelungen bezieht und ein Teilhirntodkriterium als Voraussetzung für Organentnahmen unzulässig ist.

Hirntod-Debatte (Hirntod-Diskussion)

Der Philosoph Ralf Stoecker etwa unterscheidet in diesem Zusammenhang zwischen drei Teilfragen.[31] Auf der analytischen Ebene wird diskutiert, „was es überhaupt heißt, tot zu sein“. Auf der zweiten, der Implementationsebene, wird gefragt, welche „körperlichen Merkmale dem Totsein zugrunde liegen“. Und auf der dritten Ebene, genannt diagnostische, wird geschaut, wie „man feststellen kann, ob ein Mensch diese

---

[29] Zude, Heiko Ulrich: Medizinethik (Bioethik II), in: Knoepffler, Nikolaus et al. (Hrsg.): *Einführung in die Angewandte Ethik*, Freiburg/ München: Alber, 2006, S. 126.

[30] Vgl. A Definition of Irreversible Coma. Report of the Ad Hoc Committee of the Harvard Medical School to Examine the Definition of Brain Death, in: *Journal of the American Medical Association [JAMA]*, Bd. 205, Nr. 6 (August 1968), S. 337-340.

[31] Vgl. Stoecker, Ralf: Die Hirntod-Debatte, in: Stoecker, Ralf/ Neuhäuser, Christian/ Raters, Marie-Luise (Hrsg.): *Handbuch Angewandte Ethik*, Weimar: Metzler, 2011, S. 459.

Merkmale aufweist"[32]. Handelt es sich bei der ersten um eine philosophische, so liegt bei der zweiten eine interdisziplinäre und bei der dritten eine rein medizinische Ebene vor.[33] Einzelne Positionen innerhalb dieser Debatte werden in Kapitel 1.5 dargelegt.

Journalist

Es besteht in Deutschland keine geschützte Berufsbezeichnung. Allgemeinhin akzeptiert wird die Definition des Deutschen Journalisten-Verbands (DJV), die unter anderem folgende Beschreibung vornimmt: „Recht und Pflicht der Journalistinnen und Journalisten ist es, im Rahmen der Freiheitsgarantien des Grundgesetzes an der Erfüllung des Informationsanspruchs der Bürgerinnen und Bürger und an ihrer Meinungs- und Willensbildung mitzuwirken."[34]

Wenn im Folgenden von Journalist(en) die Rede ist, so sind damit stets Personen gemeint, die den eben genannten Aufgabenbereich hauptberuflich erfüllen. Das Verständnis des Begriffes ‚hauptberuflich' fußt in dieser Arbeit auf der Definition der Medienforscher Siegfried Weischenberg, Maja Malik und Armin Scholl, wonach hauptberufliche Journalisten „mehr als die Hälfte ihres Einkommens durch journalistische Arbeit verdienen oder mehr als die Hälfte ihrer Arbeitszeit mit journalistischer Arbeit verbringen"[35]. Mit journalistischer Arbeit ist gemäß DJV die „Erarbeitung bzw. Verbreitung von Informationen, Meinungen und Unterhaltung durch Medien mittels Wort, Bild, Ton oder Kombinationen dieser Darstellungsmittel"[36] gemeint.

Organe

Diese werden im Deutschen Transplantationsgesetz (TPG) definiert als „alle aus verschiedenen Geweben bestehenden differenzierten Teile des

[32] Ebd.

[33] Vgl. ebd.

[34] Deutscher Journalisten-Verband: *Grundsatzprogramm des Deutschen Journalisten-Verbands*, in: `https://www.djv.de/fileadmin/user_upload/Infos_PDFs/Flyer_Broschuren/DJV_Grundsatzprogramm.pdf`, zuletzt überprüft am 17. November 2013, S. 4.

[35] Weischenberg, Siegfried/ Malik, Maja/ Scholl, Armin: *Die Souffleure der Mediengesellschaft: Report über die Journalisten in Deutschland*, Konstanz: UVK Verlagsgesellschaft, 2006, S. 36.

[36] Deutscher Journalisten Verband: *Berufsbild Journalistin – Journalist*, in: `http://www.djv.de/fileadmin/user_upload/Infos_PDFs/Flyer_Broschuren/Berufsbild_Journalistin_Journalist.pdf`, zuletzt überprüft am 3. Januar 2014, S. 3.

menschlichen Körpers, die in Bezug auf Struktur, Blutgefäßversorgung und Fähigkeit zum Vollzug physiologischer Funktionen eine funktionale Einheit bilden [...]"[37], mit Ausnahme der Haut. Dazu gehören unter anderem Herz, Lunge, Leber, Niere, Bauchspeicheldrüse und Darm. Wenn im Verlauf der Arbeit von Organen die Rede ist, so schließt die Verwendung des Begriffs auch Gewebe mit ein, dabei handelt es sich um „alle aus Zellen bestehenden Bestandteile des menschlichen Körpers, die keine Organe [...] sind, einschließlich einzelner menschlicher Zellen"[38].

Organspende

Bezeichnung für einen Teilbereich der Organtransplantation, bei dem grundsätzlich zwischen Lebendorganspende und Verstorbenenorganspende unterschieden wird. Lebendspenden „sind nur möglich bei Transplantation eines doppelt angelegten Organs, wie z.B. der Niere, oder als Transplantation eines Organsegments, wie z.B. der Leber oder dem Dünndarm"[39]. In Deutschland ist die Lebendorganspende nur unter Auflagen zulässig. Nach dem Transplantationsgesetz müssen „die Spender volljährig sein und mit dem Empfänger entweder im ersten oder zweiten Grad verwandt sein oder als Lebenspartner zusammenleben oder erkennbar zueinander im Verhältnis einer besonderen persönlichen Verbundenheit stehen"[40].

Die vorliegende Arbeit beschäftigt sich mit Verstorbenenorganspenden, auch postmortale Organspenden genannt, weshalb sich der Begriff bei Verwendung immer auf solche Organspenden bezieht, soweit nichts anderes explizit erläutert ist. Damit eine postmortale Organspende erfolgen kann, muss der Ganzhirntod festgestellt worden sein, eine weitere Voraussetzung ist „das Vorliegen einer Einverständniserklärung, die nach der derzeitigen Regelung [...] entweder vom Verstorbenen zu

[37] Höfling, Wolfram (Hrsg.): *TPG: Transplantationsgesetz; Kommentar*, 2., völlig neu bearb. Aufl., Berlin: Schmidt, 2013, S. 1.

[38] Ebd.

[39] Korff, Wilhelm et al. (Hrsg.): *Lexikon der Bioethik. Band 2, G-Pa*, Gütersloh: Gütersloher Verlagshaus, 1998, S. 809.

[40] Steigleder, Klaus: Organtransplantation, in: Schulz, Stefan et al. (Hrsg.): *Geschichte, Theorie und Ethik der Medizin: eine Einführung*, Frankfurt am Main: Suhrkamp, 2006, S. 425.

Lebzeiten abgegeben worden sein kann oder durch die Einwilligung der Angehörigen (im Sinne des Verstorbenen) erfolgen kann“[41].

Organtransplantation

Bezeichnet die „Übertragung von Geweben oder Organen eines lebenden oder toten Spenders auf einen Empfänger zu Heilzwecken, z.T. auch zu Heilversuchen“[42].

Prinzipien-Ansatz

Von Tom L. Beauchamp und James F. Childress in der Monografie „Principles of Biomedical Ethics“ formuliert.[43] Der Ansatz basiert auf vier biomedizinethischen Prinzipien mittlerer Reichweite: ‚Patientenselbstbestimmung‘ (Respect for Autonomy), ‚Nichtschaden‘ (Nonmaleficence), ‚Wohltun‘ (Beneficence) und ‚Gerechtigkeit‘ (Justice). Die einzelnen Prinzipien werden in Kapitel 1.7 genauer erläutert.

Regelung der postmortalen Organspende

Erfolgt in vielen Ländern grundsätzlich entweder basierend auf einer Zustimmungslösung oder Widerspruchslösung. Je nachdem, inwieweit die Angehörigen über Organentnahmen mitentscheiden, wird von einer engen oder erweiterten Zustimmungs- bzw. Widerspruchslösung gesprochen.

Die *Widerspruchslösung (auch Widerspruchsprinzip, engl. principle of presumed consent)* beinhaltet grundsätzlich, „dass einem Toten Organe entnommen werden dürfen, wenn der Verstorbene dem zu Lebzeiten nicht ausdrücklich widersprochen hat“[44]. Eine Widerspruchslösung wird beispielsweise in Österreich und Spanien angewendet. In Deutschland „spielte sie in der politischen Diskussion keine Rolle mehr. Sie

[41] Korff, Wilhelm et al. (Hrsg.): *Lexikon der Bioethik. Band 2, G-Pa*, Gütersloh: Gütersloher Verlagshaus, 1998, S. 810.

[42] Eser, Albin et al. (Hrsg.): *Lexikon Medizin, Ethik, Recht: Darf die Medizin, was sie kann? Information und Orientierung*, Freiburg im Breisgau: Herder, 1989, S. 758.

[43] Vgl. Beauchamp, Tom Lamar/ Childress, James Franklin: *Principles of Biomedical Ethics*, 7. Aufl., New York u.a.: Oxford University Press, 2013.

[44] Steigleder, Klaus: Organtransplantation, in: Schulz, Stefan et al. (Hrsg.): *Geschichte, Theorie und Ethik der Medizin: eine Einführung*, Frankfurt am Main: Suhrkamp, 2006, S. 415.

wurde als zu weitgehende Einschränkung der Selbstbestimmung angesehen“[45]. Denn bei der Widerspruchslösung wird „die Autonomie des potentiellen Spenders auf eine ethisch schwer zu rechtfertigende Weise den Ansprüchen und Interessen der potentiellen Organempfänger untergeordnet“[46].

Befürworter einer Widerspruchslösung hingegen sprechen die Empfehlung aus, „eine solidarische Widerspruchsregel für die postmortale Organgabe verbunden mit für die Organentnahme ‚freundlichen‘ Rahmenbedingungen allgemein“[47] in Deutschland einzuführen, wie der Ethiker Nikolaus Knoepffler.

Prinzipiell wird zwischen enger und erweiterter Widerspruchslösung unterschieden. Bei einer engen Widerspruchsregelung ist allein der Wille des Verstorbenen entscheidend, hat „er zu Lebzeiten nicht widersprochen, so wird ihm stillschweigende Zustimmung unterstellt“[48]. Bei der erweiterten Widerspruchsregelung sind Organentnahmen nicht nur dann unzulässig, wenn der Verstorbene abgelehnt hat, sondern auch, wenn die Angehörigen einer Spende widersprechen.

Die *Zustimmungslösung (auch Zustimmungsprinzip, engl. principle of informed consent)* meint, dass „einem Toten Organe nur dann entnommen werden dürfen, wenn der Verstorbene zu Lebzeiten dazu bereit war beziehungsweise dem zugestimmt hat“[49]. Dabei ist ebenfalls zwischen einer sogenannten engen und einer erweiterten Zustimmungslösung zu unterscheiden. Die Organtransplantation war bis zur Einführung der Entscheidungslösung in Deutschland durch die erweiterte Zustimmungslösung geregelt. Das bedeutet, dass eine postmortale Organentnahme möglich ist, wenn der Verstorbene zu Lebzeiten zugestimmt hat. Andernfalls können auch die Angehörigen eine Zustimmung erteilen, wenn „keine ausdrückliche Zustimmung des Verstorbenen vorliegt, die Angehörigen aber der Überzeugung sind, dass eine Organentnahme

---

[45]Korff, Wilhelm et al. (Hrsg.): *Lexikon der Bioethik. Band 2, G-Pa*, Gütersloh: Gütersloher Verlagshaus, 1998, S. 812.

[46]Ebd. S. 814.

[47]Knoepffler, Nikolaus: *Angewandte Ethik: Ein systematischer Leitfaden*, Köln/ Weimar/ Wien: Böhlau, 2010, S. 229.

[48]Schöne-Seifert, Bettina: Transplantationsmedizin, in: Kahlke, Winfried/ Reiter-Theil, Stella (Hrsg.): *Ethik in der Medizin*, Stuttgart: Enke, 1995, S. 99.

[49]Steigleder, Klaus: Organtransplantation, in: Schulz, Stefan et al. (Hrsg.): *Geschichte, Theorie und Ethik der Medizin: eine Einführung*, Frankfurt am Main: Suhrkamp, 2006, S. 415.

im Sinne des Verstobenen wäre“[50]. Das ist in § 4 Abs. 1 TPG festgehalten.[51]

Der Zustimmungslösung liegt die Konzeption des sogenannten *opting in approach* zugrunde, was bedeutet, dass „der vom Verstorbenen ausdrücklich geäußerte Wille, durch den er die Organspende autorisierte“[52], vom Gesetzgeber zur „Bemessung der juristischen Relevanz des Willens des Verstorbenen oder Dritter“[53] dient. Die Zustimmung zu einer Organspende wird in der Regel mit Hilfe eines Organspendeausweises schriftlich festgehalten. Wenn im Folgenden von Zustimmungslösung die Rede ist, so erfolgt ein Bezug auf die eben beschriebene Regelung, solange nichts anderes explizit formuliert ist. Unter der engen Zustimmungslösung ist eine Regelung zu verstehen, bei der die Entscheidung der Angehörigen nur dann einbezogen wird, wenn „der Verstorbene sie dazu schriftlich autorisiert hat“[54].

Aktuell ist die postmortale Organspende in Deutschland durch die Entscheidungslösung geregelt, am 25. Mai 2012 hat der Bundestag die dafür notwendige Gesetzesänderung verabschiedet. Denn am 1. November 2012 trat das Gesetz zur Regelung der Entscheidungslösung im Transplantationsgesetz in Kraft und löste die bis dato geltende erweiterte Zustimmungsregelung ab. Dadurch ist nun eine wiederholt statt-

[50]Ebd.

[51]Dort heißt es: „Liegt dem Arzt, der die Organ- oder Gewebeentnahme vornehmen oder unter dessen Verantwortung die Gewebeentnahme nach § 3 Abs. 1 Satz 2 vorgenommen werden soll, weder eine schriftliche Einwilligung noch ein schriftlicher Widerspruch des möglichen Organ- oder Gewebespenders vor, ist dessen nächster Angehöriger zu befragen, ob ihm von diesem eine Erklärung zur Organ- oder Gewebespende bekannt ist.“ Höfling, Wolfram (Hrsg.): *TPG: Transplantationsgesetz; Kommentar*, 2., völlig neu bearb. Aufl., Berlin: Schmidt, 2013, S. 5.

[52]Vgl. dazu die weiteren Möglichkeiten: Beim *expanded opting in approach* muss zusätzlich die Zustimmung oder nicht der Widerwillen der Hinterbliebenen vorliegen. Beim *opting out approach* ist das Fehlen oder „Unterstellung des Fehlens des Widerwillen des Verstorbenen“ maßgeblich. Der *expanded opting out approach* unterstellt das Fehlen des Widerwillens des Verstorbenen oder seiner Familienangehörigen und bei völliger Irrelevanz des Willens des Individuums ist vom *no-opting approach* die Rede. Vgl. Romeo-Casabona, Carlos M.: Das spanische Modell der ‚Zustimmungslösung‘ bei Organverpflanzung – von der gesetzlichen Regelung zur Praxis, in: Preuß, Dirk/ Knoepffler, Nikolaus/ Kodalle, Klaus-M. (Hrsg.): *Körperteile – Körper teilen? Kritisches Jahrbuch der Philosophie. Beiheft 8*, Würzburg: Königshausen & Neumann, 2009, S. 106.

[53]Ebd.

[54]Schöne-Seifert, Bettina: Transplantationsmedizin, in: Kahlke, Winfried/ Reiter-Theil, Stella (Hrsg.): *Ethik in der Medizin*, Stuttgart: Enke, 1995, S. 99.

findende Konfrontation der Bürger mit der Organspendethematik vorgesehen, wie ein Informationsportal im Internet ausführt:

> „Jede krankenversicherte Person, die bzw. der das 16. Lebensjahr vollendet hat, wird zukünftig von ihrer Krankenkasse bzw. seinem Versicherungsunternehmen wiederholt angeschrieben und zu einer freiwilligen Entscheidung zur Organ- und Gewebespende aufgefordert. Um diese Entscheidung dokumentieren zu können, stellen die Krankenkassen bzw. Versicherungsunternehmen kostenlos Organspendeausweise zur Verfügung.“[55]

Wesentliches Ziel der Entscheidungslösung ist die Erhöhung der Organspendebereitschaft in Deutschland.[56] Die bereits vorher geltende Konzeption des *opting in approach* bleibt allerdings gültig, ebenso die Regelungen über die Zustimmung zu Lebzeiten[57] bzw. die Entscheidung nach dem mutmaßlichen Willen des Verstorbenen, wenn zu Lebzeiten keine Zustimmung schriftlich festgehalten wurde.[58]

---

[55] Tag der Organspende: *Aktuelles zur Gesetzeslage*, in: `http://www.tag-der-organspende.com/aktuelle-gesetzeslage-/index.html`, zuletzt überprüft am 7. Oktober 2014.

[56] Dazu heißt es in § 1 Abs. 1 TPG: „Ziel des Gesetzes ist es, die Bereitschaft zur Organspende in Deutschland zu fördern. Hierzu soll jede Bürgerin und jeder Bürger regelmäßig im Leben in die Lage versetzt werden, sich mit der Frage seiner eigenen Spendebereitschaft ernsthaft zu befassen und aufgefordert werden, die jeweilige Erklärung auch zu dokumentieren. Um eine informierte und unabhängige Entscheidung jedes Einzelnen zu ermöglichen, sieht dieses Gesetz eine breite Aufklärung der Bevölkerung zu den Möglichkeiten der Organ- und Gewebespende vor.“ Höfling, Wolfram (Hrsg.): *TPG: Transplantationsgesetz; Kommentar*, 2., völlig neu bearb. Aufl., Berlin: Schmidt, 2013, S. 1.

[57] Dazu heißt es in § 3 Abs. 1 TPG: „Die Entnahme von Organen oder Geweben ist, soweit in § 4 oder § 4a nichts Abweichendes bestimmt ist, nur zulässig, wenn

1. der Organ- oder Gewebespender in die Entnahme eingewilligt hatte,
2. der Tod des Organ- oder Gewebespenders nach Regeln, die dem Stand der Erkenntnisse der medizinischen Wissenschaft entsprechen, festgestellt ist und
3. der Eingriff durch einen Arzt vorgenommen wird.“ Ebd., S. 5.

[58] Dazu heißt es in § 4 Abs.1 TPG: „Liegt dem Arzt, der die Organ- oder Gewebeentnahme vornehmen oder unter dessen Verantwortung die Gewebeentnahme nach § 3 Abs. 1 Satz 2 vorgenommen werden soll, weder eine schriftliche Einwilligung noch ein schriftlicher Widerspruch des möglichen Organ- oder Gewebespenders vor, ist dessen nächster Angehöriger zu befragen, ob ihm von diesem eine Erklärung zur Organ- oder Gewebespende bekannt ist. Ist auch dem nächsten Angehörigen eine solche Erklärung nicht bekannt, so ist die Entnahme unter den Voraussetzungen des § 3 Abs. 1 Satz 1 Nr. 2 und 3, Satz 2 und Abs. 2 Nr. 2 nur zulässig, wenn ein Arzt den

Weitere Lösungsansätze sind in der *Informationsregelung* und der *Anfrageregelung* zu finden. Bei beiden handelt es sich um Modifikationen der beiden grundlegenden Modelle. Bei der *Informationsregelung*, einer modifizierten Form der erweiterten Widerspruchsregelung, besteht eine „Informationspflicht der Angehörigen über das Explantationsvorhaben, dem diese dann widersprechen können“[59]. Die *Anfrageregelung* basiert auf dem Prinzip der erweiterten Zustimmung, modifiziert um eine „Anfragepflicht bei den Angehörigen“[60].

Im Gegensatz dazu würde eine *Notstandsregelung* Organentnahmen unabhängig vom Willen des Einzelnen immer ermöglichen. Der Nationale Ethikrat spricht deshalb in diesem Zusammenhang auch von einer ‚Sozialpflichtregelung‘.

> „Der tragende Grundgedanke ist hier, dass die postmortale Organspende eine Verpflichtung gegenüber der Gemeinschaft darstelle und es daher gerechtfertigt sei, dass die Gemeinschaft zum Wohl bedürftiger Patienten über den Leichnam Verstorbener zum Zweck der Organspende verfüge.“[61]

Diese Lösung würde allerdings die Selbstbestimmung des Spenders völlig außen vor lassen, ebenso die Wünsche der Angehörigen.

Eine weitere Möglichkeit stellt die *Erklärungspflichtregelung* dar, die die Bürger verpflichtet, eine Entscheidung zur postmortalen Organspende zu treffen, ihr also zuzustimmen oder ihr zu widersprechen. Diese Lösung bietet, so der Nationale Ethikrat, „die größte Klarheit über den Willen des Betroffenen“[62].

---

nächsten Angehörigen über eine in Frage kommende Organ- oder Gewebeentnahme unterrichtet und dieser ihr zugestimmt hat. Kommt eine Entnahme mehrerer Organe oder Gewebe in Betracht, soll die Einholung der Zustimmung zusammen erfolgen. Der nächste Angehörige hat bei seiner Entscheidung einen mutmaßlichen Willen des möglichen Organ- oder Gewebespenders zu beachten. Der Arzt hat den nächsten Angehörigen hierauf hinzuweisen. Der nächste Angehörige kann mit dem Arzt vereinbaren, dass er seine Erklärung innerhalb einer bestimmten, vereinbarten Frist widerrufen kann; die Vereinbarung bedarf der Schriftform.“ Ebd.

[59] Schöne-Seifert, Bettina: Transplantationsmedizin, in: Kahlke, Winfried/ Reiter-Theil, Stella (Hrsg.): *Ethik in der Medizin*, Stuttgart: Enke, 1995, S. 99.

[60] Ebd.

[61] Nationaler Ethikrat: *Die Zahl der Organspenden erhöhen – Zu einem drängenden Problem der Transplantationsmedizin in Deutschland. Stellungnahme*, Berlin, 2007, in: `www.ethikrat.org/dateien/pdf/Stellungnahme_Organmangel.pdf`, zuletzt eingesehen am 14. August 2014, S. 29.

[62] Ebd., S. 27.

Todeskriterium/-kriterien/Todeszeichen/Todesdefinition

Todeszeichen werden dem Ethiker Dieter Birnbacher zufolge in der Medizin generell als Zeichen verstanden, „an denen der eingetretene Tod erkannt werden kann“[63]. Speziell beim *Hirntodkriterium* handelt es sich um ein Todeszeichen, das „von Anfang an umstritten ist“[64]. Die Akzeptabilität eines *Todeskriteriums* muss sich „empirisch oder zumindest mit Bezug auf gut bestätigte wissenschaftliche Theorien erweisen lassen“[65]. Während die *Todesdefinition* „eine Sache der Festlegung und Vereinbarung“ darstellt.[66] Im „Lexikon Medizin, Ethik, Recht“ findet sich dazu folgende Begriffsbestimmung:

> „Unter Tod versteht man medizinisch den irreversiblen Stillstand von Kreislauf und Atmung, verbunden mit dem Aufhören der Tätigkeit des Zentralnervensystems; ihm folgt das Absterben aller Zellen des Organismus.“[67]

Zusätzlich stellt aber auch der Ganzhirntod, definiert durch das „irreversible Erlöschen des Gehirns in seiner Gesamtheit“[68], ein Todeskriterium dar, welches anhand der Hirntoddiagnostik nachweisbar ist.[69]

Innerhalb der ethischen Reflexion findet eine lebhafte Debatte darüber statt, ob der Ganzhirntod mit dem Tod gleichgesetzt werden kann. Während nach einem Atem- und Kreislaufstillstand nach längstens 10 Minuten alle Hirnfunktionen irreversibel ausfallen, kann im Falle eines Hirntodes „unter künstlicher Beatmung aber die Erregbarkeit der Rückenmarksreflexe sowie die von Gesichts-, Rumpf- und Extremitätennerven sowie der Muskulatur, [...] noch stunden- bis tagelang erhalten

---

[63]Birnbacher, Dieter: Einige Gründe, das Hirntodkriterium zu akzeptieren, in: Hoff, Johannes/ In der Schmitten, Jürgen (Hrsg.): *Wann ist der Mensch tot? Organverpflanzung und ‚Hirntod‘-Kriterium*, Reinbek bei Hamburg: Rowohlt, 1994, S. 29.

[64]Ebd.

[65]Ebd., S. 31.

[66]Ebd., S. 30.

[67]Eser, Albin et al. (Hrsg.): *Lexikon Medizin, Ethik, Recht: Darf die Medizin, was sie kann? Information und Orientierung*, Freiburg im Breisgau: Herder, 1989, S. 1187.

[68]Ebd., S. 1190.

[69]Vgl. Förderreuther, Stefanie: Hirntod-Organspende: Diagnostik, Durchführung, Organisation und rechtlicher Rahmen in Deutschland, in: *Der Diabetologe*, Bd. 6, Heft 5 (Juli 2010), S. 366-372.

bleiben“[70]. In Frage steht deshalb, ob das vollständige, irreversible Versagen aller Teile des Gehirns bereits genügt, um vom Tod zu sprechen. Einzelne Positionen der Diskussion dazu sind in Kapitel 1.5 aufgeführt.

Tote-Spender-Regel (dead donor rule)

Tote-Spender-Regel lautet die deutsche Übersetzung des englischen Begriffs ‚dead donor rule‘. Die Regel sagt aus, dass Organentnahmen nur dann zulässig sind, wenn der Patient tot ist. Aus medizinischer Sicht ist in Deutschland der Tod eingetreten, wenn alle Gehirnfunktionen irreversibel erloschen sind (*Ganzhirntod*). Die Tote-Spender-Regel ist im Deutschen Transplantationsgesetz in § 3 Abs. 1 Nr. 2 verankert:

> „Die Entnahme von Organen oder Geweben ist, soweit in § 4 oder § 4a nichts Abweichendes bestimmt ist, nur zulässig, wenn
>
> 1. der Organ- oder Gewebespender in die Entnahme eingewilligt hatte,
> 2. der Tod des Organ- oder Gewebespenders nach Regeln, die dem Stand der Erkenntnisse der medizinischen Wissenschaft entsprechen, festgestellt ist und
> 3. der Eingriff durch einen Arzt vorgenommen wird.“[71]

Wird die Tote-Spender-Regel missachtet, so stellt eine Explantation eine aktive Sterbehilfe dar. Diese ist in Deutschland gesetzlich verboten. Die ethische Rechtfertigbarkeit einer aktiven Sterbehilfe wird in der theoretischen Reflexion rege diskutiert. Ob eine aktive Sterbehilfe zum Zwecke von Organentnahmen zu rechtfertigen ist, muss dann entschieden werden, wenn das Hirntodkriterium abgelehnt, Organtransplantationen aber befürwortet werden. Im Verlauf dieser Arbeit wird für die Tote-Spender-Regel der englische Terminus dead donor rule verwendet.

[70] Eser, Albin et al. (Hrsg.): *Lexikon Medizin, Ethik, Recht: Darf die Medizin, was sie kann? Information und Orientierung*, Freiburg im Breisgau: Herder, 1989, S. 1194.

[71] Höfling, Wolfram (Hrsg.): *TPG: Transplantationsgesetz; Kommentar*, 2., völlig neu bearb. Aufl., Berlin: Schmidt, 2013, S. 5.

1 Theoretische Grundlagen und Arbeitshypothesen

Dieses Kapitel beinhaltet die Abbildung des Sachstands und die Ableitung der Arbeitshypothesen. Dabei werden im Hinblick auf die Untersuchung folgende Aspekte behandelt:

- *Relevanz der Themen Hirntod und postmortale Organspende für Medienberichte*
- *Vorbereitungsstand auf Fragen der Organtransplantation*
- *Grundsätzliche Bereitschaft zur Spende und Annahme von Organen*
- *Zahl der vorhandenen Spenderausweise*
- *Akzeptanz des Hirntodkriteriums*
- *Einstellung zu gesetzlichen Regelungen*
- *Einstellung zur Wahrung biomedizinethischer Prinzipien mittlerer Reichweite*

Während sich die Hypothesen zu Relevanz, Vorbereitungsstand, grundsätzlicher Spendebereitschaft und Vorliegen von Spenderausweisen hauptsächlich auf empirische Daten aus dem Bereich der Sozialforschung stützen, beruhen die Annahmen bezüglich der Einstellungen zum Hirntodkriterium, der Akzeptanz einer Widerspruchsregelung und der biomedizinethischen Prinzipien auf Standpunkten innerhalb der theoretischen Diskussion. Aufgrund deren Diversität und Komplexität machen letztgenannte Aspekte innerhalb der Untersuchung den überwiegenden Teil aus und bestimmen die spätere Deskription und

Diskussion zu großen Teilen. Dennoch stehen im Gesamtkontext der Arbeit alle Hypothesen gleichrangig nebeneinander.

Die einzelnen Arbeitshypothesen dienen dazu, die in Kapitel 1.8 formulierte Kernthese zu überprüfen.

1.1 Organspenden als Thema journalistischer Publikationen

Die Relevanz des Themas postmortale Organspenden für journalistische Publikationen bildet den ersten Aspekt bei der Untersuchung der Einstellungen und des Kenntnisstands in Deutschland tätiger Journalisten.

„Journalistinnen und Journalisten haben die Aufgabe, Sachverhalte oder Vorgänge öffentlich zu machen, deren Kenntnis für die Gesellschaft von allgemeiner, politischer, wirtschaftlicher oder kultureller Bedeutung ist", hält der Deutsche Journalisten-Verband (DJV) fest.[72] Dass die Transplantationsmedizin, als der postmortalen Organspende übergeordnetes Themenfeld, einen Sachverhalt darstellt, dessen Kenntnis für die Gesellschaft von allgemeiner Bedeutung ist, haben im Laufe des Jahres 2012 zwei Ereignisse besonders unterstrichen.

Zunächst war die Verabschiedung der Entscheidungslösung von nahezu allen führenden Blättern und Sendern begleitet worden. Dabei hatten Artikel und Berichte oft einen positiv mitklingenden Grundton. Unter der Überschrift „Eine Chance, Leben zu retten" erschien ein Artikel anlässlich der Fraktionsabstimmung im Deutschen Bundestag in der *Berliner Zeitung*.[73] Der Beitrag „Vielleicht weht ja etwas Dankbarkeit rüber" in der *Süddeutschen Zeitung* erzählte von einer Mutter, deren Sohn eine Lunge transplantiert bekommen hatte[74] und der *Tagesspiegel* klärte unter der Überschrift „Mit Spenderherz" über die Gesetzesänderungen auf.[75]

---

[72] Deutscher Journalisten-Verband: *Berufsbild Journalistin – Journalist*, in: `http://www.djv.de/fileadmin/user_upload/Infos_PDFs/Flyer_Broschuren/Berufsbild_Journalistin_Journalist.pdf`, zuletzt überprüft am 7. Juni 2014, S. 2.

[73] Vgl. Tichomirowa, Katja: Eine Chance, Leben zu retten, in: *Berliner Zeitung*, 23. März 2012, S. 5.

[74] Vgl. Frank, Charlotte: Vielleicht weht ja etwas Dankbarkeit rüber, in: *Süddeutsche Zeitung*, 17./18. März 2012, S. 13.

[75] Vgl. Woratschka, Rainer: Mit Spenderherz, in: *Der Tagesspiegel*, 26. Mai 2012, S. 2.

Das zweite Ereignis, das für ein verdichtetes Auftreten von Publikationen zum Thema Organtransplantationen sorgte, waren die bekannt gewordenen Datenmanipulationen an verschiedenen deutschen Kliniken, die Patienten schneller zu einem Spenderorgan verhelfen sollten. In diesem Zusammenhang wurde bedauerlicherweise der Begriff ‚Organspendeskandale' etabliert.[76] Es erschienen etwa Publikationen wie „Organspendeskandal weitet sich aus" in der *Berliner Zeitung* vom 3. August 2012[77] oder „Leber im Angebot" in der *Süddeutschen Zeitung.*[78] *Der Spiegel* widmete dem Thema Organhandel eine Titelgeschichte[79], der *Focus* veröffentlichte Anfang 2013 einen Bericht über den Betrug mit Spenderorganen unter der Überschrift „Wenn Ärzte Gott spielen".[80]

Auch wenn die Manipulationen Straftaten darstellen, über die die Öffentlichkeit in Kenntnis zu setzen war, erwuchs durch sie offenbar ein allgemeines Misstrauen in die Transplantationsmedizin, das über den Problembereich der Organverteilung weit hinausging. Wie sehr das Ansehen dadurch verloren ging, zeigen die Spenderzahlen des folgenden Jahres.[81]

Dass die Berichte und Artikel das Misstrauen in die Transplantationsmedizin beeinflusst haben, ist anzunehmen, schon allein weil sie fast jeden erreicht haben dürften. Empirische Daten aus dem Jahr 2013 verdeutlichen die hohe Reichweite deutscher Medien, demnach haben 85 Prozent der Bundesbürger mehrmals in der Woche ferngesehen, 68,2 Prozent Zeitungen gelesen und 80,3 Prozent Radio gehört.[82] Zu-

[76]Hierdurch wird der Organspende als Teilprozess der Transplantationsmedizin ein Skandalcharakter zugeschrieben, obwohl dieser von den Manipulationen nicht direkt betroffen war.

[77]Vgl. Niemann, Heidi: Organspendeskandal weitet sich aus, in: *Berliner Zeitung*, 3. August 2012, S. 5.

[78]Vgl. Berndt, Christina: Leber im Angebot, in: *Süddeutsche Zeitung*, 20. Juli 2012, S. 10.

[79]Vgl. Ginzel, Arndt/ Kraushaar, Martin/ Winter, Steffen: Die gekaufte Niere, in: *Der Spiegel*, 30. Juli 2012, S. 22-30.

[80]Vgl. Hein, Jan-Philipp/ Hollweg, Petra/ Kailitz, Susanne/ Mayer, Kurt-Martin/ Neumann, Philipp/ Wendt, Alexander: Wenn Ärzte Gott spielen, in: *Focus*, 7. Januar 2013, S. 44-49.

[81]Vgl. Deutsche Stiftung Organtransplantation: *Organspende und Transplantation in Deutschland. Jahresbericht 2013*, Frankfurt am Main, April 2014, S. 53.

[82]Vgl. ARD: *Mediennutzung und Freizeitverhalten*, in: `http://www.ard.de/home/intern/fakten/ard-mediendaten/Mediennutzung_und_Freizeitbeschaeftigung/408808/index.html`, zuletzt überprüft am 23. März 2014.

dem waren 77,2 Prozent der Erwachsenen ab 14 Jahren in Deutschland online (2012: 75,9 Prozent).[83]

Im Sommer 2012 wurden einer repräsentativen Studie zufolge zudem 80 Prozent der Bundesbürger durch das Fernsehen mit dem Thema Organtransplantation konfrontiert.[84] 52 Prozent davon möchten auch von den Medien über Organ- und Gewebespenden informiert werden, 77 Prozent durch eine Kombination aus sachlichen Informationen und persönlichen Erfahrungsberichten.

Das Interesse an sachbezogenen und dennoch unterhaltsamen Medienberichten zum Thema ist in der Öffentlichkeit demnach vorhanden. Gesetzesänderungen oder Straftaten im Kontext von Organtransplantationen stellen für Journalisten zudem nachweislich berichtenswerte Ereignisse dar.

Doch auch darüberhinaus sollte ein Interesse an Publikationen zur postmortalen Organspende bestehen. Denn, so formuliert es der DJV, Journalisten kommt ein „soziales und gesellschaftliches Verantwortungsbewusstsein" zu.[85] Außerdem sollten Berufsvertreter nach Ansicht der Journalisten Wolf Schneider und Paul-Josef Raue die vier grundlegenden Eigenschaften *Begabung, Charakter, Fachkenntnis und Weltkenntnis* mitbringen[86], welche es ihnen ermöglichen sollte, die Komplexität des Themas zu erfassen.

Generell, darauf weisen die Medienforscher Siegfried Weischenberg, Maja Malik und Armin Scholl zudem hin, ist es Aufgabe der Journalisten, die Bürger zu informieren, die Mächtigen zu kritisieren und zu kontrollieren, zur Meinungs- und Wissensbildung beizutragen und das Publikum durchaus auch zu unterhalten.[87] Dabei sollen die Medienver-

---

[83]Vgl. ARD/ ZDF: *Onlinestudie*, in: `http://www.ard-zdf-onlinestudie.de/index.php?id=501`, zuletzt überprüft am 7. Oktober 2014.

[84]Vgl. Watzke, Daniela/ Schmidt, Karolina/ Stander, Volker: *Einstellung, Wissen und Verhalten der Allgemeinbevölkerung zur Organ- und Gewebespende*, Köln: Bundeszentrale für gesundheitliche Aufklärung (BZgA), 2013, in: `http://www.organspende-info.de/sites/all/files/files/Bericht-Studie-Organ-\%20und\%20Gewebspende-2012\%281\%29.pdf`, zuletzt überprüft am 24. Juni 2014, S. 31.

[85]Vgl. Deutscher Journalisten-Verband: *Berufsbild Journalistin – Journalist*, in: `http://www.djv.de/fileadmin/user_upload/Infos_PDFs/Flyer_Broschuren/Berufsbild_Journalistin_Journalist.pdf`, zuletzt überprüft am 7. Juni 2014, S. 4.

[86]Vgl. Schneider, Wolf/ Raue, Paul-Josef: *Das neue Handbuch des Journalismus und des Online-Journalismus*, vollst. überarb. Neuausg., Reinbek bei Hamburg: Rowohlt, 2012, S. 15 ff.

[87]Weischenberg, Siegfried/ Malik, Maja/ Scholl, Armin: *Die Souffleure der Mediengesellschaft: Report über die Journalisten in Deutschland*, Konstanz: UVK Verlagsgesellschaft, 2006, S. 98.

treter nach Auffassung des Ethikers und Theologen Martin Leiner das *ideale Verantwortungsdreieck*, bestehend aus ‚Würde der Person', ‚öffentlicher Auftrag' und ‚Wahrheit der Nachricht' beachten.[88] Die Journalisten nehmen einer Repräsentativstudie zufolge die Informationsaufgabe besonders ernst.

> „Fast neun von zehn der Befragten Journalisten (89%) streben an, möglichst neutral und präzise zu informieren, acht von zehn (79%) wollen komplexe Sachverhalte vermitteln und jeweils drei Viertel (74%) beabsichtigen, Informationen möglichst schnell zu vermitteln sowie – in erkenntnistheoretischer Unschuld – die Realität so abzubilden, wie sie ist."[89]

Während die neutrale Vermittlung von Informationen an erster Stelle steht, wird das Kritisieren von Missständen von weniger Journalisten als relevant erachtet. „Gut die Hälfte der Journalisten (58%) hat die Absicht, in ihrem Beruf Missstände in der Gesellschaft zu kritisieren [...]."[90] Die Absicht, ihr Publikum zu unterhalten, haben 37 Prozent der Journalisten. 44 Prozent wollen zudem als Ratgeber fungieren und Lebenshilfe bieten.[91]

Siegfried Weischenberg hat bereits bei einer 1993 vorgenommenen Befragung unter Journalisten festgestellt, „die deutschen Journalistinnen und Journalisten verstehen sich [...] vor allem als ‚neutrale Vermittler', die ihrem Publikum komplexe Sachverhalte erklären und es schnell und präzise informieren wollen"[92]. Die 2011 von Isabelle Buckow veröffentlichte Studie „Freie Journalisten und ihre berufliche Identität" bestätigt die Aktualität dieser Ergebnisse.

> „Fast neun von zehn der befragten Journalisten (89 Prozent) streben an, komplexe Sachverhalte zu erklären und zu vermitteln, jeweils acht von zehn wollen das Publikum mög-

---

[88]Vgl. Leiner: Martin: Medienethik in der Gegenwart (Medienethik II), in: Knoepffler, Nikolaus et al. (Hrsg.): *Einführung in die Angewandte Ethik*, Freiburg/ München: Alber, 2006, S. 163-164.

[89]Ebd., S. 102.

[90]Ebd., S. 106.

[91]Vgl. ebd., S. 111.

[92]Weischenberg, Siegfried: *Journalistik. Theorie und Praxis aktueller Medienkommunikation. Band 2: Medientechnik, Medienfunktionen, Medienakteure*, 1. Aufl., Nachdruck, Opladen: Westdeutscher Verlag, 2002, S. 443.

> lichst neutral und präzise informieren (81 Prozent) sowie die Realität so abbilden, wie sie ist (80 Prozent)."[93]

Wenn sich Journalisten in Deutschland im Kern als neutrale Vermittler komplexer Sachverhalte verstehen und die ihnen zukommende soziale Verantwortung ernst nehmen, so sollten sie ein Interesse daran haben, über Transplantationen und insbesondere auch postmortale Organspende zu berichten, dabei möglichst sachbezogen zu bleiben und sich die nötigen Kenntnisse anzueignen.

Deshalb lautet die Relevanzhypothese:

> *Es wird angenommen, dass die Mehrheit der befragten Journalisten das Thema postmortale Organspende als relevant betrachtet und ein Interesse daran hat, dass möglichst neutral über die postmortale Organspende berichtet wird.*

1.2 Kenntnisstand zu Hirntod und postmortaler Organspende

Die Kenntnis des Themenkomplexes Organtransplantation, konkret der damit verknüpften Aspekte Hirntod und postmortale Organgabe, ist im zweiten Schritt der Untersuchung von Interesse. Denn, wie bereits in Kapitel 1.1 erläutert, ist Sachwissen gerade im Hinblick auf Berichte über die postmortale Organspende von hoher Bedeutung, wenn eine neutrale Informationsvermittlung stattfinden soll.

1.2.1 Vorbeschäftigung

Zuerst soll in Erfahrung gebracht werden, wie viele Teilnehmer sich bereits mit dem Thema beschäftigt haben.

Laut einer Repräsentativstudie der Krankenkasse DAK haben sich drei Viertel der Bundesbürger bereits mit dem Thema Organspende auseinandergesetzt, allerdings weniger als 50 Prozent der Teilnehmer intensiv (Tab. 1).

[93] Buckow, Isabelle: *Freie Journalisten und ihre berufliche Identität. Eine Umfrage unter den Mitgliedern des Journalistenverbands Freischreiber*, Wiesbaden: Verlag für Sozialwissenschaften, 2011, S. 76-77.

Tabelle 1: Beschäftigung mit dem Thema Organspende laut DAK-Studie[94]

Vorbeschäftigung	Intensiv	Weniger	Überhaupt noch nicht[95]
Gesamt	*41%*	*34%*	*25%*
Männer	37%	31%	32%
Frauen	44%	36%	19%
14-29 Jahre	25%	36%	39%
33-44 Jahre	43%	35%	22%
45-69 Jahre	47%	33%	20%
Davon Abitur, Studium	51%	33%	15%
Mittlerer Abschluss	45%	32%	23%
Hauptschule	36%	33%	31%

Die Ergebnisse der DAK-Studie verdeutlichen, dass sich zum Zeitpunkt der Befragung mehr Frauen intensiv mit dem Thema auseinandergesetzt hatten als Männer. Weiterhin zeigen die Resultate, dass bei den älteren Teilnehmern bereits öfter eine intensive Auseinandersetzung stattgefunden hat. Zudem haben sich Teilnehmer mit Abitur und Studium öfter intensiv mit dem Thema beschäftigt als solche mit Hauptschul- oder mittlerem Abschluss.

Ausgehend von diesen Ergebnissen ist anzunehmen, dass bei den Journalisten aufgrund ihres hohen Bildungsgrads bereits mehrheitlich eine intensive Auseinandersetzung mit der postmortalen Organspende erfolgt ist. Denn, so haben Siegfried Weischenberg, Maja Malik und Armin Scholl ermittelt, Journalisten sind in ihrer sozialen Zusammensetzung „nicht der Spiegel der Bevölkerung“[96]. Das drückt sich zum einen durch ihre politische Grundüberzeugung aus, 41 Prozent der Journalisten waren zum Zeitpunkt der Repräsentativbefragung von Weischenberg, Malik und Scholl Wähler der Grünen, sie gelten demnach als liberal und pazifistisch.[97] Zum anderen verfügten 66 Prozent der Journalisten zum Zeitpunkt der Befragung über ein abgeschlossenes Hochschulstudium.[98] Bezugnehmend darauf wird ein abgeschlossenes Hoch-

[94]Forsa: *Meinungen zur Organspende*, im Auftrag der DAK, 2011, S. 1.

[95]An 100% fehlende Angaben „weiß nicht“.

[96]Weischenberg, Siegfried/ Malik, Maja/ Scholl, Armin: *Souffleure der Mediengesellschaft: Report über die Journalisten in Deutschland*, Konstanz: UVK Verlagsgesellschaft, 2006, S. 70.

[97]Vgl. ebd., S. 71.

[98]Vgl. ebd., S. 69.

schulstudium auch bei der Mehrheit der Forschungsgruppe vermutet, was wiederum auf eine mehrheitlich erfolgte Vorbeschäftigung mit dem Thema postmortale Organspende schließen lässt.

1.2.2 Wissensstand

Weiterhin soll anhand der Befragung ermittelt werden, wie die Journalisten ihren Vorbereitungsstand auf Fragen zu Hirntod und Organspende selbst einschätzen.

Laut Repräsentativ-Befragung der Bundeszentrale für gesundheitliche Aufklärung (BZgA) ist etwa die Hälfte der Bevölkerung über Organ- und Gewebespenden mäßig informiert. Zur Ermittlung des Kenntnisstands wurden den Teilnehmern 17 Wissensfragen gestellt. Die Ergebnisse zeigen, dass 46 Prozent der Befragten gut oder sehr gut über das Thema Organ- und Gewebespende informiert sind, 54 Prozent mäßig oder schlecht. Die Frauen sind etwas besser informiert als die Männer, die jungen Teilnehmer schlechter als die älteren (Tab. 2).

Tabelle 2: Wissensstand laut BZgA-Studie[99]

Wissensstand	Sehr gut informiert	Gut informiert	Mäßig informiert	Schlecht informiert[100]
Insgesamt	*7%*	*39%*	*49%*	*5%*
Männer	6%	36%	52%	5%
Frauen	8%	41%	47%	4%
14-25 Jahre	5%	33%	52%	10%
26-55 Jahre	8%	41%	47%	4%
56-75 Jahre	6%	37%	53%	4%

Des Weiteren waren die Teilnehmer gebeten worden, unabhängig von ihrem tatsächlichen Wissensstand selbst einzuschätzen, wie gut sie über das Thema Organ- und Gewebespende informiert sind. Zur

[99] Watzke, Daniela/ Schmidt, Karolina/ Stander, Volker: *Einstellung, Wissen und Verhalten der Allge-meinbevölkerung zur Organ- und Gewebespende.* Köln: Bundeszentrale für gesundheitliche Aufklärung (BZgA), 2013, in: `http://www.organspende-info.de/sites/all/files/files/Bericht-Studie-Organ-\%20und\%20Gewebspende-2012\%281\%29.pdf`, zuletzt überprüft am 24. Juni 2014, S. 23.

[100] An 100% fehlende Angaben „weiß nicht".

Auswahl standen die Optionen „sehr gut“, „gut“, „mittelmäßig“ oder „schlecht“ (Tab. 3).

Tabelle 3: Informiertheit über Organ- und Gewebespenden laut BZgA-Umfrage[101]

Wissensstand	Sehr gut	Gut	Mittelmäßig	Schlecht[102]
Insgesamt	*4%*	*26%*	*52%*	*18%*
Männer	3%	24%	52%	21%
Frauen	5%	28%	52%	15%
14-25 Jahre	2%	18%	59%	21%
26-55 Jahre	4%	24%	51%	21%
56-75 Jahre	5%	33%	50%	12%

Die Befragung ergibt, dass Frauen nicht nur tatsächlich besser informiert sind als Männer, sondern sich auch selbst so einschätzen. Zudem nimmt die Zahl der sehr gut oder gut informierten Teilnehmer mit steigendem Alter zu.

Weiterhin geht aus den Ergebnissen hervor, dass viele Teilnehmer über eine bessere Kenntnis verfügen, als sie selbst annehmen. Zwar verfügt gut die Hälfte der Befragten über einen mittelmäßigen Wissensstand und schätzt sich selbst auch als mittelmäßig informiert ein, Selbsteinschätzung und tatsächlicher Wissensstand stimmen also überein. Von den 18 Prozent aber, die sich schlecht informiert fühlen, haben nur fünf Prozent tatsächlich einen niedrigen Wissensstand. Und während sich 26 Prozent selbst als gut informiert einschätzen, haben tatsächlich 39 Prozent der Teilnehmer einen guten Wissensstand. Sehr gut informiert fühlen sich vier Prozent, tatsächlich sind es aber sieben. Es neigen also vor allem diejenigen mit gutem oder sehr gutem Wissensstand dazu, ihren Grad der Informiertheit zu unterschätzen.

Anhaltspunkte über einen Zusammenhang von Wissensstand und Bildungsgrad liefert die Befragung der BZgA allerdings nicht. Deshalb sind keine Annahmen dazu möglich, ob die befragten Journalisten aufgrund ihres Bildungsgrads besser informiert sind als die Allgemeinbevölkerung.

[101] Watzke, Daniela/ Schmidt, Karolina/ Stander, Volker: *Einstellung, Wissen und Verhalten der Allgemeinbevölkerung zur Organ- und Gewebespende*, Köln: Bundeszentrale für gesundheitliche Aufklärung (BZgA), 2013, S. 28.

[102] An 100% fehlende Angaben „weiß nicht“.

Ausgehend vom dargelegten Sachstand lautet die Wissenshypothese:

> *Es wird angenommen, dass sich die Forschungsgruppe bereits mehrheitlich mit dem Thema postmortale Organspende beschäftigt hat und sich die Mehrheit auf Fragen zur Organspende mittelmäßig vorbereitet fühlt.*

1.3 Grundsätzliche Bereitschaft zum Geben und Nehmen von Organen

Als dritter Aspekt der Untersuchung soll die die grundsätzliche Bereitschaft ermittelt werden, Organe postmortal zu spenden oder im Krankheitsfall anzunehmen.

Dadurch sind Rückschlüsse auf die Solidarität der Teilnehmer möglich, die durch eine Bereitschaft zu spenden ausgedrückt wird. Des Weiteren wird aber auch ersichtlich, wer zwar ein Organ annehmen würde, aber selbst nicht bereit ist, in eine postmortale Organgabe einzuwilligen.

1.3.1 Grundsätzliche Spendebereitschaft

Erstens ist von Interesse, ob die Teilnehmer gewillt sind, postmortal Organe zu spenden. Repräsentativumfragen belegen, dass die Allgemeinbevölkerung mehrheitlich dazu bereit ist. Laut DAK-Untersuchung „Meinungen zur Organspende“ sind mehr als 70 Prozent der Befragten grundsätzlich damit einverstanden, dass ihnen nach dem Tod Organe entnommen werden (Tab. 4).

Tabelle 4: Bereitschaft zur Organspende laut DAK-Umfrage[103]

	Ja	Nein[104]
Gesamt	*71%*	*19%*
Männer	70%	19%
Frauen	71%	19%
14-29 Jahre	70%	18%
33-44 Jahre	68%	28%
45-59 Jahre	71%	21%
Abitur	77%	14%
Mittlerer Abschluss	75%	19%
Hauptschule	65%	23%

Die Bereitschaft zur Organspende ist bei Männern und Frauen gleichermaßen hoch. Kleine Schwankungen treten hingegen innerhalb der Altersgruppen auf, dort ist die Ablehnung von Spenden bei den 33 bis 44-Jährigen am höchsten. Weiterhin geht aus den Zahlen hervor, dass die Organspendebereitschaft mit dem Grad der Bildung steigt.

Von denen, die nicht selbst spenden möchten, haben 44 Prozent Angst, dass die Ärzte nicht alles tun würden, um ihr Leben zu retten. 39 Prozent möchten sich jetzt nicht mit ihrem Tod beschäftigen, 29 Prozent wissen nicht, was mit ihren Organen passiert, 28 Prozent haben ethische und religiöse Bedenken und 25 Prozent macht das Thema generell Angst.[105]

Zu einem nahezu identischen Ergebnis hinsichtlich der grundsätzlichen Spendebereitschaft kommt auch die Studie „Einstellung, Wissen und Verhalten der Allgemeinbevölkerung zur Organ- und Gewebespende“ im Auftrag der BZgA. Dort wurden die Teilnehmer gefragt, ob sie grundsätzlich einverstanden sind, dass man ihnen nach dem Tod Organe und Gewebe entnimmt (Tab. 5). Im Gegensatz zur DAK-Studie kommt die Befragung der BZgA allerdings zu dem Ergebnis, dass die Spendebereitschaft mit steigendem Alter sinkt.

[103] Forsa: *Meinungen zur Organspende*, im Auftrag der DAK, 2011, S. 4.
[104] An 100% fehlende Angaben „weiß nicht“.
[105] Forsa: *Meinungen zur Organspende*, im Auftrag der DAK, 2011, S. 5.

Tabelle 5: Aktive Akzeptanz von Organspenden laut BZgA-Umfrage[106]

Einverstanden mit postmortaler Organgabe?	Ja, einverstanden	Nein, nicht einverstanden[107]
Gesamt	*70%*	*20%*
14-25 Jahre	72%	18%
26-55 Jahre	70%	18%
56-75 Jahre	67%	23%

Aufgrund der vorliegenden Ergebnisse kann davon ausgegangen werden, dass auch die befragten Journalisten mehrheitlich bereit sind, nach dem Tod Organe zu spenden. Da sich beide Umfragen hinsichtlich des Zusammenhangs zwischen Alter und Spendebereitschaft widersprechen, werden diesbezüglich keine hypothetischen Aussagen getroffen. Die Formulierung der *Bereitschaftshypothese* erfolgt in Kapitel 1.3.2.

1.3.2 Grundsätzliche Annahmebereitschaft von Spenderorganen

Zweitens soll ermittelt werden, wie viele der Befragten im Krankheitsfall ein Spenderorgan annehmen würden. Dass die Annahmebereitschaft möglicherweise höher ist als die Spendebereitschaft, legt ebenfalls die bereits zitierte BZgA-Studie nahe (Tab. 6, im Vergleich mit Tab. 5).

> *Können Sie sich vorstellen, dass Sie für sich selbst ein gespendetes Organ oder Gewebe für eine Transplantation annehmen würden, wenn Ihnen dadurch geholfen werden könnte?*

[106] Vgl. Watzke, Daniela/ Schmidt, Karolina/ Stander, Volker: *Einstellung, Wissen und Verhalten der Allgemeinbevölkerung zur Organ- und Gewebespende*, Köln: Bundeszentrale für gesundheitliche Aufklärung (BZgA), 2013, in: `http://www.organspende-info.de/sites/all/files/files/Bericht-Studie-Organ-\%20und\%20Gewebspende-2012\%281\%29.pdf`, zuletzt überprüft am 24. Juni 2014, S. 36.

[107] An 100% fehlende Angaben „weiß nicht".

Tabelle 6: Grundsätzliche Annahmebereitschaft laut BZgA-Umfrage[108]

	Ja	Nein[109]
Gesamt	*85%*	*10%*
14-25 Jahre	91%	7%
26-55 Jahre	87%	8%
56-75 Jahre	77%	17%

Vor allem die jungen Leute sind nahezu alle bereit, ein gespendetes Organ anzunehmen. Insgesamt zeigt sich dadurch, dass in der Allgemeinbevölkerung eine sehr hohe Bereitschaft zur Annahme eines Spenderorgans zu verzeichnen ist, was verdeutlicht, dass kaum jemand dazu bereit wäre, im Ernstfall auf ein Spenderorgan zu verzichten und damit den Tod in Kauf zu nehmen.

Schlussfolgernd wird vermutet, dass die Bereitschaft, ein Organ anzunehmen, bei den Journalisten ebenso öfter vorhanden sein dürfte, als eine grundsätzliche Spendebereitschaft.

Deshalb lautet die *Bereitschaftshypothese*:

> *Es wird angenommen, dass mehr als drei Viertel der Journalisten bereit sind, im Krankheitsfall ein Spenderorgan anzunehmen, während mindestens 70 Prozent zu einer postmortalen Organspende bereit sind.*

1.4 Besitz eines Spenderausweises (tatsächliche Bereitschaft)

Den vierten Aspekt der Untersuchung bildet die Ermittlung der Anzahl vorliegender Organspendeausweise. Sie sagt etwas über die tatsächliche Spendebereitschaft der Forschungsgruppe aus.

Denn obwohl, wie im vorhergehenden Kapitel dargelegt, rund 70 Prozent der Bundesbürger grundsätzlich dazu bereit sind, dass ihnen postmortal Organe entnommen werden, erfolgt eine Dokumenta-

[108] Watzke, Daniela/ Schmidt, Karolina/ Stander, Volker: *Einstellung, Wissen und Verhalten der Allgemeinbevölkerung zur Organ- und Gewebespende*, Köln: Bundeszentrale für gesundheitliche Aufklärung (BZgA), 2013, in: `http://www.organspende-info.de/sites/all/files/files/Bericht-Studie-Organ-\%20und\%20Gewebspende-2012\%281\%29.pdf`, zuletzt überprüft am 24. Juni 2014, S. 38.

[109] An 100% fehlende Angaben „weiß nicht“.

tion dieses Willens laut Umfragen weit seltener. Da eine Zustimmung zu Lebzeiten Voraussetzung für eine Organentnahme ist, ist im Folgenden von tatsächlicher Spendebereitschaft die Rede, wenn es um die Zahl vorhandener Organspendeausweise geht, weil auf ihnen die *grundsätzliche* Bereitschaft dokumentiert ist, so dass eine Spende *tatsächlich* erfolgen kann.

Die Problematik, dass grundsätzliche und tatsächliche Spendebereitschaft voneinander abweichen, ist bekannt, so machte BZgA-Direktorin Elisabeth Pott am Rande einer Aufklärungskampagne darauf aufmerksam:

> „Wir wissen, dass die große Mehrheit der Menschen in Deutschland grundsätzlich eine positive Einstellung zur Organspende hat, aber die wenigsten dokumentieren ihre Bereitschaft in einem Organspendeausweis."[110]

Denn postmortale Organentnahmen sind nach § 3 Abs. 1 Nr. 1 TPG nur zulässig, wenn der „Organ- und Gewebespender in die Entnahme eingewilligt hatte"[111]. Die Existenz des dazu notwendigen Organspendeausweises ist zwar 98 Prozent der Bundesbürger bekannt, aber nur 58 Prozent haben schon einmal einen gesehen.[112]

Noch weniger besitzen einen gültigen Ausweis. 2012 waren es 22 Prozent. Bei den Frauen sind es sogar mehr als ein Viertel, unabhängig vom Geschlecht haben die 26 bis 55-Jährigen am häufigsten einen Ausweis.[113]

Diejenigen, die selbst keine Organe spenden möchten, haben Umfragen zufolge meist keinen Ausweis. Möglicherweise ist vielen nicht bekannt, dass dort auch eine Ablehnung vermerkt werden kann, um im Ernstfall den Angehörigen keine Entscheidung zuzumuten. In der Studie der BZgA heißt es zusammenfassend:

---

[110] Klinkhammer, Gisela: Transplantationsmedizin: Werbung für die Organspende, in: *Deutsches Ärzte-blatt*, 110. Jg., Heft 23-24 (10.06.2013), A-1129.

[111] Höfling, Wolfram (Hrsg.): *TPG: Transplantationsgesetz; Kommentar*, 2., völlig neu bearb. Aufl., Berlin: Schmidt, 2013, S. 5.

[112] Vgl. Watzke, Daniela/ Schmidt, Karolina/ Stander, Volker: *Einstellung, Wissen und Verhalten der Allgemeinbevölkerung zur Organ- und Gewebespende*, Köln: Bundeszentrale für gesundheitliche Aufklärung (BZgA), 2013, in: `http://www.organspende-info.de/sites/all/files/files/Bericht-Studie-Organ-\%20und\%20Gewebspende-2012\%281\%29.pdf`, zuletzt überprüft am 24. Juni 2014, S. 40-41.

[113] Vgl. ebd., S. 42.

> „Insgesamt wird also deutlich, dass der Organspendeausweis nicht so häufig genutzt wird, um die persönliche Entscheidung zur Organ- und Gewebespende, positiver oder negativer Art, festzuhalten. Dies hat zur Folge, dass im Notfall die Angehörigen der oder des Verstorbenen um eine Entscheidung gebeten werden und diese möglichst im Sinne der oder des Verstorbenen treffen müssen. Um Angehörige von dieser schwierigen Entscheidung zu entlasten, ist es wichtig, Interventionskampagnen zu nutzen, um den Nutzen des Organspendeausweises deutlich zu machen und dessen Gebrauch zu fördern.“[114]

Weiter geht aus der Studie hervor, dass von denen, die keinen Ausweis haben, 53 Prozent schon einmal daran gedacht haben, sich einen solchen zu besorgen und diesen auszufüllen.[115] Dadurch wird deutlich, wie viele Menschen bisher nicht ausreichend mobilisiert werden konnten, was dazu führen kann, dass sie im Ernstfall für eine Spende nicht in Frage kommen, obwohl eine grundsätzliche Spendebereitschaft vorhanden war.

Auch die bereits 2011 veröffentlichte Repräsentativuntersuchung von Marlies Ahlert und Lars Schwettmann hat ergeben, dass 21 Prozent der Befragten einen gültigen Spenderausweis besitzen.[116] 62 Prozent derjenigen, die keinen Ausweis haben, äußerten sich grundsätzlich „positiv zur eigenen Spendebereitschaft“[117].

Es kann deshalb vermutet werden, dass auch bei befragten Journalisten die tatsächliche Spendebereitschaft geringer ausfällt als die grundsätzliche. Die *Ausweishypothese* lautet:

> *Es wird angenommen, dass innerhalb der Forschungsgruppe etwa ein Fünftel der Befragten einen gültigen Organspendeausweis besitzt.*

---

[114] Vgl. ebd., S. 43.
[115] Vgl. ebd., S. 51.
[116] Ahlert, Marlies/ Schwettmann, Lars: Einstellungen der Bevölkerung zur Organspende, in: *Gesundheitsmonitor*, Gütersloh: Bertelsmann-Stiftung, 2011, S. 199-200.
[117] Ebd.

1.5 Der Hirntod als maßgebliches Todeskriterium

Den fünften Aspekt der Untersuchung bilden die Einstellungen und der Kenntnisstand der Forschungsgruppe zum Hirntod. Die Auseinandersetzung mit diesem Aspekt geht aufgrund seiner Komplexität im Umfang über die bisherigen Befragungspunkte hinaus.

Die Einstellung zum Ganzhirntodkriterium bildet ein Schlüsselkriterium für die ethische Bewertung von postmortalen Organspenden. Diesbezüglich findet eine lebhafte Debatte statt, in der unterschiedliche Standpunkte zu sehr unterschiedlichen Lösungsvorschlägen führen. Auch wenn das Ganzhirntodkriterium dabei aus diversen Gründen angezweifelt wird, sprechen gute Gründe für eine Anerkennung.

Zunächst ist die Relevanz des Todeskriteriums für postmortale Organentnahmen zu verdeutlichen. In den Richtlinien zur Feststellung des Hirntodes heißt es:

> „Das Transplantationsgesetz macht in § 3 Abs. 1 Nr. 2 die Todesfeststellung, in § 3 Abs. 2 Nr. 2 die Hirntodfeststellung zur unerlässlichen Voraussetzung jeder Organ-und Gewebeenentnahme bei toten Spendern."[118]

Als Hirntod wird der „Zustand der irreversibel erloschenen Gesamtfunktion des Großhirns, des Kleinhirns und des Hirnstamms"[119] verstanden. Nicht jeder teilt jedoch diesen medizinischen Standpunkt, nach dem der Totalausfall des Gehirns mit dem Tod gleichgesetzt wird.

1.5.1 Der Hirntod in der öffentlichen Wahrnehmung

Es ist anzunehmen, dass den Teilnehmern der Befragung der Anblick eines Hirntoten aus persönlicher Erfahrung kaum bekannt sein dürfte, Schätzungen gehen von „weniger als einem Prozent aller und acht bis zehn Prozent der intensivmedizinischen Todesfälle"[120] aus, die aufgrund des Ganzhirntodes eintreten. Denn der Ganzhirntod wird fast

[118] Bundesärztekammer: Richtlinien zur Feststellung des Hirntodes, in: *Deutsches Ärzteblatt*, 95. Jg., Heft 30 (24. Juli 1998), A-1868.

[119] Ebd., A-1861.

[120] Angstwurm, Heinz: Der Hirntod aus ärztlicher Sicht, in: Bondolfi, Alberto/ Kostka, Ulrike/ Seelmann, Kurt (Hrsg.): *Hirntod und Organspende*, Basel: Schwabe, 2003, S. 27.

ausschließlich auf Intensivstationen diagnostiziert, was dazu führt, dass er „den meisten Menschen nicht aus eigener Beobachtung bekannt“[121] ist. Wer dennoch eine konkrete Begegnung am Krankenbett erfährt, empfindet oftmals eine Nicht-Akzeptanz des Zustands als Tod, weil der Patient atmet, rosig aussieht und den Eindruck erwecken kann, er würde nur schlafen, was möglicherweise dazu führt, dass der Betreffende Organspenden ablehnt oder als Angehöriger einer Organentnahme nicht zustimmt.

Um den Ganzhirntod abzulehnen, muss eine konkrete Begegnung am Krankenbett aber nicht einmal stattfinden. Aussagen von Pflegekräften, die entsprechende Konfrontationen erlebt haben, sind in Medienberichten nachzulesen, wie zum Beispiel die einer ehemaligen Krankenschwester in einem Interview mit der *Berliner Zeitung*. Dort heißt es etwa: „Optisch gibt es keinen Unterschied zwischen einem hirntoten Patienten und zum Beispiel einem Menschen, der im Koma liegt.“[122]

Derartige Berichte von Betroffenen, die einen hirntoten Patienten zu Gesicht bekommen haben, können Unsicherheit und Unbehagen bereiten, weil sie einen Zustand beschreiben, der dem widerspricht, was die meisten sich unter ‚Tod‘ vorstellen. „Die traditionell mit dem Tod verbundene Vorstellung besteht darin, dass das Herz aufhört zu schlagen und die Atmung erlischt. Dass beides als Anzeichen für den Tod aufzufassen sei, ist tief im kulturellen und individuellen Bewusstsein verankert“[123], schreibt der Philosoph Andreas Vieth. Empirische Untersuchungen unter Pflegenden haben zudem ergeben: „Der Umgang mit Hirntoten ist von kognitiven Dissonanzen begleitet und emotional belastend, unabhängig davon, ob jemand der Transplantationsmedizin gegenüber positiv oder skeptisch eingestellt ist.“[124]

Entsprechende Erfahrungsberichte füllen ganze Sachbücher, in denen zudem Angehörige zu Wort kommen, die bereits einer Organentnahme bei einem Verwandten zugestimmt hatten und dies im Nachhin-

[121] Ebd.

[122] Die Soziologin und ehemalige Krankenschwester Alexandra Manzei im Interview mit Timot Szent-Ivanyi und Frank Junghänel: Wer noch warm ist, ist nicht tot, in: *Berliner Zeitung*. 19./20. Mai 2012, Magazin, S. 1. Ähnliche Schilderungen finden sich in: Vom Lehn, Brigitta: Wenn der Körper noch warm ist, in: *Berliner Zeitung*, 25. Mai 2012, S. 2.

[123] Vieth, Andreas: *Einführung in die Angewandte Ethik*, Darmstadt: Wissenschaftliche Buchgesellschaft, 2006, S. 94

[124] Kesselring, Annemarie/ Kainz, Martina: Hirntod, Organentnahme und Organspende: Erfahrungen von Pflegenden, in: Bondolfi, Alberto/ Kostka, Ulrike/ Seelmann, Kurt (Hrsg.): *Hirntod und Organspende*, Basel: Schwabe, 2003, S. 147.

ein bereuen, etwa, weil sie sich nicht in Ruhe verabschieden konnten, da der Patient auf der Intensivstation lag. Oder weil sie Angst hatten, dass er möglicherweise noch etwas fühlt.[125]

Selbst als ‚Entscheidungshilfen' titulierte Ratgeber vermitteln mitunter ein denkwürdiges Bild der Gesamtthematik Organtransplantation, so dass eine unvoreingenommene Auseinandersetzung erschwert wird.[126]

Eigene Beobachtungen haben zudem den Verdacht erweckt, dass sachorientierte Informationsbroschüren, die etwa zusammen mit Organspendeausweisen ausliegen, oft eher unscheinbar platziert sind, so dass möglicherweise nicht viele Menschen von sich aus auf dieses Material zugreifen.

Schlussfolgernd ist anzunehmen, dass eine Konfrontation mit dem Thema Hirntod bei vielen Menschen nicht zwingend anhand neutraler Informationen stattfindet, sondern diese möglicherweise bereits mit gewissen Meinungstendenzen verbunden sind.

1.5.2 Das Ganzhirntodkriterium im Kontext der ethischen Reflexion

Während aus medizinischer Sicht am Ganzhirntodkriterium keine Zweifel bestehen, findet eine lebhafte und anhaltende ethische Diskussion darüber statt, ob eine Gleichsetzung von Tod und dem Totalausfall aller Hirnfunktionen stattfinden kann.

Diese begann bereits Mitte des vorigen Jahrhunderts, als erste Organverpflanzungen erfolgt waren. Bis zum Ende des zweiten Weltkriegs war das Herztodkriterium noch allein ausschlaggebend für die Todesfeststellung gewesen, denn, so der Moralphilosoph Ralf Stoecker, es herrschte „weitgehend Konsens darüber, dass ein Mensch tot ist, wenn seine Atmung und sein Herzschlag unwiderruflich ausgesetzt haben"[127]. Mit dem Fortschreiten der Intensivmedizin kamen jedoch Fälle auf, in

[125] Vgl. z.B. Baureithel, Ulrike/ Bergmann, Anna: *Herzloser Tod: Das Dilemma der Organspende*, Stuttgart: Klett Cotta, 2001.

[126] Vgl. z.B. Brust, Thomas: Organspende und -transplantation: eine Analyse ethischer und christlicher Aspekte; Hilfen zur Entscheidungsfindung, Dillenburg: Christliche Verlagsgesellschaft, 2013. S. 33: „Man gewinnt eher den Eindruck, dass in einer Zeit, in der sich die Behandlung von Krankheit und Tod zum größten Wirtschaftsfaktor und Arbeitgeber entwickelt hat, selbst Todgeweihte noch zur wirtschaftlich nutzbaren Ressource gemacht werden oder sich machen lassen."

[127] Stoecker, Ralf: Die Hirntod-Debatte, in: Stoecker, Ralf et al. (Hrsg.): *Handbuch Angewandte Ethik*, Stuttgart: Metzler, 2011, S. 458.

denen die Gehirnfunktionen des Menschen erloschen waren, Kreislauf und Atmung aber mit künstlicher Hilfe aufrecht erhalten werden konnten. Dadurch waren unter anderem erste erfolgversprechende Organverpflanzungen möglich.

An der Harvard Medical School wurde 1968 ein Hirntodkriterium entwickelt und veröffentlicht[128], um nach der vom Kapstadter Arzt Christiaan Barnard 1967 vorgenommenen Herztransplantation eine neue Antwort auf die Frage zu finden, nach welchen Kriterien ein Mensch als ‚tot' zu beurteilen ist. Das Hirntodkriterium orientierte sich am Funktionsausfall des Gehirns und fand, so fasst es Heiko Ulrich Zude zusammen, „in der medizinischen Wissenschaft rasche Anerkennung und ist heute internationaler Standard."[129]

Dennoch wurde das Hirntodkriterium nach seiner Einführung vom Philosophen Hans Jonas kritisiert.

> „Wenn nur permanentes Koma durch die künstliche Aufrechterhaltung der Atmung usw. gewonnen werden kann, dann stelle man [...] die Lungenmaschine und alles andere ab und lasse den Patienten sterben: aber man lasse ihn sterben in aller Vollständigkeit, bis zum Stillstand jeder organischen Funktion. Nicht aber bringe man statt dessen [...], durch Fortsetzung der Kunsthilfen zu neuem Zweck, den Prozeß zu einem vorläufigen Halt, an dem der Körper als Organbank dienen kann, während er dank eben dieser Hilfen vielleicht noch diesseits der in Wahrheit letzten Grenze weilt."[130]

Hans Jonas nennt einen Kritikpunkt, der auch später immer wieder aufgegriffen wurde, dass das Hirntodkriterium ein ‚Konstrukt' sei, um Organentnahmen zu ermöglichen.

Theologe Johannes Hoff und Mediziner Jürgen in der Schmitten hielten der Harvard-Kommission später vor, sie sehe die Notwendigkeit, Patienten im ‚irreversiblen Koma' künftig für tot zu erklären, „aus

---

[128] A Definition of Irreversible Coma. Report of the Ad Hoc Committee of the Harvard Medical School to Examine the Definition of Brain Death, in: *Journal of the American Medical Association* [JAMA], Bd. 205, Nr. 6 (August 1968), S. 337-340.

[129] Zude, Heiko Ulrich: Medizinethik (Bioethik II), in: Knoepffler, Nikolaus et al. (Hrsg.): *Einführung in die Angewandte Ethik*, Freiburg im Breisgau: Karl Alber, 2006, S. 125.

[130] Jonas, Hans: Gehirntod und menschliche Organbank: Zur pragmatischen Umdefinierung des Todes, in: Jonas, Hans: *Technik, Medizin und Ethik: zur Praxis des Prinzips Verantwortung*, Frankfurt am Main: Suhrkamp, 1987, S. 222.

zwei, ähnlichen, Gründen gegeben: Erstens sei die Behandlung ‚Hirntoter' eine ‚Last', und zweitens stehe das geltende Todesverständnis der Organentnahme und damit dem Fortschritt der Organtransplantation im Wege"[131].

Trotz dieser ‚pragmatischen Einwände' wurde die Hirntod-Konzeption in der Öffentlichkeit anfangs zunächst überwiegend akzeptiert. Als 1992 allerdings eine hirntote Schwangere weiter intensivmedizinisch behandelt wurde, damit das Kind ausgetragen werden konnte, gelangte der Fall unter dem Stichwort ‚Erlanger Baby' in die öffentliche Wahrnehmung, begleitet durch rechtliche, anthropologische, ethische und politische Auseinandersetzungen innerhalb der Wissenschaft.[132]

Mit der Festschreibung des Hirntodes als notwendige Bedingung für Organtransplantationen 1997 im Transplantationsgesetz wurde die Hirntod-Konzeption gesetzlich verankert.

Dennoch ist das Ganzhirntodkriterium weiterhin umstritten. Wesentlich dabei ist die Frage, ob zum Zeitpunkt des irreversiblen Ausfalls aller Hirnfunktionen bereits vom Tod gesprochen werden kann. Diese Fragestellung wird unterschiedlich diskutiert. Etwa dahingehend, ob der biologische Tod des Menschen bzw. des Lebewesens Mensch zu diesem Zeitpunkt bereits eingetreten ist. Oder wie Hirntote zu behandeln sind. Andere Auseinandersetzungen wirft die Frage auf, ob die Feststellung des Hirntods sicher ist.

Grundsätzlich impliziert die Verwendung des Begriffes ‚Hirntod' streng genommen bereits eine Anerkennung des Zustands als Tod. Allerdings wird der Begriff von einigen auch verwendet, wenn sie das Todeskriterium ablehnen. Die Begriffsverwendung ist dann auf seinen medizinischen Kontext zurückzuführen.

Der Hirntod als mögliches Ende des biologischen Lebens

Befürworter dieser Position argumentieren, dass der irreversible Ausfall der Hirnfunktionen den Tod bedeutet, weil der Mensch als Funktions-

[131] Hoff, Johannes/ In der Schmitten, Jürgen: Kritik der ‚Hirntod'-Konzeption. Plädoyer für ein men-schenwürdiges Todeskriterium, in: Hoff, Johannes/ In der Schmitten, Jürgen (Hrsg.): *Wann ist der Mensch tot? Organverpflanzung und ‚Hirntod'-Kriterium*, Reinbek bei Hamburg: Rowohlt, 1994, S. 169-170.

[132] Vgl. Düwell, Marcus: *Bioethik: Methoden, Theorien und Bereiche*, Stuttgart/ Weimar: Metzler, 2008. Eine Übersicht über die Hirntoddebatte findet sich auf S. 194-196.

einheit im Ganzen mit irreversibel erloschenen Hirnfunktionen aufgehört hat zu existieren. Dem Gehirn wird also eine notwendige Steuerungsfunktion für die integrative körperliche Funktion zugeschrieben, deren Totalausfall den Tod nach sich zieht. Der Mediziner Heinz Angstwurm gehört zu den Hirntodbefürwortern.

> „Im einzelnen fehlen dem hirntoten Menschen für immer das gesamte körperlich begründbare Verhalten, die Selbsttätigkeit und Selbständigkeit als Lebewesen (Spontanatmung und Autonomie als Organismus), die Abstimmung und Auswahl von Einzelfunktionen aus der Funktionseinheit des Ganzen (Steuerung durch den Organismus), die Wechselbeziehung zwischen dem Ganzen als Funktionseinheit und seiner Umwelt (Anpassung und Abgrenzung als Ganzes sowie Abstimmung der Antworten auf Sinnesreize), die Zusammenfassung der einzelnen Funktionen und ihrer Wechselbeziehung zum Ganzen als Funktionseinheit, als Lebewesen Mensch.“[133]

Die Gegner argumentieren, dass der Totalhirnausfall nicht das Ende des biologischen Lebens darstellt. Wie der Neurologe D. Alan Shewmon, der in seinem Aufsatz „The Brain and Somatic Integration: Insights Into the Standard Biological Rationale for Equating ‚Brain Death‘ with Death“, der 2001 im *Journal of Medicine and Philosophy* veröffentlicht wurde, der Anerkennung des Totalhirnausfalls als Todeskriterium widerspricht.

Bereits im Vorfeld hatte sich Shewmon kritisch mit der These auseinandersetzt, dass bei hirntoten Patienten nicht länger als einige Tage die körperlichen Funktionen aufrecht erhalten werden können.[134] Diese These basierte auf den Ausführungen der *President's Commission for the Study of Ethical Problems in Medicine and Biomedical and Behavioral Research*[135] und spielt deshalb eine entscheidende Rolle, weil sie

[133] Vgl. Angstwurm, Heinz: Der Hirntod aus ärztlicher Sicht, in: Bondolfi, Alberto/ Kostka, Ulrike/ Seelmann, Kurt: *Hirntod und Organspende*, Basel: Schwabe, 2003, S. 30.

[134] Vgl. Shewmon, D. Alan: Chronic „brain death“: Meta-analysis and conceptual consequences, in: *Neurology*, Bd. 51, Heft 6 (Dezember 1998), S. 1538-1545.

[135] Vgl. President's Commission for the Study of Ethical Problems in Medicine and Biomedical and Behavioral Research: *Defining death: A Report on the medical, legal and ethical issues in the determination of death*, Washington, D.C.: 1981, in: `https://bioethicsarchive.georgetown.edu/pcbe/reports/death/Controversies`

davon ausgeht, dass der Organismus in seiner Gesamtheit nach Ausfall aller Hirnfunktionen spätestens nach wenigen Tagen zum Erliegen kommt, was die Notwendigkeit der Steuerungsfunktion des Gehirns betont. Das ist in der Regel auch der Fall, selbst wenn der Patient künstlich beatmet und der Kreislauf aufrechterhalten wird. Shewmon fand allerdings Informationen zu mehr als 150 Fällen, in denen die körperlichen Funktionen von Hirntoten länger als eine Woche bestehen blieben. Daraus zog er den Schluss, dass der Hirntod nicht automatisch zur Asystolie[136] führt. Und dass zumindest einige Körper länger überlebt haben.[137]

Im Fazit gibt er zu bedenken: „Wenn der Hirntod mit dem menschlichen Tod gleichgesetzt werden soll, muss die Basis etwas plausibler sein, als dass der Körper tot ist“[138]. Diese Ansicht, dass Hirntote nicht im biologischen Sinne tot sind, hat Shewmon dann in seinem 2001 veröffentlichten Aufsatz konkretisiert.

> „Das hauptsächlich vertretene Argument dafür, den Hirntod mit dem Tod gleichzusetzen, besteht darin, dass das Gehirn dem Körper die integrative Einheit verleiht, wodurch er von einer bloßen Ansammlung von Organen und Geweben zu einem ‚Organismus als Ganzen‘ wird. [...] Nach genauerer Untersuchung und angemessener Definition der Begriffe entdeckt man, dass die meisten integrativen Funktionen des Gehirns nicht körperlich-integrativ sind, und, im Umkehrschluss, die meisten integrativen Funktionen des Körpers nicht vom Hirn vermittelt. [...] Die Rolle des Gehirns ist eher modulierend als grundlegend, es verbessert die Qualität und das Überlebenspotential eines vorausgesetzt lebenden Organismus. Die integrative Einheit eines komplexen Organismus ist nicht lokalisierbar [...].“[139]

In seiner Untersuchung beschäftigt er sich im Kern mit der Frage, ob ein menschlicher Körper ohne Hirnfunktion eine integrative Einheit

`\%20in\%20the\%20Determination\%20of\%20Death\%20for\%20the\%20Web\%20\%282\%29.pdf`, zuletzt überprüft am 13. Juni 2014, S. 35.

136 Kontraktionsstörung des Herzens.

137 Vgl. Shewmon, D. Alan: Chronic „brain death“: Meta-analysis and conceptual consequences, in: *Neurology*, Bd. 51, Heft 6 (Dezember 1998), S. 1543.

138 Ebd., S. 1544. Übersetzung der Autorin (Ü.d.A.).

139 Shewmon, D. Alan: The Brain and Somatic Integration: Insights Into the Standard Biological Rationale for Equating ‘Brain Death’ with Death, in: *Journal of Medicine and Philosophy*, 25. Jg., Heft 5 (2001), S. 457. Ü.d.A.

besitzt. Bei der Definition des Begriffes ‚integrative Einheit' hält er unter anderem fest, dass das Bewusstsein keine notwendige Bedingung dafür darstellt.

Des Weiteren setzt er sich mit Atmung und Ernährung auseinander, die bisher meist als hirngesteuert betrachtet wurden. Dabei kommt er zu dem Schluss, dass „die meisten hirnvermittelten integrativen Funktionen nicht nur *nicht* körperlich integrativ sind, sondern auch solche, die es *sind*, sind nicht unbedingt fehlend im klinischen Hirntod."[140] Er listet eine Reihe von körperlich integrativen Funktionen auf, die nicht hirnvermittelt sind, etwa den Erhalt der Körpertemperatur, Wundheilung, Infektionsbekämpfung.[141] Final hält er fest, dass ein Körper mit fehlender Hirnfunktion zwar krank und beeinträchtigt ist, aber nicht tot.

Shewmon spricht dem Gehirn demnach die Notwendigkeit für den Erhalt des Organismus ab. Das veranlasste den *President's Council on Bioethics (*nachfolgend abgekürzt als *President's Council*) 2008 zu einer umfangreichen Stellungnahme über die „Controversies in the Determination of Death", in der konkret zu den Befunden Shewmons Stellung bezogen wurde.

> „Wenn am Leben zu sein als ein biologischer Organismus, verlangt, mehr zu sein als nur die bloße Summe seiner Teile, würde es schwer sein abzulehnen, dass der Körper eines Patienten mit totalem Hirnversagen noch am Leben sein kann, wenigstens in einigen Fällen."[142]

Dadurch erfolgt ein Bezug auf die noch aktiven, nicht hirnvermittelten Funktionen, die bei Hirntoten vorhanden sind und die Shewmon aufgelistet hatte. Mit der Schlussfolgerung, dass es ausreichende Gründe gibt, daran zu zweifeln, ob ein Patient in diesem Zustand gestorben ist. „Im Anblick dieser anhaltenden Unsicherheit ist der einzig ethisch mögliche Kurs, einen solchen Patienten als ein lebendiges menschliches Wesen zu erachten und zu behandeln"[143].

[140] Ebd., S. 465. Ü.d.A.

[141] Vgl. ebd., S. 467-468.

[142] The President's Council on Bioethics: *Controversies in the Determination of Death. A White Paper*, Washington, D.C.: 2008, in: `https://bioethicsarchive.georgetown.edu/pcbe/reports/death/Controversies\%20in\%20the\%20Determination\%20of\%20Death\%20for\%20the\%20Web\%20\%282\%29.pdf`, zuletzt überprüft am 13. Juni 2014, S. 57-58. Übersetzung der Autorin.

[143] Ebd., Ü.d.A.

Letztendlich findet dann aber doch eine Anerkennung des Hirntodkriteriums statt. Dazu nimmt der *President's Council* eine zweite, nicht auf Shewmons Befunden basierende Argumentation vor (Position 2) und definiert damit den Tod um.

Dabei wird davon ausgegangen, dass die Arbeit des Organismus auf drei Funktionen basiert. Zum einen einer Offenheit gegenüber der Welt, im Sinne einer Empfänglichkeit von Reizen und Signalen aus der Umwelt. Zum zweiten auf der Fähigkeit auf die Welt einzuwirken, um selektiv das zu bekommen, was gebraucht wird. Zum dritten auf der grundlegend gefühlten Notwendigkeit, die den Organismus antreibt, das zu tun, was er muss, um zu bekommen, was er braucht und was seine Offenheit ihn als verfügbar erkennen lasse.[144] Aufbauend auf diesen Fähigkeiten des lebenden Organismus kommt der *President's Council* zu dem Schluss:

> "Wenn es keine Anzeichen von Bewusstsein gibt *und* wenn die spontane Atmung nicht vorhanden ist *und* wenn das beste klinische Urteil lautet, dass diese neurophysiologischen Fakten nicht mehr umgekehrt werden können, führt uns Position zwei zu der Schlussfolgerung, dass ein einst lebender Patient nun tot ist. Deshalb kann totales Hirnversagen weiterhin als Kriterium dienen, um den Tod zu erklären, nicht weil es zwingend einen totalen Verlust der integrativen körperlichen Funktion anzeigt, sondern weil es ein Zeichen ist, dass der Organismus nicht länger in der essentiellen Arbeit involviert ist, die Lebewesen definiert."[145]

Die vom *President's Council* vollzogene Umdefinierung von Leben und Tod wurde in der Folge von verschiedenen Seiten kritisiert und kann damit nicht als allgemein akzeptierte Todesdefinition betrachtet werden.[146] Zudem wird ihr vorgeworfen, dem Interesse der Transplantationsmedizin geschuldet zu sein.[147]

---

144 Vgl. ebd., S. 61. Ü.d.A.

145 Ebd., S. 64-65. Ü.d.A.

146 Vgl. beispielsweise Birnbacher, Dieter: Das Hirntodkriterium in der Krise – Welche Todesdefinition ist angemessen, in: Esser, Andrea M. et al. (Hrsg.): *Welchen Tod stirbt der Mensch? Philosophische Kontroversen zur Definition und Bedeutung des Todes*, Frankfurt: Campus, 2012, S. 19-40. Er kritisiert etwa, dass nicht klar wird, ob die vom *President's Council* vorgeschlagenen Kriterien einzeln oder nur zusammen hinreichend gültig sind, damit ein Organismus als lebendig gilt.

147 Vgl. Müller, Sabine: Revival der Hirntod-Debatte: Funktionelle Bildgebung für die Hirntod-Diagnostik, in: *Ethik in der Medizin*, Bd. 22, Heft 1 (2010), S. 11.

Der Ethiker Klaus Steigleder kommt bei der Frage, ob das Hirntodkriterium das Ende des biologischen Lebens darstellt, zu einem anderen Schluss als D. Alan Shewman. Er vertritt die Ansicht, der Tod sei „ein biologisches Ereignis, kann nur Lebewesen (be)treffen und meint das definitive Ende eines Organismus als eines Funktionsganzen“[148]. Wobei er dem Menschen mehr zuschreibt, als nur Organismus im Sinne eines Funktionsganzen zu sein. Denn der Mensch existiere leibhaft. Die Gehirnfunktion sei eine notwendige Bedingung der leibhaften Existenz. „Der Hirntod führt deshalb zum Ende eines leiblich existierenden Wesens [...]. Was bleibt, ist ein ‚Körper‘, der nicht mehr Leib ist.“[149] Das Ende der leibhaftigen Existenz bedeutet seiner Auffassung nach den Tod. Demnach ist der Hirntod eine zureichende, nicht aber notwendige Bedingung für den Tod eines Menschen. Was es zu ändern gelte, sei das Verständnis von einer Leiche, weg von einem starren, leblosen Körper, so Steigleder.[150]

Der Philosoph Dieter Birnbacher kommt hingegen unter Anwendung von fünf begriffslogischen und begriffspragmatischen Kriterien für die Todesdefinition zu dem Schluss, dass eine Gleichsetzung zwischen Hirntod und Tod nicht erfolgen kann.[151] Dabei lautet das erste Kriterium *Univozität*, welches nur eine Antwort auf die Frage nach dem Zeitpunkt des Todes erlaubt, demnach es nur einen Tod geben kann. Dieses Kriterium ist seiner Auffassung nach beim Hirntod erfüllt.

Das zweite Kriterium beinhaltet, dass für den Menschen kein anderer Todesbegriff gelten soll als für andere Lebewesen, es heißt *Biologizität der Definition von Leben und Tod*.[152] Aufgrund dokumentierter Fälle von Menschen, die mehrere Jahre trotz Totalausfalls des Gehirns weiter künstlich beatmet werden konnten und bei denen Herzschlag und Kreislauf aktiv erhalten werden konnten, kommt Birnbacher zu dem Schluss, „das Kriterium der *Biologizität* der Definition von Leben und

[148] Steigleder, Klaus: Hirntod, in: Schulz, Stefan et al. (Hrsg.): *Geschichte, Theorie und Ethik der Medizin: eine Einführung*, Frankfurt am Main: Suhrkamp, 2006, S. 438.

[149] Ebd., S. 442.

[150] Vgl. ebd., S. 443-444.

[151] Vgl. Birnbacher, Dieter: Das Hirntodkriterium in der Krise – Welche Todesdefinition ist angemessen?, in: Esser, Andrea M. et al. (Hrsg.): Welchen Tod stirbt der Mensch? Philosophische Kontroversen zur Definition und Bedeutung des Todes, Frankfurt: Campus, 2012, S. 25-31.

[152] Vgl. ebd., S. 26 und 30.

Tod wird einer Gleichsetzung von Hirntod und Tod kaum gerecht“[153], wobei eine ausführlichere Begründung wünschenswert gewesen wäre.

Das dritte Kriterium umfasst, „dass der Tod ‚nahtlos‘ auf das Leben folgt und kein Zwischenzustand anerkannt wird, in dem ein Mensch nicht mehr lebt, aber auch nicht tot ist“[154], er bezeichnet das Kriterium als *Vollständigkeit der Alternativen.* Dieses Kriterium betrachtet er beim Totalversagen aller Hirnfunktionen als erfüllt, da der Hirntod durch genaue Verfahren festgestellt werden kann.

Viertens sollte eine *Endgültigkeit* des Todes vorliegen, was aufgrund der Irreversibilität des Hirnversagens übererfüllt ist, denn, so Dieter Birnbacher: „Irreversibilität impliziert Endgültigkeit“.[155]

Das fünfte Kriterium lautet *Symmetrie zwischen Anfang und Ende des Lebens* und ist nicht erfüllt, weil dem Embryo und Fötus Leben zugesprochen wird, dem hirntoten Menschen aber nicht.[156]

Besonderer moralischer Status Hirntoter

Während Dieter Birnbacher unter anderem explizit betont, dass es keinen Zustand zwischen Leben und Tod geben darf, vertritt der Philosoph Ralf Stoecker einer andere Sichtweise. Zunächst weist er darauf hin, dass bei der Betrachtung der Frage, wann ein Mensch tot ist, zwischen der *analytischen* Ebene (welche Merkmale werden mit dem Begriff des Todes verbunden), der Ebene der *Implementation* (körperliche Basis des Todes) und der *diagnostischen* Ebene (Feststellung der körperlichen Basis mit diagnostischen Hilfsmitteln) zu unterscheiden ist.[157]

Auf der ersten Ebene setzt er sich damit auseinander, ob der Ausfall der homöostatischen Fähigkeiten[158], die allen Lebewesen gemein sind, den Tod bedeutet. Er deutet auf unterschiedliche Probleme hin, die diese Frage nach sich zieht, etwa, wie viele Regulationsfähigkeiten verloren sein müssen, um vom Tod zu sprechen.[159] Wer der An-

[153]Ebd., S. 30.

[154]Ebd., S. 27.

[155]Ebd., S. 29.

[156]Vgl. ebd., S. 29.

[157]Vgl. Stoecker, Ralf: Die Hirntod-Debatte aus philosophischer Sicht, in: Bondolfi, Alberto/ Kostka, Ulrike/ Seelmann, Kurt (Hrsg.): *Hirntod und Organspende*, Basel: Schwabe, 2003, S. 49-70.

[158]Prozesse zur Aufrechterhaltung des Gleichgewichts des Organismus.

[159]Vgl. Stoecker, Ralf: Die Hirntod-Debatte aus philosophischer Sicht, in: Bondolfi, Alberto/ Kostka, Ulrike/ Seelmann, Kurt (Hrsg.): *Hirntod und Organspende*, Basel: Schwabe, 2003, S. 53.

sicht sei, das Gehirn stelle einen zentralen Steuerungsmechanimus dar, komme auf der analytischen Ebene zu dem Schluss, dass der Hirntod den Tod darstellt.[160] Sei man zudem der Ansicht, dass alle vitalen Mechanismen an das Funktionieren des Gehirns gebunden sind, so sei auch auf der Ebene der Implementation vom Tod auszugehen.[161] Eine Hirntod-Diagnose könne den Ausfall der Gehirnfunktionen auch zuverlässig nachweisen.[162] Ralf Stoecker lehnt dennoch die Auffassung ab, dass ein Lebewesen mit dem Verlust seiner homöostatischen Fähigkeiten schon tot ist, „viel näher liegt die Annahme, daß es von da an todgeweiht ist, zumindest dann, wenn dieser Verlust nicht extern, auf einer Intensivstation ausgeglichen wird“[163].

Der biologische Lebensbegriff, der sich auf alle Lebewesen bezieht, ist für ihn ungeeignet, um die Todesdebatte angemessen führen zu können. Er lenkt den Blick auf Elemente des Lebens- und Todesbegriffs, „die speziell etwas mit uns Menschen“ zu tun haben[164] Dadurch ist es ihm möglich, die Betrachtung des Todes der Person vorzunehmen und zu überlegen, ob das Ende des Bewusstseins den Tod bedeutet. Wird das bejaht und somit der irreversible Ausfall aller Hirnfunktionen als Tod verstanden, wären allerdings auch ein Teil der Wachkomapatienten und möglicherweise anenzephale Neugeborene[165] tot.[166] Für Ralf Stoecker findet sich zudem „keine überzeugende begriffliche Verknüpfung zwischen Leben und Bewußtsein“, weshalb sich die Frage, wann ein Mensch tot ist, seiner Ansicht nach auf diesem Weg nicht beantworten lässt.[167]

Des Weiteren geht er auf die Menschenwürde ein, die den Kern unseres moralischen Status bilde und andere verpflichte, sich uns gegenüber rücksichtsvoll zu benehmen. In diesem Zusammenhang weist er auf ein wesentliches Element seiner Argumentation hin, die moralische Grundannahme über den Tod. „Mit dem Tod eines Menschen ändern sich schlagartig die moralischen Verpflichtungen, die wir ihm gegen-

---

[160]Vgl. ebd., S. 54.

[161]Vgl. ebd.

[162]Vgl. ebd., S. 56.

[163]Ebd.

[164]Vgl. ebd., S. 57.

[165]Hierbei liegt eine schwere Hirnschädigung vor, weshalb die Lebenserwartung nur wenige Tage beträgt.

[166]Vgl. Stoecker, Ralf: Die Hirntod-Debatte aus philosophischer Sicht, in: Bondolfi, Alberto/ Kostka, Ulrike/ Seelmann, Kurt (Hrsg.): *Hirntod und Organspende*, Basel: Schwabe, 2003, S. 59.

[167]Ebd., S. 61.

über haben.“[168] Sobald ein Leben zu Ende ist, verliert der Mensch den besonderen moralischen Staus, der ihm zu Lebzeiten zukam.

Einem Hirntoten hingegen kommt seiner Ansicht nach weder das Würdegebot eines Lebenden zu, er entspricht aber auch noch nicht einem Leichnam, was etwa dadurch begründet ist, dass man sich einem warmen, rosigen, atmenden Hirntoten gegenüber anders verhalten möchte, als einem starren, kalten Leichnam, so Ralf Stoecker. „Hirntote Menschen befinden sich noch auf einer etwas früheren Stufe des Sterbens, sie sind anfälliger gegenüber Mißachtungen ihrer Würde als in späteren Stadien“[169]. Deshalb sei der Hirntod ein menschlicher Zustand mit einem eigenen moralischen Status, der allerdings die Entnahme von Organen unter bestimmten Bedingungen zulasse, wie im weiteren Verlauf dieses Kapitels noch erläutert wird. Zunächst bleibt festzuhalten, dass Ralf Stoecker eine Gleichsetzung von Hirntod und Tod ablehnt und sich zentral der Frage stellt, welcher Umgang mit einem Hirntoten aufgrund seines moralischen Status angemessen ist.

Sicherheit der Hirntoddiagnose

Das Hirntodkriterium wird auch dahingehend kritisiert, dass es unsicher sei und deshalb nicht von einem ‚sicheren‘ Todeszeichen gesprochen werden könne. Der Begriff der Sicherheit berührt hierbei mehrere Ebenen. Der Jurist Rainer Beckmann etwa weist darauf hin, dass es unsicher sei, was mit der Seele nach Eintritt des Hirntodes geschieht. „Festzuhalten ist auf jeden Fall, dass mit den in der Medizin angewandten naturwissenschaftlichen Methoden ein direkter Nachweis über das Vorhandensein oder Fehlen der geistigen Ebene/Seele bei einem ‚Hirntoten‘ nicht geführt werden kann.“[170]

Weiterhin treten etwa bei Ängste vor der Sicherheit der Hirntoddiagnose auf, weil jemand möglicherweise für tot erklärt werden könnte, obwohl noch Therapien möglich gewesen wären, etwa, um Organe zu entnehmen.[171] Nicht zuletzt stellt sich die Frage, ob die Hirntoddiagno-

---

[168]Ebd., S. 62.

[169]Ebd., S. 67.

[170]Beckmann, Rainer: Der Hirntod: Kein sicheres Todeszeichen!, in: *LebensForum*, Bd. 9, Heft 1 (2010), S. 27.

[171]Vgl. Watzke, Daniela/ Schmidt, Karolina/ Stander, Volker: *Einstellung, Wissen und Verhalten der All-gemeinbevölkerung zur Organ- und Gewebespende*, Köln: Bundeszentrale für gesundheitliche Aufklärung (BZgA), 2013, in: `http://www.organspende-info.de/sites/all/files/files/Bericht-Studie-Organ-\%20und\%20Gewebspende-2012\%281\%29.pdf`, zuletzt überprüft am 24. Juni 2014, S. 57.

se tatsächlich zweifelsfrei nachweist, dass der Ausfall aller Hirnfunktionen irreversibel ist und das Gehirn nicht doch noch wieder zu arbeiten beginnt.

Wer bezüglich des Verbleibs der Seele nach Eintritt des Hirntods unsicher ist, wird dies mit Hilfe der medizinischen Ebene kaum ändern können. Die Sicherheit der Hirntoddiagnose an sich wird allerdings von verschiedenen Medizinern ausdrücklich befürwortet.

Ärztepräsident Frank Ulrich Montgomery erklärte in einem Interview mit der *Berliner Zeitung*: „Die Feststellung des Hirntodes wird ja nicht im Vorbeigehen erledigt. Das ist ein komplexer Vorgang, an dem mehrere Ärzte beteiligt sind.“[172] Der Mediziner Ulrich Frei fügte in der *taz* an: „Das ist nicht Hokuspokus. Hirntod ist etwas sehr Fassbares.“[173]

Die Gründe dafür erläutert die Neurologin Stefanie Förderreuther, Oberärztin an der Neurologischen Klinik und Poliklinik im Klinikum der Universität München.[174] Sie listet in einem Artikel auf, welche Schritte die Hirntoddiagnostik umfasst, etwa die Überprüfung von Bewusstseinslage, des Ausfalls der Hirnstammreflexe und des Ausfalls der Spontanatmung. Insgesamt handele es sich um drei ‚Bausteine‘: das Prüfen der Voraussetzungen, die neurologische Untersuchung und den Nachweis der Irreversibilität.[175] Auch sie ist davon überzeugt, dass mit dem Hirntod „ein sicheres inneres Todeszeichen festgestellt wird“[176], empfiehlt aber, die Angehörigen in die Abläufe einzubeziehen.

> „Die Angehörigen sollten über die Entwicklung des neurologischen Befundes informiert sein, da sie selbst als Beobachter am Krankenbett keine Möglichkeit haben, eine neurologische Verschlechterung zu erkennen. Sie werden durch den äußeren Anschein eines „schlafenden“ Patienten und stabilen Werten am Monitor fehlgeleitet und hoffen meist, dass

[172] Montgomery, Frank Ulrich: *Gesundheitskarte als Spenderausweis*, Interview mit Timot Szent-Ivanyi, in: `http://www.berliner-zeitung.de/archiv/aerztepraesident-frank-ulrich-montgomery-hat-einen-vorschlag--wie-man-mehr-menschen-zur-organspende-bewegen-kann-gesundheitskarte-als-spenderausweis,10810590,10954612.html`, zuletzt überprüft am 8. Oktober 2014.

[173] Frei, Ulrich: *Das ist nicht Hokuspokus*, Interview mit Heike Haarhoff, in: `http://www.taz.de/!79282/`, zuletzt überprüft am 8. Oktober 2014.

[174] Förderreuther, Stefanie: Hirntod-Organspende: Diagnostik, Durchführung, Organisation und rechtlicher Rahmen in Deutschland, in: *Der Diabetologe*, Bd. 6, Heft 5 (Juli 2010), S. 366-372.

[175] Vgl. ebd., S 368.

[176] Ebd.

> der Patient nach der Beendigung eines ‚künstlichen Komas' wieder erwacht."[177]

Weiterhin unterstreicht Tobias Müller, Leiter der Neurologischen Intensivstation im Universitätsklinikum Halle, die Sicherheit der Hirntoddiagnose:

> „Es gibt wenige Diagnosen in der Medizin, die so sicher sind, wie die Hirntoddiagnose. Weil sie sehr, sehr konservativ [...] betrieben wird, es muss wirklich die Gesamtfunktion des Gehirns ausgefallen sein, kaum eine Diagnose ist so sicher und es wird häufig komplettiert noch durch den Nachweis, dass das Hirn nicht mehr durchblutet wird."[178]

Die Darlegungen der Mediziner liefern überzeugende Gründe, die Sicherheit der Hirntoddiagnose anzuerkennen. Darüber hinaus verdeutlicht das „White Paper" des *President's Council*, dass zudem eine sichere Unterscheidung des Hirntods vom Wachkoma möglich ist, bei dem noch Gehirnfunktionen vorhanden sind, die möglicherweise bewusste Reaktionen hervorrufen können.[179]

1.5.3 Hirntodkriterium und Organentnahmen

Ist jemand laut medizinischer Definition verstorben, dürfen ihm grundsätzlich Organe entnommen werden, sofern eine Zustimmung vorliegt. Ist dies nicht der Fall, ist eine Organentnahme nach geltendem Recht in Deutschland unzulässig.

Wie Organentnahmen ethisch bewertet werden, hängt davon ab, welche Auffassung zum Hirntodkriterium vertreten wird. Der Theologe und Philosoph Nikolaus Knoepffler weist in seinem Aufsatz „Ethische Fragen bei Organtransplantationen" zunächst auf die Grundproblematik hin: „Unbestritten ist ein Mensch verstorben, wenn die Totenstarre eingesetzt hat [...]. Umstritten ist jedoch, ob bereits das Versagen

[177] Ebd., S. 371.

[178] Tobias Müller, Leiter der Neurologischen Intensivstation im Universitätsklinikum Halle, in einem Interview mit der Autorin, aufgezeichnet am 27. Oktober 2012.

[179] Vgl. The President's Council on Bioethics: *Controversies in the Determination of Death. A White Paper*, Washington, D.C.: 2008, in: `https://bioethicsarchive.georgetown.edu/pcbe/reports/death/Controversies\%20in\%20the\%20Determination\%20of\%20Death\%20for\%20the\%20Web\%20\%282\%29.pdf`, zuletzt überprüft am 13. Juni 2014, S. 43-44.

wesentlicher Teile des Organismus oder des Organismus als Ganzem ausreicht, um den Menschen als tot anzusehen“[180]. Seiner Ansicht nach müssen nicht erst alle einzelnen Zellfunktionen erloschen sein, um vom Tod zu sprechen.

> „So stirbt menschliches Leben (nicht das menschliche Lebewesen) beispielsweise in Form von Samen- oder anderen Körperzellen erst nach der Feststellung des Todes als Folge eines irreversiblen Herz- und Kreislaufversagens verbunden mit der Totenstarre und somit oftmals oft erst nach einer Erdbestattung ab. Auch gibt es keine Einwände gegen eine Feststellung des Todes eines Patienten, auch wenn das eine oder andere Organ noch funktionstüchtig ist. Deswegen ist die Annahme, erst der Ausfall aller Organe oder gar die Funktionsuntüchtigkeit aller Zellen (Totaltod) sei der Tod des Menschen, für uns nicht praktikabel.“[181]

Weil er das Hirntodkriterium akzeptiert, sind Organtransplantationen seiner Ansicht nach ethisch vertretbar. „Wer nämlich am Ganzhirntodkriterium als maßgebliches Kriterium zweifelt, muss die Organentnahme entweder ablehnen oder der aktiven Sterbehilfe aus altruistischen Zwecken zustimmen.“[182] Letzteres hieße, dass Patienten durch eine Organspende getötet würden, was gegen die aktuelle Gesetzgebung verstößt, nach der eine aktive Sterbehilfe in Deutschland verboten ist.

Mögliche Konsequenzen einer Ablehnung des Hirntodkriteriums, aber Befürwortung von Organentnahmen, wären eine Aufhebung der dead donor rule, die Legalisierung von aktiver Sterbehilfe oder eine anders geartete Lösung, die auf den moralischen Status eines Hirntoten zugeschnitten ist (Abb. 1).

---

[180] Knoepffler, Nikolaus: Ethische Fragen bei Organtransplantationen, in: Preuß, Dirk/ Knoepffler, Nikolaus/ Kodalle, Klaus-M. (Hrsg.): *Körperteile – Körper teilen? Kritisches Jahrbuch der Philosophie. Beiheft 8*, Würzburg: Königshausen & Neumann, 2009, S. 15.

[181] Ebd., S. 16-17.

[182] Ebd., S. 16.

Abbildung 1: Hirntod und Organentnahmen

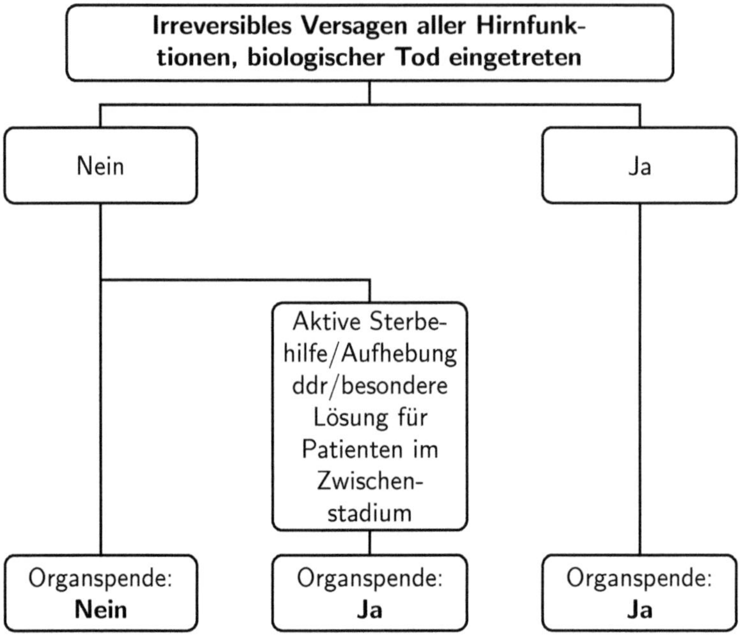

Alle drei Lösungsansätze, die das Hirntodkriterium zurückweisen, Organentnahmen dennoch befürworten, sind ethisch schwer zu rechtfertigen. Das „White Paper“ des *President's Council* erkennt letztlich das Hirntodkriterium an: obwohl die Befunde D. Alan Shewmons zunächst bestätigt wurden, erschien eine Aufhebung der dead donor rule dann doch nicht angemessen.

> „Diese Lösung ist sehr beunruhigend, weil sie die Idee beinhaltet, dass ein lebendes menschliches Wesen lediglich als Mittel zum Zwecke eines anderen menschlichen Wesens genutzt würde und sein oder ihr Leben in diesem Prozess verliert.“[183]

[183] The President's Council on Bioethics: *Controversies in the Determination of Death. A White Paper*, Washington, D.C.: 2008, in: `https://bioethicsarchive.georgetown.edu/pcbe/reports/death/Controversies\%20in\%20the\%20Determination\%20of\%20Death\%20for\%20the\%20Web\%20\%282\%29.pdf`, zuletzt überprüft am 13. Juni 2014, S. 71. Übersetzung der Autorin.

Als Alternative wurden Organentnahmen bei sogenannten „non-heart-beating-donors“ diskutiert, dann würden Organe nach dem Herzstillstand entnommen. Dadurch stünden allerdings weniger hochqualitative Organe zur Verfügung, zudem ist diese Art der Organentnahme in Deutschland verboten und ethisch ebenfalls umstritten.[184]

Final kommt der *President's Council* zu dem Schluss, den im zweiten Ansatz formulierten neurologischen Standard des Ganzhirntodes anzunehmen und zu vertreten. Womit letztlich die Position Shewmons umschifft wird. Was dem Papier einige Kritik eingebracht hat, etwa von der Medizinethikerin Sabine Müller: „Der President's Council on Bioethics hält also am Hirntodkriterium fest, auch wenn er das Hauptargument, mit dem dies bisher gerechtfertigt wurde, als empirisch widerlegt anerkennt [...].“[185] Das Festhalten am Hirntodkriterium anhand der neuausgerichteten Begründung erwecke zudem „den Eindruck einer interessengeleiteten Ethik“.[186]

Auch der Philosoph Dieter Birnbacher hat zur Umdefinierung des Todes- und Lebensbegriffs des *President's Council* Stellung genommen. Er betrachtet sie als unklar hinsichtlich der nicht angeführten „Gründe, die den *President's Council* zu diesem Vorschlag bestimmt haben“ und des „*logischen Status* der für die Fähigkeit zur Selbsterhaltung und damit für das Leben eines Organismus angegebenen Kriterien“.[187] Bezugnehmend auf seine eigens formulierten und im Vorfeld skizzierten Kriterien des Todes[188] kommt er zu dem Schluss, dass „die dead donor rule für post-mortem-Transplantationen nicht aufrechtzuerhalten ist.“[189]

Während der *President's Council* eine aktive Sterbehilfe allerdings ablehnt, weil dadurch ein Mensch zum Mittel zum Zweck würde, hält Birnbacher aktive Sterbehilfe zum Zwecke der Organentnahme für ethisch vertretbar. Wenn eine vorherige Einwilligung erteilt wurde.

---

[184] Vgl. ebd., S. 73-74. Zur Problematik vgl. Veatch, Robert M.: Donating Hearts after Cardiac Death – Reversing the Irreversible, in: *New England Journal of Medicine*, Bd. 359, Heft 7 (2008), S. 672-673.

[185] Müller, Sabine: Revival der Hirntod-Debatte: Funktionelle Bildgebung für die Hirntod-Diagnostik. In: *Ethik in der Medizin.* Bd. 22, Heft 1, 2010, S. 10.

[186] Ebd., S. 11.

[187] Vgl. Birnbacher, Dieter: Das Hirntodkriterium in der Krise – Welche Todesdefinition ist angemessen?, in: Esser, Andrea M. et al. (Hrsg.): *Welchen Tod stirbt der Mensch? Philosophische Kontroversen zur Definition und Bedeutung des Todes*, Frankfurt: Campus, 2012, S. 34.

[188] Vgl. Kap. 1.5.2.

[189] Ebd., S. 36.

> „Während beim Abbruch einer begonnenen lebenserhaltenden Behandlung im Sinne einer Sterbehilfe die Rechtfertigung des Abbruchs im Willen und/oder Wohl des behandelten Patienten liegt, liegt sie bei der Organentnahme im Willen des behandelten Patienten und zugleich im Wohl eines anderen Patienten.“[190]

Ralf Stoecker, der, wie bereits ausgeführt, den irreversiblen Ausfall der Hirnfunktionen ebenfalls nicht mit dem Tod gleichsetzt[191], sieht in Organentnahmen keine Tötung im bekannten Sinne. Ein Patient mit irreversiblem Ausfall aller Hirnfunktionen befinde sich „in der Zwischenwelt des kontrollierten Sterbens“[192]. Sein moralischer Status rechtfertige Organspenden demnach unter bestimmten Bedingungen.

> „Insbesondere darf man ihnen unter geeigneten (d.h. würdigen) Umständen Organe entnehmen, um sie anderen Menschen zu verpflanzen, wobei es zu den würdigen Umständen beispielsweise gehört, daß die Explantation nicht gegen den Willen des Spenders geschieht, sondern möglichst mit seiner Zustimmung, oder daß man sich zumindest darum bemüht, seine Einstellung zur Organspende und damit seinen mutmaßlichen Willen zu erkunden.“[193]

Den Tod, den zu verursachen das Tötungsverbot verbietet, gäbe es auf der Intensivstation nicht, so Ralf Stoecker, deshalb könne ein Chirurg bei einer Organentnahme unter Beachtung der geschilderten Bedingungen nicht töten.[194] Diese Haltung wurde zum Teil kritisiert[195], zum Teil wird aber auch die grundlegende Auffassung geteilt, dass sich ein Hirntoter in einem Übergangsprozess befindet.[196]

---

[190] Vgl. ebd., S. 38.

[191] Vgl. Kap. 1.5.2.

[192] Stoecker, Ralf: Ein Plädoyer für die Reanimation der Hirntoddebatte in Deutschland, in: Preuß, Dirk/ Knoepffler, Nikolaus/ Kodalle, Klaus-M. (Hrsg.): *Körperteile – Körper teilen? Kritisches Jahrbuch der Philosophie. Beiheft 8*, Würzburg: Königshausen & Neumann, 2009, S. 58.

[193] Stoecker, Ralf: Die Hirntod-Debatte aus philosophischer Sicht, in: Bondolfi, Alberto/ Kostka, Ulrike/ Seelmann, Kurt (Hrsg.): *Hirntod und Organspende*, Basel: Schwabe, 2003, S. 67.

[194] Vgl. ebd., S. 68.

[195] Vgl. Litz, Raimund: Der Hirntod in der pluralen Gesellschaft, in: ebd., S. 79.

[196] Vgl. Höfling, Wolfram: Todesverständnisse und Verfassungsrecht, in: ebd., S. 87.

Die abgebildeten Positionen zeigen einige unterschiedliche ethische Bewertungen von Organtransplantationen auf, welche aus variierenden Ansichten zum Hirntodkriterium hervorgehen. Im Folgenden ist nun von Interesse, welche Einstellungen und Meinungen innerhalb der Forschungsgruppe zu vermuten sind. Weshalb der Blick nun auf getroffene Aussagen der Allgemeinbevölkerung gelenkt wird.

1.5.4 Akzeptanz des Hirntodkriteriums in den USA: Die Ohio-Studie

Laura A. Siminoff, Christopher Burant und Stuart J. Youngner veröffentlichten 2004 die Studie „Death and organ procurement: public beliefs and attitudes“ in der Zeitschrift *Social Science & Medicine.*[197] Sie wird nachfolgend als Ohio-Studie abgekürzt und erläutert, weil sie als wichtige Inspirationsquelle für die Befragung der Journalisten diente und Aufschluss über die Einstellungen zum Hirntod in der US-amerikanischen Allgemeinbevölkerung gibt.

Für die Studie wurden 1.351 Einwohner des US-Bundesstaats Ohio, die das 18. Lebensjahr abgeschlossen hatten, per Zufallstelefonbefragung (random digit dialing) ausgewählt und befragt.[198] Dabei wurden folgende Punkte untersucht: Einstellung zu Organspende und Organtransplantation, Vertrauen in das nationale Gesundheitssystem, Verständnis von ‚Hirntod‘, persönliche Definition von ‚Tod‘. Zudem wurden drei Szenarien geschildert, um herauszufinden, unter welchen Bedingungen eine Person als tot klassifiziert wird und ob der Teilnehmer einer Organentnahme zustimmen würde. Szenario eins beinhaltete die Beschreibung eines Patienten, der aus medizinischer Sicht tot ist.

[197] Siminoff, Laura A./ Burant, Christopher/ Youngner Stuart J.: Death and organ procurement: public beliefs and attitudes, in: *Social Science & Medicine*, Bd. 59, Heft 11 (Dezember 2004), S. 2325-2334.

[198] Die Befragung fand im Bundesstaat Ohio statt, weil dort eine hohe Repräsentativität möglich ist. Die Forscher führen in ihrer Studie aus, dass die Demografie der Bewohner Ohios der Gesamtheit der US-Bevölkerung sehr nahe kommt. Der Befragungszeitraum lag zwischen Juni und August 2000, jeweils von Montag bis Samstag wurden Telefonbefragungen gemacht. Die Teilnehmerquote lag bei 60 Prozent. Das Durchschnittsalter der befragten 1.351 Personen lag bei 43,5 Jahren, sie waren zwischen 18 und 89 Jahre alt. 67 Prozent davon waren weiblich, 61 Prozent der Teilnehmer hatten eine College-Ausbildung, zwei Drittel lebten in einem Stadtgebiet. 61 Prozent waren protestantisch, 23 Prozent katholisch und neun Prozent gehörten keiner Glaubensgemeinschaft an. 52 Prozent der Befragten waren verheiratet. Vgl. ebd., S. 2327-2328.

> „Ein 22jähriger bzw. 70jähriger Patient liegt im Krankenhaus. Er ist an Maschinen angeschlossen (Herz-Lungen-Maschinen), die Herz und Lunge weiter funktionsfähig erhalten. Das Gehirn des Patienten funktioniert in keinster Weise mehr – es gibt keine Gehirnaktivitäten und keine Gehirnströme.“[199]

Szenario zwei beinhaltete die Beschreibung eines Patienten, der schwere Hirnverletzungen erlitten hat, an ein Beatmungsgerät angeschlossen ist und sich in einem komatösen Zustand befindet.[200]

> „Ein 22jähriger bzw. 70jähriger Patient liegt im Krankenhaus. Er ist an eine Maschine angeschlossen, die die Herz- und Lungenfunktion aufrecht erhält. Das Gehirn des Patienten ist so schwer verletzt, dass er sich nicht wieder erholen wird. Er wird nicht aufwachen, nicht selbständig essen und nicht atmen können. Trotzdem sind einige Hirnströme messbar.“[201]

Szenario drei beinhaltet schließlich die Beschreibung eines Patienten im irreversiblen Koma.[202]

> „Ein 22jähriger bzw. 70jähriger Patient lebt nach einer schweren Hirnverletzung seit fünf Jahren im Pflegeheim. Er ist an keine lebenserhaltende Maschine angeschlossen und kann ohne maschinelle Hilfe atmen. Trotzdem muss der Patient mit Hilfe eines Schlauches ernährt werden. Er wird nicht aufwachen und weder auf Personen noch Dinge in seiner Umgebung reagieren. Es sind geringe Gehirnströme vorhanden.“[203]

---

[199] Ebd., S. 2329. Übersetzung der Autorin.

[200] Unter Berücksichtigung des Hirntodkriteriums gelten Patienten als lebend.

[201] Siminoff, Laura A./ Burant, Christopher/ Youngner Stuart J.: Death and organ procurement: public beliefs and attitudes, in: *Social Science & Medicine*, Bd. 59, Heft 11 (Dezember 2004), S. 2329. Übersetzung der Autorin.

[202] Im Englischen als Persistent Vegetative State (PVS) bezeichnet. Damit gemeint ist ein Koma, das „bei traumatischer Ursache länger als ein Jahr, bei nicht-traumatischer Ursache länger als drei Monate dauert.“ Müller, Sabine: Revival der Hirntod-Debatte: Funktionelle Bildgebung für die Hirntod-Diagnostik, in: *Ethik in der Medizin,* Bd. 22, Heft 1 (März 2010), S. 8. Gemäß dem Hirntodkriterium gelten Patienten als lebend.

[203] Siminoff, Laura A./ Burant, Christopher/ Youngner Stuart J.: Death and organ procurement: public beliefs and attitudes, in: *Social Science & Medicine*, Bd. 59, Heft 11 (Dezember 2004), S. 2329. Ü.d.A.

Nach jeder Fallbeschreibung wurden dem jeweiligen Teilnehmer drei Fragen gestellt. *Ist die Person Ihrer Meinung nach tot oder lebendig?* Diese Frage konnte von den Teilnehmern entweder mit „tot" oder „lebendig" beantwortet werden. Die beiden folgenden Fragen bezogen sich auf die Bereitschaft zu einer Organentnahme. Dabei wurde zunächst gefragt, *ob der Teilnehmer einverstanden wäre, die Organe des Patienten zu spenden.* Anschließend wurde gefragt, *ob der Teilnehmer einverstanden sei, die Organe des Patienten zu spenden, wenn der Patient einen Organspendeausweis unterschrieben hat.*[204]

Unter anderem sollte in der Analyse die innere Kontinuität der Antworten hinsichtlich der Todesdefinition in allen drei Szenarien untersucht werden. Diese Daten sollten genaueren Aufschluss über die persönliche Definition der Teilnehmer von *Tod* geben, es wurde geschaut, ob die Angaben der Teilnehmer diesbezüglich in sich logisch waren. So galt es beispielsweise als unlogisch, wenn ein Patient mit stärkeren intakten neurologischen Funktionen als tot eingestuft wurde, während jemand mit weniger intakten Funktionen als lebendig klassifiziert wurde. Als logisch wurde angesehen, wenn alle Patienten in den drei Szenarien entweder einheitlich als tot oder lebendig eingestuft wurden oder der Patient in Szenario eins als tot und in zwei und drei als lebendig angesehen wurde; oder aber in Szenario eins und zwei als tot galt und in drei als lebendig.[205]

Insgesamt kam die Untersuchung zum Ergebnis, dass 29,5 Prozent der Teilnehmer die Patienten in den drei Szenarien gemäß der medizinischen Definition korrekt als tot oder lebendig eingeordnet haben. Tabelle sieben illustriert die Ergebnisse zu den einzelnen Szenarien.

Tabelle 7: Antworten auf die drei Fallbeispiele in der Ohio-Studie[206]

	Als lebendig eingeordnet	Als tot eingeordnet
Szenario 1 (Hirntod)		
Einordnung der Teilnehmer von der Gesamtzahl:	*13,8%*	*86,2%*
Davon einverstanden mit Organspende:	66,8%	96,9%
Davon nicht einverstanden mit Organspende:	33,2%	3,1%

204 Vgl. ebd. Ü.d.A.
205 Vgl. ebd., S. 2330.
206 Vgl. ebd., S. 2331.

	Als lebendig eingeordnet	Als tot eingeordnet
Szenario 2 (Hirnverletzungen und an lebenserhaltende Maschinen angeschlossen)		
Einordnung der Teilnehmer von der Gesamtzahl:	*42,8%*	*57,2%*
Davon einverstanden mit Organspende:	45,7%	95,6%
Davon nicht einverstanden mit Organspende:	54,3%	4,4%
Szenario 3 (Irreversibles Koma)		
Einordnung der Teilnehmer von der Gesamtzahl:	*65,9%*	*34,1%*
Davon einverstanden mit Organspende:	34,3%	94,4%
Davon nicht einverstanden mit Organspende:	65,7%	5,6%

Zum Verständnis und zur Definition des Todesbegriffs wurden folgende Fragen mit „ja" beantwortet (Tab. 8).

Tabelle 8: Definition des Todesbegriffs laut Ohio-Studie[207]

Frage	Antworten der Teilnehmer
Schon einmal von Hirntod gehört:	98,4%
Menschen, die hirntot sind, können hören:	28,1%
Eine hirntote Person ist rechtens tot:	33,7%
Wann dürfen einer hirntoten Person Organe entnommen werden,	
- wenn das Beatmungsgerät entfernt wurde?	56,7%
- wenn die Person für hirntot erklärt wurde und sie tot ist?	40,4%
- wenn sie so gut wie tot ist?	43,3%
- wenn sie lebt?	16,3%

90,2 Prozent der Befragten gaben bei der Beantwortung der Fragen zu den Fallbeispielen in sich stimmige Antworten, die übrigen 9,8 Prozent nicht.

Alter oder Geschlecht der Teilnehmer hatten keine Auswirkung auf die Beantwortung der Fragen.[208] Zusammengefasst lauten die Ergebnisse der Untersuchung:

[207]Ebd., S. 2330.
[208]Vgl. ebd.

> "Mehr als 98 Prozent der Teilnehmer hatten vom Begriff Hirntod schon einmal gehört, aber nur ein Drittel (33,7%) glaubte, dass ein Hirntoter laut Gesetz tot war. Die Mehrheit der Teilnehmer (86,2%) identifizierte den hirntoten Patienten im ersten Szenario als tot. 57,2 Prozent identifizierten den Patienten im Koma als tot (Szenario 2) und 34,1 Prozent identifizierten den Patienten im Wachkoma als tot (Szenario 3). Fast ein Drittel (33,5%) war willens, die Organe eines Patienten, der in mindestens einem der Szenarien als lebend klassifiziert wurde, zu spenden, in scheinbarer Verletzung der dead donor rule."[209]

Des Weiteren hat die Studie ergeben, dass die Mehrheit der Teilnehmer hinsichtlich der dead donor rule fehlinformiert war und Überzeugungen hegte, die nicht mit gegenwärtigen Definitionen des Hirntods übereinstimmten.[210] Als Konsequenz fordern die Autoren einen breiteren öffentlichen Dialog und Aufklärung über Hirntod und Organspende.[211]

1.5.5 Aspekte innerhalb der Befragung unter Journalisten

Die Ermittlung der Einstellungen der Forschungsgruppe zum Hirntodkriterium nimmt in der Umfrage großen Raum ein. Dabei sollen folgende Fragen untersucht werden:

1. *Todeszeitpunkt allgemein*

    - Wird der irreversible Verlust aller Hirnfunktionen als Todeszeichen angesehen?
    - Welche weiteren Zeichen müssen bei Todeseintritt erkennbar sein?
    - Wie klassifizieren die Teilnehmer Patienten, die entweder einen Totalhirnausfall erlitten haben, im Koma (künstliche Beatmung) liegen oder sich im Zustand irreversiblen Komas (Spontanatmung funktioniert selbstständig) befinden?

[209] Ebd., Übersetzung der Autorin.
[210] Vgl. ebd., S. 2325.
[211] Vgl. ebd.

- Inwieweit entsprechen die Klassifizierungen den medizinischen Definitionen?
- Inwieweit sind die Klassifizierungen in sich logisch?

Zu den ersten beiden Fragen erfolgt in Ermangelung empirischer Daten keine Hypothesenbildung. Zur dritten Frage wurden drei Fallbeispiele angelehnt an die Ohio-Studie konzipiert. Ausgehend von den vorliegenden Ergebnissen wird angenommen, dass der Patient im ersten Fallbeispiel mehrheitlich als tot klassifiziert wird (Totalhirnausfall). Während im zweiten und dritten Szenario etwa die Hälfte davon ausgeht, dass der Patient noch lebt.

Weiterhin wird, basierend auf den Ergebnissen der Ohio-Studie, angenommen, dass etwa 30 Prozent der Teilnehmer in allen drei Fallbeispielen eine korrekte Einordnung vornehmen.

Zudem wird vermutet, dass 90 Prozent der Datensätze hinsichtlich der Klassifizierung der Patienten in den drei Szenarien in sich logisch sind.

2. *Einstellungen zum Ganzhirntod*

- Welche Merkmale müssen erfüllt sein, damit eine Person als ganzhirntot eingeordnet wird?
- Ist das Bewusstsein bei einer ganzhirntoten Person erloschen?
- Mangels empirischer Daten erfolgt keine Hypothesenbildung.

3. *Hirntod und Organentnahmen*

- Wie hoch ist die Zustimmung zu Organentnahmen hinsichtlich der drei Fallbeispiele?
- Wie hoch ist die Zustimmung zu Organentnahmen bei einem ganzhirntoten Patienten?
- Welche Bedingungen müssen erfüllt sein, damit die Befragten Organentnahmen zustimmen? Welchen konkreten Einfluss haben die Zustandseinordnung des Patienten, der Wille des Patienten, der Wille der Angehörigen und der dringende Organbedarf?

- Unter welchen Bedingungen findet eine Verletzung der dead donor rule statt?
- Ist davon auszugehen, dass eine aktive Sterbehilfe bewusst intendiert oder eher billigend in Kauf genommen wird?

Hierzu sind zum Teil hypothetische Aussagen aufgrund der Ohio-Studie möglich, wobei dort die Bereitschaft zu Organentnahmen in geringerem Umfang überprüft wurde. Es wird aufgrund der vorhandenen Ergebnisse angenommen, dass eine Verletzung der dead donor rule von etwa 30 Prozent der Teilnehmer mindestens einmal vollzogen wird.

Basierend auf den Ergebnissen der Ohio-Studie werden in der *Hirntodhypothese* folgende Ergebnisse erwartet:

- *Einordnung des Patienten im ersten Fallbeispiel mehrheitlich als tot*
- *Einordnung der Patienten im zweiten und dritten Fallbeispiel von ca. der Hälfte der Teilnehmer als lebend*
- *Korrekte Einordnung der Patienten in allen drei Fällen von ca. 30 Prozent der Teilnehmer*
- *Mindestens 90 Prozent der Datensätze in sich logisch hinsichtlich der Einordnung der Patienten in den drei Szenarien*
- *Verletzung der dead donor rule von ca. 30 Prozent der Teilnehmer in mindestens einem der Fälle*

1.6 Gesetzliche Regelungen der postmortalen Organspende

Den sechsten Aspekt der Untersuchung bilden die Einstellungen zur Entscheidungs- und Widerspruchslösung. In diesem Zusammenhang sind im weiteren Sinne Aussagen über die Einstellungen zu den Prinzipien Selbstbestimmung und Solidarität bei der postmortalen Organspende möglich. Denn während bei der derzeitigen Entscheidungslösung der Selbstbestimmung ein hoher Stellenwert zukommt, würde eine Widerspruchslösung auf der Annahme einer grundlegenden Solidarität basieren.

1.6.1 Die Entscheidungslösung

Im Juni 2011 hatten sich die Gesundheitsminister der Länder darauf geeinigt, das bis dato gültige Prinzip der erweiterten Zustimmung zugunsten der Entscheidungslösung zu ändern. Am 1. November 2012 trat die neue Fassung des Deutschen Transplantationsgesetzes (TPG) in Kraft. Das grundsätzliche Anliegen der Lösung ist in § 1 Abs. 1 TPG formuliert.

> „Ziel des Gesetzes ist es, die Bereitschaft zur Organspende in Deutschland zu fördern. Hierzu soll jede Bürgerin und jeder Bürger regelmäßig im Leben in die Lage versetzt werden, sich mit der Frage seiner eigenen Spendebereitschaft ernsthaft zu befassen und aufgefordert werden, die jeweilige Erklärung auch zu dokumentieren. Um eine informierte und unabhängige Entscheidung jedes Einzelnen zu ermöglichen, sieht dieses Gesetz eine breite Aufklärung der Bevölkerung zu den Möglichkeiten der Organ- und Gewebespende vor."[212]

In der vorherigen Fassung des Gesetzes war das Ziel, die Bereitschaft zur Organspende in Deutschland durch Aufklärung zu fördern, nicht zentral festgeschrieben.

Nach wie vor ist eine notwendige Bedingung für eine Spende, dass „der Organspender in die Entnahme eingewilligt hatte“[213]. Liegen Dokumente mit einer Einwilligung in Form von Organspendeausweis bzw. Patientenverfügung nicht vor, werden die Angehörigen um eine Entscheidung gebeten, dabei hat der Angehörige „bei seiner Entscheidung einen mutmaßlichen Willen des möglichen Organspenders zu beachten“[214]. Eine Pflicht zur Entscheidung über die Bereitschaft zur postmortalen Organspende sieht die aktuelle Lösung nicht vor.

Kritisiert wird, dass der Gesetzestext keine eindeutige Positionierung zum Hirntodkriterium vornimmt. Bereits der vorhergehende, in diesem Punkt identische Text war von Rechtswissenschaftler Wolfram Höfling bemängelt worden, weil keine Legaldefinition zum Tod des Menschen im Transplantationsgesetz enthalten ist, sondern nur von der

[212] Höfling, Wolfram (Hrsg.): *TPG: Transplantationsgesetz; Kommentar*, 2., völlig neu bearb. Aufl., Berlin: Schmidt, 2013, S. 1.

[213] Ebd., S. 5.

[214] § 4 Abs. 1 TPG. In: ebd.

„'Feststellung' des Todes nach Regeln, die dem Stand der Erkenntnis in der medizinischen Wissenschaft entsprechen" die Rede ist.[215]

Auch der Philosoph Ralf Stoecker kritisiert, dass in § 3 Abs. 1 Nr. 2 TPG, in dem vom „Stand der Erkenntnisse der der medizinischen Wissenschaft" die Rede ist, die Hirntodkonzeption nicht bestätigt wurde[216] und führt aus, dass die durch die Formulierung entstandene Lücke „mit voller Absicht ins Gesetz aufgenommen" wurde, „um auch einzelnen Hirntodkritikern im Bundestag die Zustimmung zu ermöglichen, ohne weiter über das Hirntod-Thema debattieren zu müssen"[217].

Inwieweit die bereits thematisierte Diskrepanz zwischen grundsätzlicher und tatsächlicher Spendebereitschaft (vgl. Kap. 1.3 und 1.4) durch die Entscheidungslösung tatsächlich verringert werden kann, wird lebhaft diskutiert. Alternativ wäre eine Pflicht zur Entscheidung denkbar. Damit verbunden ist allerdings die Frage, ob eine solche mit dem Selbstbestimmungsrecht vereinbar ist. Das wird zum Teil verneint, etwa im Hinblick darauf „dass eine Erklärungspflicht, bei der sie einen Menschen zwingen, zur Organspende Ja oder Nein zu sagen, nicht mit dem Grundgesetz vereinbar ist", wie Ärztepräsident Frank Ulrich Montgomery anführt.[218]

Der Rechtswissenschaftler Thomas Gutmann hingegen sieht in einer Entscheidung ein Muss. Er betrachtet postmortale Organspenden als Solidaritätspflicht, die eine Entscheidung zur Bereitschaft erfordern. Er verweist dabei auf den liberalen Rechtsstaat, der von seinen Bürgern bestimmte Solidaritätspflichten auch für den Fall einfordern kann, „dass sich diese Bürger als Fremde begegnen"[219]. Basierend auf dem Grundgedanken, dass sich rechtliche Hilfspflichten zwischen Fremden dann begründen lassen, wenn „dem Betroffenen ein schwerer Schaden,

[215] Höfling, Wolfram: Todesverständnisse und Verfassungsrecht, in: Bondolfi, Alberto/ Kostka, Ulrike/ Seelmann, Kurt (Hrsg.): *Hirntod und Organspende*, Basel: Schwabe, 2003, S. 83.

[216] Vgl. Stoecker, Ralf: Ein Plädoyer für die Reanimation der Hirntoddebatte in Deutschland, in: Preuß, Dirk/ Knoepffler, Nikolaus/ Kodalle, Klaus-M. (Hrsg.): *Körperteile – Körper teilen? Kritisches Jahrbuch der Philosophie. Beiheft 8*, Würzburg: Königshausen & Neumann, 2009, S. 42.

[217] Ebd., S. 42-43.

[218] Montgomery, Frank Ulrich: *Gesundheitskarte als Spenderausweis*, Interview mit Timot Szent-Ivanyi, in: `http://www.berliner-zeitung.de/archiv/aerztepraesident-frank-ulrich-montgomery-hat-einen-vorschlag--wie-man-mehr-menschen-zur-organspende-bewegen-kann-gesundheitskarte-als-spenderausweis,10810590,10954612.html`, zuletzt überprüft am 8. Oktober 2014.

[219] Gutmann, Thomas: Organtransplantation und Aufklärung, in: *Deutsche Zeitschrift für Philosophie*, Bd. 61, Heft 1 (2013), S. 141.

insbesondere durch Leib und Leben droht, die Handlung des Helfenden zur Rettung notwendig und deren Erfolgswahrscheinlichkeit hoch ist“ und für den Helfenden kein gewichtiges Risiko und keine Last entsteht.[220] Da man dem Einzelnen die Prüfung und Erklärung zumuten könne, „*ob* er, gemäß seinen, je subjektiven Kriterien, ohne gewichtige Lasten Organspender sein kann und will oder nicht“[221], hält es Thomas Gutmann für legitimierbar, die Abgabe einer Entscheidung aller erwachsenen und einwilligungsfähigen Bürger zur Organspende unter bestimmten Bedingungen zu verlangen.

> „Ein solcher Entscheidungszwang zu Lebzeiten ist im Rahmen der skizzierten Pflicht zur Minimalsolidarität als solcher solange normativ unproblematisch, wie die Entscheidung dem Einzelnen überlassen (und reversibel) bleibt, er diese nicht zu begründen braucht und an ihr Ergebnis keine Sanktionen geknüpft sind.“[222]

Auch der Nationale Ethikrat hat den Vorteil einer Lösung, die jeden zur Entscheidung verpflichtet, eindeutig formuliert. „Die größte Klarheit über den Willen des Betroffenen würde erreicht, wenn alle Bürger verpflichtet würden, zu erklären, ob sie einer postmortalen Organentnahme zustimmen oder widersprechen.“[223] In seinen Empfehlungen spricht sich der Nationale Ethikrat dann allerdings für eine weniger strenge Erklärungsregelung[224] aus, die mit einer Widerspruchsregelung verbunden wird, wonach der Staat zu einer Erklärung auffordern soll und Organentnahmen möglich sind, „wenn keine Anhaltspunkte für einen Widerspruch vorliegen.“[225]

Die mit einer Widerspruchsregelung verbundenen Fragen werden im folgenden Kapitel behandelt. Zunächst wird davon ausgegangen, dass die Forschungsgruppe etwa zur Hälfte die aktuelle Entscheidungslösung befürwortet. Aufgrund der erst kürzlich eingeführten Regelung liegen

---

[220]Ebd.

[221]Ebd., S. 142.

[222]Ebd.

[223]Nationaler Ethikrat: *Die Zahl der Organspenden erhöhen – Zu einem drängenden Problem der Transplantationsmedizin in Deutschland. Stellungnahme*, in: `www.ethikrat.org/dateien/pdf/Stellungnahme_Organmangel.pdf`, zuletzt eingesehen am 14. August 2014, S. 27.

[224]Dabei besteht auch die Möglichkeit, sich nicht zu äußern.

[225]Nationaler Ethikrat: *Die Zahl der Organspenden erhöhen – Zu einem drängenden Problem der Transplantationsmedizin in Deutschland. Stellungnahme*, S. 53.

aktuell kaum Repräsentativ-Daten zu deren Akzeptanz vor. Im Vorfeld hatten allerdings laut einer Umfrage eines Kölner Meinungsforschungsinstituts mehr als drei Viertel der Deutschen die Entscheidungslösung als mögliche Neuregelung favorisiert. Nur 14 Prozent waren dagegen.[226] Laut Repräsentativ-Umfrage der BZgA bevorzugt zudem fast die Hälfte der Befragten (46%) eine Zustimmungslösung. Ein Drittel (30%) würde eine Widerspruchsregelung favorisieren. Knapp ein Viertel der Befragten ist unentschlossen.[227]

Da die Entscheidungslösung weiterhin die ausdrückliche Zustimmung zu einer Organspende erfordert, wird angenommen, dass die Hälfte der Forschungsgruppe diese Lösung befürwortet.

1.6.2 Widerspruchslösung

Es ist davon auszugehen, dass durch eine Widerspruchslösung postmortale Organentnahmen wesentlich öfter erfolgen könnten, als es derzeit der Fall ist. Denn, so die Ethikerin Bettina Schöne-Seifert, eine Entnahme dürfte „nur dann nicht erfolgen, wenn der Verstorbene zu Lebzeiten oder aber die Hinterbliebenen eine Spende untersagen. Unterbliebener Widerspruch wird jeweils als stillschweigende Zustimmung gewertet“[228]. Insgesamt würde eine solche Lösung „zu einer Milderung des Problems beitragen und einigermaßen kohärent sein“[229], wie Befürworter formulieren. Mehrere gute Gründe sprechen dafür.

Zum einen würde bei einer engen Widerspruchslösung den Angehörigen keine zu treffende Entscheidung in einer Situation tiefer Trauer abverlangt, weil allein der Wille des Spenders zu berücksichtigen wäre.

[226] Gesundheitsminister einigen sich auf Entscheidungslösung, in: `http://www.spiegel.de/politik/deutschland/organspende-gesundheitsminister-einigen-sich-auf-entscheidungsloesung-a-771680.html`, zuletzt überprüft am 9. September 2014.

[227] Watzke, Daniela/ Schmidt, Karolina/ Stander, Volker: *Einstellung, Wissen und Verhalten der Allgemeinbevölkerung zur Organ- und Gewebespende,* Köln: Bundeszentrale für gesundheitliche Aufklärung (BZgA), 2013, in: `http://www.organspende-info.de/sites/all/files/files/Bericht-Studie-Organ-\%20und\%20Gewebspende-2012\%281\%29.pdf`, zuletzt überprüft am 24. Juni 2014, S. 69.

[228] Schöne-Seifert, Bettina: Transplantationsmedizin, in: Kahlke, Winfried/ Reiter-Theil, Stella: *Ethik in der Medizin*, Stuttgart: Enke, 1995, S. 99.

[229] Kliemt, Hartmut: Transplantationsmedizin. In: Stoecker, Ralf/ Neuhäuser, Christian/ Raters, Marie Luise: *Handbuch Angewandte Ethik*. Stuttgart/ Weimar, Metzler, 2011, S. 466.

Weiterhin würden Menschen, die zu einer Spende bereit sind, aber nach der derzeitigen Regelung nicht berücksichtigt werden, weil sie keinen Ausweis haben, als potentielle Organspender berücksichtigt.

Darüber hinaus würde die Organknappheit deutlich gemildert. Länder mit Widerspruchslösung weisen höhere Spenderraten vor als solche mit Zustimmungslösung. Eine 2006 veröffentlichte Studie der US-Amerikaner Alberto Abadie und Sebastien Gay hat den Einfluss der Widerspruchsregelung auf postmortale Organspenden in einer länderübergreifenden Untersuchung erforscht.[230] Die Untersuchung ergab, dass Spanien die höchste Spenderrate verzeichnet[231] und dass die Spenderrate in Ländern mit Widerspruchslösung bei durchschnittlich 17,29 Spendern pro eine Million Einwohner lag, in Staaten mit Zustimmungslösung waren es 14,19 Spender pro Million Einwohner.[232]

Einen wichtigen Grund für die höhere Organknappheit in Ländern mit Zustimmungslösung bildet, laut Studie, die Ablehnung der Angehörigen.

> “Ungefähr die Hälfte der Familien, an die wegen einer Spende herangetreten wurde, verweigerten diese in den USA und Großbritannien. Verglichen mit ca. 20 Prozent in Spanien und etwa 30 Prozent in Frankreich. Die USA und Großbritannien sind Länder mit Zustimmungsregelung, Spanien und Frankreich mit Widerspruchsregelung.[233]

Laut Studie liegen die Spenderraten in Staaten mit Widerspruchslösung 25 bis 30 Prozent über denen in Staaten mit Zustimmungslösung.

Gegenwärtige Zahlen bestätigen die aufgrund der gesetzlichen Regelungen voneinander abweichenden Spenderraten. Kroatien hatte 2012 mit 36,5 Organspenden pro Million Einwohner die höchste Rate, gefolgt von Spanien mit 35,1. In beiden Staaten findet eine Widerspruchsregelung Anwendung.[234] In Deutschland kamen 2012 auf eine Milli-

---

[230]Abadie, Alberto/ Gay, Sebastien: The impact of presumed consent legislation on cadaveric organ donation: A cross-country study, in: *Journal of Health Economics*, Bd. 25, Heft 4 (Juli 2006), S. 599-620.

[231]Vgl. ebd., S. 607.

[232]Vgl. ebd., S. 607-608.

[233]Ebd., S 600. Übersetzung der Autorin.

[234]Vgl. Eurotransplant: *Legislation within the Eurotransplant region*, in: `https://www.eurotransplant.org/cms/mediaobject.php?file=legislation_et.pdf`, zuletzt überprüft am 11. Juni 2014.

on Einwohner 12,8 postmortale Organspender[235], 2013 waren es sogar nur 10,9[236], damit ist hierzulande eine der niedrigsten Spenderraten europaweit zu verzeichnen.

Allerdings wäre die Einführung einer Widerspruchslösung an zwei notwendige Bedingungen geknüpft. Zum einen die Akzeptanz des Hirntodkriteriums. Zum anderen würde die Selbstbestimmung eingeschränkt, was dann zu rechtfertigen wäre, wenn davon ausgegangen werden kann, dass die Menschen grundlegend bereit sind, Solidarität zu üben und deshalb zu spenden, wie der Ethiker Nikolaus Knoepffler argumentiert:

> „Verstorbene, die nicht ausdrücklich einer Organentnahme zu Lebzeiten widersprochen haben, würden in die Entnahme eingewilligt haben, wenn sie sich damit zu Lebzeiten auseinandergesetzt hätten, weil man ihnen Moralität im Sinne einer Bereitschaft zur Solidarität unterstellen kann."[237]

Aufgrund der Menschenwürde, die lebenden Personen zukommt, so Nikolaus Knoepffler weiter, ist deren Leben und Wohlergehen zu erhalten, während Leichname nicht (mehr) unter „den Schutz der Menschenwürde in diesem gehaltvoll philosophischen Sinn" fallen.[238] Basierend auf einer anzunehmenden Solidarität auf Seiten der Spender und der zu achtenden Menschenwürde auf Seiten der potentiellen Empfänger formuliert er einen ethischen Imperativ (Abb. 2).

Abbildung 2: Ethischer Imperativ nach Nikolaus Knoepffler

1) „Patienten sind in ihrem Lebensrecht bedroht und dadurch schlecht gestellt.

2) Leben ist Bedingung der Möglichkeit für Menschenwürdezuerkenntnis.

---

[235]Vgl. *International Registry in Organ Donation and Transplantation*, in: `http://www.irodat.org/`, zuletzt überprüft am 20. Februar 2014.

[236]Vgl. Deutsche Stiftung Organtransplantation: *Organspende und Transplantation in Deutschland. Jahresbericht 2013*, Frankfurt am Main, April 2014, S. 53.

[237]Knoepffler, Nikolaus: Ethische Fragen bei Organtransplantationen, in: Preuß, Dirk/Knoepffler, Nikolaus/ Kodalle, Klaus-M. (Hrsg.): *Körperteile – Körper teilen? Kritisches Jahrbuch der Philosophie. Beiheft 8*, Würzburg: Königshausen & Neumann, 2009, S. 18.

[238]Ebd., S.19.

3) Tote haben keine Menschenwürde, auch wenn ihr Körper nicht einfach nur Gegenstand ist, sondern einen Verweisungscharakter auf die einst lebende Person hat.

4) Wenn sie als Lebende einer Organentnahme nicht widersprochen haben, sollte ihnen die Solidarität mit denjenigen unterstellt werden, deren Leben sie durch eine postmortale Organgabe retten oder verbessern könnten.

5) Darum sollte das Lebensrecht und Wohlergehen derer, die der Organe bedürfen, bei Fehlen eines expliziten Widerspruchs durch die Verstorbenen während ihrer Lebenszeit wichtiger sein als Befürchtungen von Angehörigen

6) Es besteht die Verpflichtung, Organe bei Toten, die nicht widersprochen haben, zu entnehmen (falls medizinisch indiziert), sobald man sich für ein Hirntodkriterium entscheidet, denn man darf ihnen Solidarität unterstellen."[239]

Dieser Lösungsvorschlag geht zwar von einer grundlegenden Solidarität aus, einen Zwang zu einer postmortalen Organgabe lehnt Nikolaus Knoepffler aber ab, denn unser Todesverständnis ist „zu sehr durch unterschiedliche weltanschauliche und religiöse Sichtweisen mitbestimmt, als dass sich eine postmortale Organgabe für alle verpflichtend machen ließe"[240].

Dieser von Nikolaus Knoepffler formulierte ethische Imperativ vergegenwärtigt, dass eine postmortale Organgabe als „pflichtmäßig solidarischer Akt"[241] verstanden werden kann, ohne einen Zwangscharakter zu bekommen.

Auch der Ethiker Klaus Steigleder hat sich mit der Frage nach einer angemessenen Lösung der Organknappheit auseinandergesetzt, er verweist darauf, dass verschiedene Interessen bestehen, wie mit dem Körper eines Verstorbenen umgegangen wird. Auf der einen Seite gelten die Interessen des potentiellen Organspenders zu Lebzeiten, die die Ablehnung einer postmortalen Organspende hervorrufen können,

[239] Knoepffler, Nikolaus: Ethische Fragen bei Organtransplantationen. In: Preuß, Dirk/ Knoepffler, Nikolaus/ Kodalle, Klaus-M. (Hrsg.): Körperteile – *Körper teilen? Kritisches Jahrbuch der Philosophie. Beiheft 8.* Würzburg: Königshausen & Neumann, 2009, S. 19.

[240] Ebd., S. 18

[241] Ebd., S. 22.

beispielsweise wenn jemand „nicht davon überzeugt ist, dass Hirntote tatsächlich tot sind“[242]. Auf der anderen Seite sind die Interessen der Angehörigen zu schützen, die Abschied nehmen wollen. Dennoch bleibt auch für ihn die Tatsache, dass durch Organspenden Leben gerettet werden können, unanfechtbar.

> „Es ist deshalb nicht überzeugend anzunehmen, dass die Bereitschaft, postmortal Organe zu spenden, ein Werk der Übergebühr ist. Viel eher lässt sich sagen, dass es die Pflicht zur Hilfeleistung verletzt, ohne gewichtigen Grund eine postmortale Organentnahme auszuschließen. Entsprechend ist es zweifelhaft, dass eine postmortale Organentnahme moralisch nur dann legitim sein kann, wenn der Verstorbene dieser zu Lebzeiten zugestimmt hat.“[243]

Als logische Konsequenz hält Klaus Steigleder eine Widerspruchslösung für vorziehenswert. Eine solche sieht er nicht dadurch begründet, dass von einer Zustimmung nicht auszugehen ist, „wenn ihr nicht ausdrücklich widersprochen wurde“, sondern die Begründung „besteht vielmehr im Schutz der berechtigten Interessen Lebender“[244].

Er macht in diesem Zusammenhang darauf aufmerksam, dass Trägheit oder Ahnungslosigkeit der Betroffenen allerdings nicht ausgenutzt werden dürfen und verweist darauf, dass in Deutschland während der Schulbildung kaum Kenntnisse zum Thema Transplantation vermittelt werden. „Hier ist in den Lehrplänen der Schulen, aber auch im Lehrangebot der Universitäten und nicht zuletzt in der Ausbildung von Lehrern Abhilfe zu schaffen.“[245]

Die beiden vorgebrachten Ansätze sprechen den Interessen Lebender, denen durch eine Organtransplantation eine Verbesserung bzw. Rettung des Lebens ermöglicht wird, hohe Priorität zu. Postmortalen Organspenden kommt deshalb ein Pflichtcharakter zu.

Dass dies in der Praxis funktioniert, schildert der Aufsatz „Das spanische Modell der ‚Zustimmungslösung‘ bei Organverpflanzung – von der gesetzlichen Regelung zur Praxis“ des Rechtsexperten Carlos

---

[242] Steigleder, Klaus: Organtransplantation, in: Schulz, Stefan et al. (Hrsg.): *Geschichte, Theorie und Ethik der Medizin: eine Einführung*, Frankfurt am Main: Suhrkamp, 2006, S. 414.

[243] Ebd., S. 415.

[244] Ebd., S. 415-416.

[245] Ebd., S. 417.

Romeo-Casabona. In Spanien hat man sich für eine Widerspruchslösung entschieden, die auf dem „opting out approach“ beruht.[246]

Folgende Kerngedanken umschließt nach Angaben Romeo-Casabonas diese Lösung: Organspenden werden vereinfacht, das wird mit dem Willen des Verstorbenen zu Lebzeiten vereinbart, dieser Wille kann nicht von Dritten angefochten werden.[247] Er verweist darauf, dass auch die Weltgesundheitsorganisation die geschilderte Verfahrensweise als Alternativlösung aufgenommen hat und dass sogar der Deutsche Nationale Ethikrat eine Widerspruchslösung für vertretbar hält. Sofern eine Organentnahme auf eine ausdrückliche Zustimmung gestützt werden kann, was durch Elemente der Erklärungsregelung erreicht würde.[248] Im Zusammenhang mit der Diskussion einer Widerspruchslösung hierzulande besonders hervorzuheben ist, neben der sich dadurch erhöhenden Spenderrate, der finale Hinweis Romeo-Casabonas:

> „Die kennzeichnendste und hervorragendste Eigenschaft der Rechtsnormen zum Bereich der Organ-und Gewebespenden zum Zwecke der Transplantation besteht darin, dass sie die Entwicklung von sozialen Werten wieder Uneigennützigkeit und der Solidarität förderten und fördern.“[249]

---

[246] Beim *opting out approach* ist das Fehlen oder „Unterstellung des Fehlens des Widerwillen des Verstorbenen“ für eine Organentnahme maßgeblich. Der *expanded opting out approach* unterstellt das Fehlen des Widerwillens des Verstorbenen oder seiner Familienangehörigen und bei völliger Irrelevanz des Willens des Individuums ist vom *no-opting approach* die Rede. Der Terminus *opting in approach* hingegen besagt, dass „der vom Verstorbenen zu Lebzeiten ausdrücklich geäußerte Wille, durch den er die Organspende autorisierte, eine Organentnahme zu Transplantationszwecken begründet.“ Beim *expanded opting in approach* muss zusätzlich die Zustimmung oder nicht der Widerwillen der Hinterbliebenen vorliegen. Vgl. Romeo-Casabona, Carlos M.: Das spanische Modell der ‚Zustimmungslösung‘ bei Organver-pflanzung – von der gesetzlichen Regelung zur Praxis, in: Preuß, Dirk/ Knoepffler, Nikolaus/ Kodalle, Klaus-M. (Hrsg.): *Körperteile – Körper teilen? Kritisches Jahrbuch der Philosophie. Beiheft 8*, Würzburg: Königshausen & Neumann, 2009, S. 106.

[247] Vgl. ebd., S. 109.

[248] Vgl. ebd., S. 110-111. Sowie: Nationaler Ethikrat: *Die Zahl der Organspenden erhöhen – Zu einem drängenden Problem der Transplantationsmedizin in Deutschland. Stellungnahme,* in: `www.ethikrat.org/dateien/pdf/Stellungnahme_Organmangel.pdf`, zuletzt überprüft am 14. August 2014, S. 50.

[249] Carlos M. Romeo-Casabona: Das spanische Modell der ‚Zustimmungslösung‘ bei Organverpflanzung – von der gesetzlichen Regelung zur Praxis, in: Preuß, Dirk/ Knoepffler, Nikolaus/ Kodalle, Klaus-M. (Hrsg.): *Körperteile – Körper teilen? Kritisches Jahrbuch der Philosophie. Beiheft 8*, Würzburg: Königshausen & Neumann, 2009, S. 99-118, hier S. 118.

Trotzdem wird eine Widerspruchsregelung innerhalb der hierzulande stattfindenden lebhaften Diskussion von einigen Seiten abgelehnt. Der Philosoph Marcus Düwell weist Organspenden als Solidarleistung ab, weil er auf die grundsätzliche Frage, „wie genau der moralische Wert der postmortalen Organspende einzuschätzen ist“[250], eine andere Antwort gibt, als die Befürworter. Handele es sich dabei um einen Akt der Mildtätigkeit, so könne er unterlassen oder unternommen werden, so Düwell, wäre die Organspende jedoch eine Form der Solidarleistung, könnte sie von jedem erwartet werden. Er führt an, dass es weit verbreitete Überzeugung sei, dass bei der Organspende eine moralisch gute Handlung erfolgt. Aus utilitaristischer Sicht würde seiner Ansicht nach sogar eine Pflicht entstehen, nach dem Tod als Organspender zur Verfügung zu stehen, da aufgrund von Organtransplantationen eine Leidensvermeidung auftritt, die Organspender selbst aber nicht mehr leiden können. Auch auf Grundlage der Menschenwürde gäbe es nach Ansicht Düwells Gründe, „die postmortale Organspende als eine moralisch gute Handlung anzusehen“[251]. Denn ohne eigene Einschränkung wäre durch die Organgabe eine Verbesserung der Lebensqualität anderer möglich, allerdings, daran hält der Autor fest, nur mit vorheriger Zustimmung. Auch mit Verweis auf ein bei vielen Bürgern bestehendes Misstrauen in die Medizin spricht sich Düwell für eine enge Zustimmungslösung aus, die dem Misstrauen eher entgegenträte.[252]

Auch der Philosoph Klaus-Michael Kodalle hält es für wichtig, sich zu Lebzeiten mit der eigenen Sterblichkeit auseinanderzusetzen und damit auch über die eigene Spendebereitschaft nachzudenken, lehnt aber eine Pflicht zur Solidarität ab. Er verweist auf die Trennung von Recht und Moral als „wichtige und zentrale Errungenschaft der Moderne“[253]. Eine Moralisierung des Rechts verneint er, denn „die Freiheit ist es, nach Motiven handeln zu können, die andere (gar die Mehrheit) für ‚irrational‘ erklären.“[254] Damit verbunden distanziert sich er Autor ebenso davon, „*mit den Mitteln des Rechts* auf der Basis einer angebli-

[250]Düwell, Marcus: *Bioethik: Methoden, Theorien und Bereiche*, Stuttgart/ Weimar: Metzler, 2008. S. 197.

[251]Ebd., S. 198.

[252]Vgl. ebd., S. 198-199.

[253]Kodalle, Klaus-M.: Überdehnte Solidaritätspflicht? Kritische Anmerkungen im Anschluss an Nikolaus Knoepfflers Vortrag, in: Preuß, Dirk/ Knoepffler, Nikolaus/ Kodalle, Klaus-M. (Hrsg.): *Körperteile – Körper teilen? Kritisches Jahrbuch der Philosophie. Beiheft 8*, Würzburg: Königshausen & Neumann, 2009, S. 39.

[254]Ebd.

chen Solidaritätspflicht die Menschen zu *zwingen*, sich mit dieser Frage auseinanderzusetzen“[255].

Die dargestellten Standpunkte der theoretischen Reflexion beinhalten unterschiedliche Auffassungen darüber, ob postmortalen Organspenden ein Pflichtcharakter zukommt oder nicht. Das dabei thematisierte Misstrauen in die Medizin, sowie die bereits vorgebrachten Zweifel am Ganzhirntodkriterium spielen dabei wichtige Rollen und könnten auch die Einstellungen der Forschungsgruppe beeinflussen.

Laut Repräsentativ-Umfrage der BZgA[256] würden 30 Prozent der Befragten eine Widerspruchslösung gegenüber der geltenden Entscheidungslösung bevorzugen. Darüber hinaus haben Marlies Ahlert und Lars Schwettmann in ihrer 2011 veröffentlichten Studie „Einstellungen der Bevölkerung zur Organspende“ ermittelt, dass 46 Prozent der Befragten einer Widerspruchslösung zustimmen würden, um eine Erhöhung der Spendenbereitschaft zu erzielen.[257]

Deshalb wird im Rahmen der *Gesetzeshypothese* angenommen, dass *50 Prozent der befragten Journalisten die Entscheidungslösung befürworten und dass weniger als 50 Prozent eine Widerspruchslösung für anstrebenswert halten.*

1.7 Ethische Prinzipien mittlerer Reichweite und Transplantationen

Im siebten Teil der Untersuchung steht die Anerkennung biomedizinethischer Prinzipien im Mittelpunkt. Konkret handelt es sich um die von Tom L. Beauchchamp und James F. Childress titulierten ‚Principles of Biomedical Ethics‘, welche *Patientenselbstbestimmung (Respect for Autonomy), Nichtschaden (Nonmaleficence), Wohltun (Beneficence)* und *Gerechtigkeit (Justice)* umfassen.[258] Es handelt sich um weitgehend ak-

---

[255]Ebd.

[256]Vgl. Watzke, Daniela/ Schmidt, Karolina/ Stander, Volker: *Einstellung, Wissen und Verhalten der Allgemeinbevölkerung zur Organ- und Gewebespende.* Köln: Bundeszentrale für gesundheitliche Aufklärung (BZgA), 2013, in: `http://www.organspende-info.de/sites/all/files/files/Bericht-Studie-Organ-\%20und\%20Gewebspende-2012\%281\%29.pdf`, zuletzt überprüft am 24. Juni 2014, S. 69.

[257]Vgl. Ahlert, Marlies/Schwettmann, Lars: Einstellungen der Bevölkerung zur Organspende. In: *Gesundheitsmonitor.* Gütersloh: Bertelsmann-Stiftung, 2011, S. 205, S. 205.

[258]Vgl. Beauchamp, Tom Lamar/ Childress, James Franklin: *Principles of Biomedical Ethics*, 7. Aufl., New York u.a.: Oxford University Press, 2013.

zeptierte *Common-Sense-Prinzipien*, die für die empirische Forschung offen sind und zumindest punktuell Hinweise auf die ethische Bewertung von Organspenden seitens der Forschungsgruppe ermöglichen.

Generell werden die vier Prinzipien der Biomedizinethik im System der Angewandten Ethik der mittleren Ebene zugeordnet. Sie sind damit den philosophischen Grundprinzipien, die zur ethischen Reflexion von Konfliktfällen Anwendung finden, untergeordnet. Zu diesen Grundprinzipien gehören etwa Kants Ethik des kategorischen Imperativs, sowie utilitaristische Theorien.[259]

Weiterhin stellt die Menschenwürde ein philosophisches Grundprinzip dar, das nach Ansicht des Ethikers Nikolaus Knoepffler eine echte Innovation ist. Er klassifiziert die Menschenwürde als „Prinzip ‚hinter' den Prinzipien, das Fundament des ethischen Prinzipiengebäudes."[260] Wodurch es eine Kontraposition zu nationalsozialistischen Prinzipien einnimmt, in dem es zum einen eine „grundsätzliche Subjektstellung, d.h. der einzelne darf nicht für das Volk oder sonstige Ziele [...] aufgeopfert werden", zusichert, zum anderen eine „Gleichheit aller Menschen, unabhängig von allen Eigenschaften" beinhaltet.[261]

Diese beiden Charakteristika, die ihre Grundlage in der Menschenrechtserklärung der Vereinten Nationen von 1948 finden und deshalb als klare Gegenposition und auch Lehre aus den Schrecken der vom Nationalsozialismus propagierten Ziele zu verstehen sind, sind insoweit als innovativ zu verstehen, als dass sie sich von den bekannten Grundprinzipien der Ethik unterscheiden, so Nikolaus Knoepffler. Er stellt hervor, dass der Utilitarismus das erste Prinzip negiert und das zweite relativiert. Während Ethiken von Platon oder Aristoteles etwa keine grundsätzliche Gleichheit der Menschen anerkennen.[262]

---

[259]Ethische Theorien, bei denen die Konsequenzen der Handlungen im Zentrum der Überlegungen stehen und bei denen die Handlung danach, wie gut bzw. nützliche deren möglichen Folgen sind, beurteilt wird. Vgl. dazu zum Überblick beispielsweise Knoepffler, Nikolaus: *Angewandte Ethik: Ein systematischer Leitfaden*, Köln/ Weimar/ Wien: Böhlau, 2010, S. 268.

[260]Vgl. ebd., S. 71. Zu Würde und Grundrechten als Theorieansatz normativer Ethik siehe auch Steigleder, Klaus: Moral, Ethik, Medizinethik, in: Schulz, Stefan et al. (Hrsg.): *Geschichte, Theorie und Ethik der Medizin: eine Einführung*, Frankfurt am Main: Suhrkamp, 2006, S. 40-43.

[261]Knoepffler Nikolaus: Menschenwürde heute – ein wirkmächtiges Prinzip und echte Innovation, in: Knoepffler, Nikolaus/ Kunzmann, Peter/ O'Malley, Martin (Hrsg.): *Facetten der Menschenwürde*, Freiburg im Breisgau: Alber, 2011, S. 13.

[262]Vgl. ebd., S. 14.

Mit der Menschenwürde verbunden sind die Abwehrrechte auf Leben und körperliche Unversehrtheit, zusätzlich wohnt dem heutigen Menschenwürdekonzept im Unterschied zu dem des Christentums oder Kants ein innovativer Charakter insofern inne, als dass die Menschenwürde zuerkannt wird, „unabhängig davon, ob die betreffenden Menschen sich ihrer würdig zeigen“[263]. Die Menschenwürde kommt, so macht Nikolaus Knoepffler deutlich, damit jedem zu, unabhängig davon, wie er sich verhält. Andererseits ist sie mit den Menschenrechten verknüpft.

Ihre Gegenwärtigkeit wird nicht nur aufgrund der UNO-Menschenrechtserklärung deutlich. Die Menschenwürde ist zudem als zentrales, unantastbares Prinzip im deutschen Grundgesetz verankert. Auch in Ziffer 1 des Pressekodexes ist die Wahrung der Menschenwürde als Grundprinzip für die journalistische Arbeit festgelegt.[264]

Tom L. Beauchamp und James F. Childress führen das Prinzip in ihrer Monografie *Principles of Biomedical Ethics,* die inzwischen in der siebten Auflage vorliegt und als das einflussreichste amerikanische Medizinethiklehrbuch gilt, allerdings als Grundprinzip hinter ihren Prinzipien mittlerer Ebene nicht an, sie betrachten ihre Prinzipien als „allgemeine Richtlinien für die Formulierung spezifischerer Regeln”[265]. Aufgrund eines nicht explizit benannten ethischen Grundprinzips wird der von den beiden entwickelte *Principlism* von anderen Philosophen kritisiert. Es fehle zum einen an „einer vermittelnden einheitlichen ethischen Theorie, welche die Beziehungen zwischen den Grundprinzipien regelt“[266], merkt Dagmar Fenner an, zum anderen würden die Prinzipien selbst nicht nochmal „mittels einer bestimmten ethischen Theorie

---

[263] Ebd., S. 15.

[264] „Die Achtung vor der Wahrheit, die Wahrung der Menschenwürde und die wahrhaftige Unterrichtung der Öffentlichkeit sind oberste Gebote der Presse. Jede in der Presse tätige Person wahrt auf dieser Grundlage das Ansehen und die Glaubwürdigkeit der Medien.“ Deutscher Presserat: *Publizistische Grundsätze (Pressekodex: Richtlinien für die publizistische Arbeit nach den Empfehlungen des Deutschen Presserates; Beschwerdeordnung*, in: `http://www.presserat.de/fileadmin/user_upload/Downloads_Dateien/Pressekodex2013_big_web.pdf`, zuletzt überprüft am 15. Juni 2014.

[265] Beauchamp, Tom Lamar/ Childress, James Franklin: *Principles of Biomedical Ethics*, 7. Aufl., New York u.a.: Oxford University Press, 2013, S. 13. Übersetzung der Autorin. Im Original: “General guidelines for the formulation of more specific rules.”

[266] Fenner, Dagmar: *Einführung in die Angewandte Ethik*, Tübingen: Francke, 2010, S. 25. Siehe auch: Thurnherr, Urs: *Angewandte Ethik zur Einführung*, Hamburg: Junius, 2000, S. 42.

begründet“[267]. Beauchamp und Childress haben „ihre vier Prinzipien nicht hergeleitet, sondern aus dem alltäglichen Moralverständnis der Menschen gegriffen“, so Dagmar Fenner weiter.[268]

Die Autoren haben auf diese Art von Einwänden im Vorwort zur siebten Auflage reagiert. „Das Set zentraler moralischer Prinzipien, das dieses Buch verteidigt, funktioniert als ein analytisches Grundgerüst genereller Normen, abgeleitet aus der allgemeinen Moral, das einen angemessenen Anfangspunkt für die Biomedizinethik bildet.“[269]

Des Weiteren sind andere Auffassungen möglich. Nikolaus Knoepffler zufolge ist die „Überzeugung von der Patientenselbstbestimmung [...] sehr gut aus dem Prinzip der Menschenwürde erschließbar“[270]. Auch die übrigen drei Prinzipien können seiner Ansicht nach als bereichsspezifische Konkretion grundlegender ethischer Prinzipien verstanden werden.[271]

1.7.1 Patientenselbstbestimmung

Die Patientenselbstbestimmung wird als erstes der vier Prinzipien von Beauchamp und Childress behandelt, hat aber keine Priorität gegenüber den anderen drei Prinzipien.[272] Die Autoren definieren das Prinzip der Selbstbestimmung des Patienten folgendermaßen: „Selbstbestimmt Handelnde zu respektieren, bedeutet, ihr Recht Ansichten zu hegen, Entscheidungen zu treffen und Taten, die auf ihren persönlichen Werten und Einstellungen beruhen, anzuerkennen“[273].

Das Prinzip der Patientenselbstbestimmung ist daher abgegrenzt von Kants Autonomiekonzept zu betrachten. Während Kant Autonomie als Selbstgesetzgebung versteht und damit „eine Normierung des

---

[267] Fenner, Dagmar: *Einführung in die Angewandte Ethik*, Tübingen: Francke, 2010, S. 25. Siehe auch: Schöne-Seifert, Bettina: Medizinethik, in: Nida-Rümelin, Julian (Hrsg.): *Angewandte Ethik: die Bereichsethiken und ihre theoretische Fundierung; ein Handbuch*, 2., aktualisierte Aufl., Stuttgart: Kröner, 2005, S. 701-704.

[268] Fenner, Dagmar: *Einführung in die Angewandte Ethik*, Tübingen: Francke, 2010, S. 26.

[269] Beauchamp, Tom Lamar/ Childress, James Franklin: *Principles of Biomedical Ethics*, 7. Aufl., New York u.a.: Oxford University Press, 2013, S. 13. Übersetzung der Autorin.

[270] Knoepffler, Nikolaus: *Angewandte Ethik: Ein systematischer Leitfaden*, Köln/ Weimar/ Wien: Böhlau, 2010, S. 214.

[271] Vgl. ebd.

[272] Vgl. Beauchamp, Tom Lamar/ Childress, James Franklin: *Principles of Biomedical Ethics*, 7. Aufl., New York u.a.: Oxford University Press, 2013, S. 101.

[273] Ebd., S. 106. Übersetzung der Autorin.

eigenen Handelns nach einem moralischen Gesetz, das für alle moralfähigen Lebewesen in gleicher Weise gilt“[274], meint, kann die Selbstbestimmung im Sinne von Beauchamp und Childress als „individuell-persönliches Bestimmen des eigenen Schicksals“[275] verstanden werden.

Damit die Zustimmung oder Ablehnung einer Person ausreichend autonom ist, müssen drei Bedingungen erfüllt sein[276]: Erstens muss eine autonome Handlung bewusst und intentional erfolgen, diese muss zweitens vom Handelnden als solche erkannt werden, drittens muss die autonom handelnde Person frei von Kontrollen sein, sowohl externer Natur wie z.B. durch andere Personen, als auch interner, d.h. die Person muss sich in einem Zustand befinden, in dem die Selbstbestimmtheit gewährleistet ist. In diesem Zusammenhang führen die Autoren den Begriff der *competence* ins Feld. Sie setzt als Eigenschaft die Vollziehbarkeit autonomer Handlungen voraus. Damit ist zusammengefasst gemeint, dass eine Person in der Lage ist, eine Aufgabe auszuführen.[277] Das Prinzip der Patientenselbstbestimmung sichert somit dem einzelnen das Recht zu, eigene Entscheidungen zu treffen.

Ihre Grenzen findet die Patientenselbstbestimmung, wenn beispielsweise durch eine Entscheidung andere zu Schaden kämen. Bis zu diesem Punkt wird jedem einzelnen Menschen ein gewisser Grad der Selbstbestimmung zugestanden. Bei Beauchamp und Childress heißt es dazu, „das selbstbestimmte Individuum handelt frei in Übereinstimmung mit einem selbstgewählten Plan, analog zu der Art, wie eine unabhängige Regierung ihre Territorien managt und ihre Politik festlegt“[278].

Das Selbstbestimmungsprinzip schließt die zwei Prinzipien Freiheit und Handlungsfähigkeit ein. Beide Begriffe werden in der Literatur unterschiedlich definiert und interpretiert, sie gehören zu den elementaren Begriffen in der Philosophie und insbesondere der Ethik, eine Abbildung der lebhaften Diskussion dazu kann an dieser Stelle nicht vorgenommen werden, ohne vom Kernbereich dieser Arbeit abzuweichen.

Die Patientenselbstbestimmung beinhaltet nicht nur ein Recht auf eigene Selbstbestimmung, sondern auch den Respekt gegenüber der

---

[274]Knoepffler Nikolaus: Menschenwürde heute – ein wirkmächtiges Prinzip und echte Innovation, in: Knoepffler, Nikolaus/ Kunzmann, Peter/ O'Malley, Martin (Hrsg.): *Facetten der Menschenwürde*, Freiburg im Breisgau: Alber, 2011, S. 23

[275]Vgl. Beauchamp, Tom Lamar/ Childress, James Franklin: *Principles of Biomedical Ethics*, 7. Aufl., New York u.a.: Oxford University Press, 2013, S. 22.

[276]Vgl. ebd., S. 104

[277]Ebd., S. 115. Ü.d.A.

[278]Ebd., S. 99. Übersetzung der Autorin.

Selbstbestimmung anderer. Dieser ist auch nach dem Ableben einer Person hinsichtlich ihrer zu Lebzeiten getroffenen Entscheidungen noch zu wahren. Deshalb gilt beim Thema Organspende eine zu Lebzeiten getroffene Entscheidung auch über den Todeszeitpunkt hinaus, weshalb niemand gegen seinen zu Lebzeiten geäußerten Willen zum Organspender gemacht werden darf.

Aufgrund der hierzulande aktuell geltenden Regelungen kann die Organknappheit nicht dadurch minimiert werden, dass nach dem Tod Organe entnommen werden dürfen, wenn keine Einwilligung vorliegt. Dabei muss aber nicht konkret widersprochen worden sein, auch eine unterlassene Äußerung verhindert Organentnahmen. Diese Art der Wahrung der Patientenselbstbestimmung wirft zugleich einen Konflikt auf.

> „Die ethische Frage lautet: ‚Hat jeder Einzelne ein so weit verstandenes Recht, darüber zu verfügen, was mit seinem Leichnam nach seinem Tod passiert, bzw. wenn er sich dazu nicht geäußert hat, seine Angehörigen bzw. Menschen, die dem Verstorbenen besonders nahe standen, dass die Frage nach der Organentnahme darin eingeschlossen ist?'“[279]

Ausgehend von der momentanen Gesetzeslage muss diese Frage mit Ja beantwortet werden. Derzeit ist es nur möglich, den einzelnen zu einer positiven Einstellung zu Organspenden zu ermutigen und ihm zu Lebzeiten aufzuklären und das Ausfüllen eines Organspendeausweises nahe zu legen. Demzufolge kommt in Deutschland der Patientenselbstbestimmung im Zusammenhang mit Organtransplantationen ein hoher Stellenwert zu. Die Entscheidungslösung lässt zudem jedem Bürger die freie Wahl, sich über die eigene Spendebereitschaft Gedanken zu machen, durch die gesetzliche Regelung sollen lediglich Impulse zur Auseinandersetzung mit dem Thema gegeben werden, durch die erforderliche Zustimmung zu Lebzeiten wird aber nur zum Spender, wer sich vor seinem Tod ausdrücklich dafür ausgesprochen hat.

Laut einer Repräsentativumfrage haben 52 Prozent derjenigen, die eine Organspende ablehnen, als Grund angegeben, „dass sie Angst haben, dass die Ärzte nicht mehr alles für sie tun, wenn ein Organspendeausweis vorliegt“[280]. Diese Befürchtung ist aufgrund der derzeiti-

[279] Vgl. Knoepffler, Nikolaus: Menschenwürde in der Bioethik, Berlin/ Heidelberg: Springer, 2004, S. 167.

[280] Vgl. Watzke, Daniela/ Schmidt, Karolina/ Stander, Volker: *Einstellung, Wissen und Verhalten der Allgemeinbevölkerung zur Organ- und Gewebespende*, Köln:

gen Wirkung des Prinzips der Patientenselbstbestimmung unbegründet, versichert der Hallenser Neurologe Tobias Müller:

> „Es spielt in den ersten Behandlungsstunden keine Rolle. Da geht es ausschließlich um den Patienten, es werden alle Notfallmaßnahmen ergriffen, es sei denn, es ist schon ganz früh bekannt, es gibt eine Patientenverfügung und die Erkrankung, sprich die Hirnblutung, ist so schwer, dass wir sagen müssen: jawohl, die Patientenverfügung ist hier wirksam und es verbietet sich bei diesem Patienten, noch diese oder jene medizinische Maßnahme zu ergreifen, die vielleicht bei einem anderen Patienten geboten ist. Und insofern spielt das Thema Organspende bei diesen Patienten dann keine Rolle, und bei den meisten anderen Patienten auch nicht in dieser frühen Phase.“[281]

Hat ein Patient in einer Verfügung lebenserhaltende Maßnahmen abgelehnt (z.B. künstliche Beatmung, Herz-Lungen-Maschine), so kommt er demzufolge auch nicht als Organspender in Frage.

Angesichts des hohen Organmangels geht der Blick allerdings noch einmal zurück zu der von Nikolaus Knoepffler aufgeworfener ethischer Frage, ob die Patientenselbstbestimmung, wie sie momentan ist, als so weit reichend verstanden werden sollte oder ob „die Interessen potentieller Organempfänger am Überleben oder am Zuwachs von Lebensqualität nicht höher zu bewerten sind als das Recht der potentiellen Spender auf Selbstbestimmung über ihren Leichnam“[282], wie Dagmar Fenner es formuliert hat. Sie argumentiert in diesem Zusammenhang, dass eine postmortale Organentnahme aus utilitaristischer Sicht auch „ohne Einwilligung oder sogar gegen den Willen eines Verstorbenen ethisch legitim“ wäre, „weil sie zu einer Steigerung des Gesamtnutzens führt“[283].

Entgegen dieser Sichtweise plädiert die Ethikerin Theda Rehbock für eine strenge Achtung der Selbstbestimmung des potentiellen Spen-

---

Bundeszentrale für gesundheitliche Aufklärung (BZgA), 2013, in: `http://www.organspende-info.de/sites/all/files/files/Bericht-Studie-Organ-\%20und\%20Gewebspende-2012\%281\%29.pdf`, zuletzt überprüft am 24. Juni 2014, S. 57.

[281]Tobias Müller, Leiter der Neurologischen Intensivstation im Universitätsklinikum Halle, in einem Interview mit der Autorin, aufgezeichnet am 27.10.2012.

[282]Fenner, Dagmar: *Einführung in die Angewandte Ethik*, Tübingen: Francke, 2010, S. 103.

[283]Ebd.

ders, die nur durch eine enge Zustimmungslösung als „notwendige Bedingung für die Rechtmäßigkeit der Verwendung seiner Organe zu Transplantationszwecken“[284] gewährleistet wird. „Der Akt einer Unterschrift unter dem Organspendeausweis unterscheidet sich gravierend von einem Akt der Nächstenliebe gegenüber einem hilfsbedürftigen Menschen in einer [...] Notsituation.“[285] Als Begründung führt die Autorin verschiedene Aspekte an: zum einen die Ungewissheit darüber, dass gespendete Organe dem Empfänger tatsächlich helfen, die bereits im Vorfeld geschilderte Belastung der Angehörigen durch den Anblick eines hirntoten Patienten, sowie ein „zum Teil aggressives Diagnostikverfahren“[286] zur Feststellung des Hirntodes.

Die Antwort auf die Frage, wie die Selbstbestimmung des Patienten im Hinblick auf Organspenden verstanden werden sollte, hängt, das belegen die beiden angeführten Standpunkte, stark davon ab, wie Organspenden im Ganzen bewertet werden. Je mehr solche Hilfeleistungen als solidarische Pflicht verstanden werden, desto eher ist eine eingeschränkte Selbstbestimmung vertretbar. Für eine Einschränkung sprechen auch die sich aus dem Grundprinzip der Menschenwürde ergebenen Rechte der Patienten, die auf ein Organ warten, wodurch ein Weiterleben möglich wäre.

Um Anhaltspunkte zu bekommen, ob eine Einschränkung der Selbstbestimmung akzeptiert würde, wird die Befragung der Journalisten auch die derzeitige Patientenselbstbestimmung im Hinblick auf Organspenden thematisieren.

1.7.2 Nichtschaden

Neben der Patientenselbstbestimmung ist auch Nichtschaden ein medizinethisches Prinzip, dem im Medizinwesen hohe Bedeutung zukommt. „Das Prinzip Nichtschaden verpflichtet uns, es zu vermeiden, anderen gegenüber Schaden zu verursachen“[287], führen Tom Beauchamp und James Childress aus, und machen dadurch deutlich, dass dem Prinzip ein Unterlassungscharakter zukommt. Zielgerichtet zu vermeiden seien

[284] Rehbock, Theda: Achtung der Autonomie gegenüber Organspendern?, in: *Deutsche Zeitschrift für Philosophie*, Bd. 61, Heft 1 (April 2013), S. 144.

[285] Ebd.

[286] Ebd.

[287] Beauchamp, Tom Lamar/ Childress, James Franklin: *Principles of Biomedical Ethics*, 7. Aufl., New York u.a.: Oxford University Press, 2013, S. 150. Übersetzung der Autorin.

Handlungen, die Schaden verursachen können. „Regeln des Nichtschadens nehmen deshalb die Form ‚tue nicht x' ein."[288] Beauchamp und Childress füllen diese Formel konkret mit folgenden Regeln:

- „Du sollst nicht töten.
- Du sollst keinen Schmerz oder Leiden verursachen.
- Du sollst niemanden außer Gefecht setzen.
- Du sollst keine Straftat verüben.
- Du sollst niemanden der Güter des Lebens berauben."[289]

Dadurch, dass Nichtschaden impliziert, mögliche schadensverursachende Handlungen zu unterlassen, unterscheidet es sich grundlegend vom Prinzip des Wohltuns, das aktives Handeln erfordert. Beide Prinzipien können kollidieren, Beauchamp und Childress bringen das Beispiel eines Arztes, der eine leichte Verletzung auslöst, etwa die Schwellung durch den Einstich einer Nadel, damit aber gleichzeitig das Leben des Patienten rettet. In diesem Fall hat das Prinzip Wohltun Vorrang vor dem Prinzip Nichtschaden.

Generell ist von Fall zu Fall zu entscheiden, welches Prinzip überwiegt. Solange eine Handlung einen Schaden verursacht, aber gleichzeitig einen größeren positiven Nutzen erzielt, kann das Prinzip Nichtschaden untergeordnet werden. Allerdings darf auch das Selbstbestimmungsprinzip dabei nicht verletzt werden. Wenn zum Beispiel ein Arzt einem Komapatienten die Beatmungsmaschine abstellen würde (Eingriff in das Nichtschadensprinzip) um ein Organ für einen Patienten zu entnehmen und so dessen Leben zu retten (Wohltun), der Koma-Patient aber zu Lebzeiten Organspenden ausdrücklich abgelehnt hat, so wäre das Selbstbestimmungsrecht verletzt und das Wohltun-Prinzip würde das Nichtschaden-Prinzip nicht hinter sich weisen. Schaden beinhaltet physischen Schaden, besonders Schmerz, Behinderung, Leiden und Tod, bezieht aber auch mentalen Schaden mit ein.[290]

Fraglich im Hinblick auf Organspenden ist, ob durch diese ein Schaden entsteht, etwa beim Spender oder bei den Angehörigen. Insbesondere wurde die Frage im Zusammenhang mit dem Hirntod aufgeworfen. Ralf Stoecker hat sich dazu dahingehend geäußert, dass in vielerlei

[288] Ebd., S. 154.
[289] Ebd.
[290] Vgl. ebd., S. 154.

Hinsicht kein Schaden mehr möglich ist, da man Hirntoten kein Leid zufügen kann und ihnen auch keine Chancen für die Zukunft verbauen kann.[291] Dennoch, so führt er aus, kann man Hirntoten aber sicher noch schaden, „nämlich indem man sie so behandelt, dass ihre *Persönlichkeit insgesamt* Schaden nimmt“[292]. Ob und wann das der Fall ist, hängt von individuellen Auffassungen ab. Aufgrund der Selbstbestimmung steht es demjenigen, der durch eine Organentnahme einen Schaden befürchtet, zumindest frei, eine solche zu verweigern.

Eine Missachtung der dead donor rule bei Organentnahmen hätte dagegen zweifelsfrei eine Verletzung des Nichtschaden-Prinzips zur Folge. Denn dann würde gegen das Tötungsverbot verstoßen. Zudem würde eine solche Handlung eine Straftat darstellen. Wer das Hirntodkriterium demnach ablehnt, Organentnahmen aber befürwortet, kommt mit dem Nichtschadensgebot in einen unvermeidbaren Konflikt und kann nicht mehr davon ausgehen, dass dieses medizinethische Prinzip gewahrt wird. Schon aus diesem Grund wären Organentnahmen unter Missachtung der dead donor rule ethisch fragwürdig.

Weiterhin diskutabel ist, inwiefern den Angehörigen durch Organentnahmen ein Schaden zukommen kann. Fraglich wäre etwa, ob durch eine nicht dokumentierte Entscheidung dann ein Schaden entsteht, wenn die Angehörigen über eine Organspende entscheiden müssen und im Nachhinein etwa psychische Probleme auftreten, weil diese Entscheidung bereut wird. Herauszufinden, inwieweit die Forschungsgruppe Schaden beim Spender oder Angehörigen befürchtet, ist Teil der Befragung.

1.7.3 Wohltun

Hierbei handelt es sich um das dritte medizinethische Prinzip bei Beauchamp und Childress, was sich, wie bereits angedeutet, vom Prinzip Nichtschaden durch die Notwendigkeit aktiven Handelns unterscheidet, während Nichtschaden das Unterlassen von schädigenden Aktionen meint. Die Autoren umschreiben zunächst als eine wesentliche, dem Prinzips Wohltun zugrunde liegende Handlung, „etwas zum Wohler-

[291] Vgl. Stoecker, Ralf: Die Hirntod-Debatte aus philosophischer Sicht, in: Bondolfi, Alberto/ Kostka, Ulrike/ Seelmann, Kurt (Hrsg.): *Hirntod und Organspende*, Basel: Schwabe, 2003, S. 65.

[292] Ebd.

gehen beitragen“[293], führen ihr Verständnis des Begriffes nachfolgend konkreter aus.

> „In umgangssprachlichem Englisch wird der Begriff Wohltun mit Handlungen der Gnade, Freundlichkeit, Freundschaft, Wohltätigkeit und ähnlichem assoziiert. Wir benutzen den Begriff, [...] um wohltuende Handlungen in einem breiteren Sinne zu erfassen, die alle Formen von Handlungen einschließt, die dazu bestimmt sind, anderen Menschen nützlich zu sein.“[294]

Beauchamp und Childress unterscheiden zwei Arten von Wohltun: ‚positive beneficence‘, erfordert Handelnde, die zum Vorteil anderer agieren. Während ‚utility‘ meint, dass Handelnde Vorteile, Risiken und Kosten abwägen, um das bestmögliche Gesamtresultat zu erzielen.[295] Das Prinzip ‚utility‘ ist abzugrenzen vom dem im Utilitarismus enthaltenen. Beauchamp und Childress führen dazu aus, dass Utilitaristen das Prinzip ‚utility‘ als grundlegendes ethisches Prinzip sehen, sie selbst es aber als eines zwischen anderen *prima facie*-Prinzipien verstehen.[296]

Im Zusammenhang mit Organtransplantationen wird das Prinzip des Wohltuns seltener in Frage gestellt. Dass ein Spenderorgan einen Nutzen hat, ist unstrittig, insbesondere nierentransplantierte Menschen „finden den Aufwand einer Transplantation auch dann im Nachhinein mehr als lohnend, wenn das Organ nach einem oder zwei Jahren abgestoßen wird“, hält die Medizinethikerin Bettina Schöne-Seifert fest.[297] Auch aktuell werden die Risiken einer Organtransplantation zwar thematisiert, grundsätzliche Uneinigkeit zum Wohltätigkeitspotential gegenüber dem Organempfänger ist dabei aber nicht zu verzeichnen.

1.7.4 Gerechtigkeit

Beauchamp und Childress führen grundlegend aus, dass es kein einziges moralisches Prinzip gibt, das in der Lage ist, alle Probleme der Gerech-

[293] Beauchamp, Tom Lamar/ Childress, James Franklin: *Principles of Biomedical Ethics*, 7. Aufl., New York u.a.: Oxford University Press, 2013, S. 202. Übersetzung der Autorin.

[294] Ebd., S. 202-203. Ü.d.A.

[295] Vgl. ebd., S. 202.

[296] Vgl. ebd., S. 203.

[297] Schöne-Seifert, Bettina: Transplantationsmedizin, in: Kahlke, Winfried/ Reiter-Theil, Stella (Hrsg.): *Ethik in der Medizin*, Stuttgart: Enke, 1995, S. 100.

tigkeit anzusprechen.[298] Sie schauen zunächst auf die Definition von Gerechtigkeit als ein grundlegendes formales Prinzip. Dabei beziehen sie sich auf Aristoteles, der zumeist mit der Minimalanforderung ‚Gleiche müssen gleich behandelt werden und Ungleiche ungleich' in Verbindung gesetzt wird. Welche allerdings ein ganzes Feld von Folgefragen aufwirft, insbesondere dahingehend, wie genau die Ungleichbehandlung von Ungleichen konkret auszusehen hat.[299]

Die Autoren kommen zu dem Schluss, dass es dem formalen Prinzip der Gerechtigkeit an Substanz fehlt, weshalb sie das Verständnis von Gerechtigkeit innerhalb traditioneller Prinzipien betrachten. Dabei handelt es sich um Theorien des Utilitarismus, Liberalismus, egalitären Liberalismus und Kommunismus. Die Autoren bezeichnen diese Prinzipien der Gerechtigkeit als ‚material', grundlegend, weil sie die substantiellen Eigenschaften der Verteilung bestimmen.[300] Schlussfolgernd halten sie aber fest, dass keine der thematisierten Gerechtigkeitstheorien für eine konstruktive Reflexion der Gesundheitspolitik ausreicht.[301] Das zeigt, wie schwierig es etwa ist, allgemeingültige Kriterien für die gerechte Verteilung von knappen Gütern oder finanziellen Ressourcen festzulegen, was sich konkret bei der Frage der Verteilung von Spenderorganen nachzuvollziehen lässt.

Das Problem einer gerechten Organallokation

Die Verteilung von Spenderorganen stellt eine Herausforderung dar, bei der Gerechtigkeit nur schwer erreicht werden kann. Was vordergründig dadurch begründet ist, dass die knappe Zahl vorhandener Spenderorgane weit unter dem Bedarf liegt. In diesem Zusammenhang wird anhaltend diskutiert, nach welchen Kriterien die Organe zu verteilen sind, wo doch jedem potentiellen Empfänger, ausgehend von seiner Menschenwürde, zunächst grundlegend das gleiche Recht auf ein Spenderorgan zukommt, wenn man davon ausgeht, dass jedes menschliche Leben gleichwertig ist. Dennoch kann keine Gleichbehandlung erfolgen, was zunächst nicht am Geld liegt, wie Bettina Schöne-Seifert ausführt. Denn die Gerechtigkeit der notorisch knappen Organe bilde einen Teilaspekt der allgemeinen Allokationsproblematik mit Bezug auf medi-

[298] Vgl. Beauchamp, Tom Lamar/ Childress, James Franklin: *Principles of Biomedical Ethics*, 7. Aufl., New York u.a.: Oxford University Press, 2013, S. 250.

[299] Vgl. ebd., S. 250-251.

[300] Ebd., S. 251.

[301] Ebd., S. 292-293.

zinische Ressourcen, „wobei das Besondere hier darin liegt, dass die Knappheit nicht [...] am Gelde hängt und es sich somit nicht um eine relative, sondern eine absolute Knappheit handelt“[302].

Die Verteilung der Organe erfolgt nach den Hauptkriterien Gewebeverträglichkeit, Dringlichkeit und Wartezeit. Zahlungsfähigkeit, Familienstatus, soziale Stellung und das Alter des potentiellen Organempfängers spielen hingegen keine Rolle. Bettina Schöne-Seifert sieht drei Probleme, die sich aufgrund der derzeitigen Verteilungskriterien ergeben. Zum einen die Berücksichtigung des Gewebeverträglichkeitskriteriums als prognostischer Faktor für die Funktionsfähigkeit des Organs, im Gegensatz zur Nichtberücksichtigung anderer prognostischer Faktoren. Zum zweiten das gegeneinander Aufwiegen der beiden z.T. medizinisch unabhängigen Faktoren Dringlichkeit und Erfolgschance. Und zum dritten das Verrechnen der genannten medizinischen Faktoren gegen die Wartezeit. Sie hält fest, dass die Fragen „nicht kraft medizinischer Expertise beantwortet werden können, sondern nach einer Theorie fairer Rationierung verlangen [...]“[303]. Zudem weist sie auf das sogenannte „Klubmodell“ hin, das von Hartmut Kliemt als Lösung ausgearbeitet worden ist und wonach nur derjenige als Organempfänger in Betracht kommt, der selbst einen Organspendeausweis ausgefüllt hat.

Dieses Modell wird von verschiedenen Seiten diskutiert, zumeist aber abgelehnt. So spricht sich Nikolaus Knoepffler etwa grundsätzlich dafür aus, Solidarität, die in Form einer schriftlich ausgedrückten Organspendebereitschaft zu Lebzeiten ausgeübt wird, zu honorieren, ein Klubmodell lehnt er aber ab. Denn, so könnte es jemand beispielsweise aus religiösen Gründen ablehnen müssen, „dass ihm als Verstorbenem Organe entnommen werden, ohne dass ihm dagegen seine Religion verbietet, Organe Andersgläubiger anzunehmen, die postmortal von Leichnamen gewonnen wurden.“[304] Im Zusammenhang mit den Verteilungskriterien übt er zudem Kritik am Grundsatz der Lebenswertindifferenz, wonach das Alter des potentiellen Empfängers bei der Vergabe

[302] Schöne-Seifert, Bettina: Medizinethik, in Nida-Rümelin, Julian (Hrsg.): *Angewandte Ethik: die Bereichsethiken und ihre theoretische Fundierung; ein Handbuch*, 2., aktualisierte Aufl., Stuttgart: Kröner, 2005, S. 770.

[303] Ebd., S. 771.

[304] Knoepffler, Nikolaus: Ethische Fragen bei Organtransplantationen, in: Preuß, Dirk/ Knoepffler, Nikolaus/ Kodalle, Klaus-M. (Hrsg.): *Körperteile – Körper teilen? Kritisches Jahrbuch der Philosophie. Beiheft 8*, Würzburg: Königshausen & Neumann, 2009, S. 21.

nicht berücksichtigt wird. Er verweist auf das durch die Menschenwürde gegebene Gleichheitsgebot, es „ist aber eine unabgeschlossene Diskussion, ob nicht dennoch das Hilfegebot von einer Bedürftigkeit abhängig sein sollte, die neben dem *Lebenwollen* noch weitere nicht medizinisch indizierte Kriterien berücksichtigt.“[305]

Auch der Aspekt der Compliance wird von Nikolaus Knoepffler kritisch betrachtet. Der Begriff bezieht sich auf die Mitwirkung des Patienten am Gelingen der Transplantation, die vorher eingeschätzt wird und als Faktor in die Verteilung einfließt. Einem stark alkohol- oder drogenabhängigen Patienten wird beispielsweise eine niedrigere Compliance unterstellt als einem abstinenten. Hierzu führt Knoepffler an, wenn alkoholkranken Menschen eine Organtransplantation verwehrt bleibt, „wenn sie nicht eine halbjährige Abstinenz und Entzugsbehandlung nachweisen können, so nimmt dies denjenigen Patienten ihre letzte Chance auf Lebensrettung, die das Organ sofort [...] benötigen“[306].

Auch der Ethiker Klaus Steigleder äußert bezüglich der Compliance ethische Bedenken. „Die Abschätzung der Compliance ist naturgemäß schwierig, kann leicht subjektiven Verzerrungen unterliegen und ist entsprechend ein Einfallstor für ungerechtfertigte Ungleichbehandlungen von Patienten.“[307]

Der Philosoph Andreas Vieth verweist insbesondere auf den Individualstatus jedes potentiellen Organempfängers, wobei durch die Nichtberücksichtigung des Alters bei der Vergabe aber verhindert werde, dass jüngere Patienten oder Kinder bei der Vergabe bevorzugt werden. „Auch wenn das Leben alter Menschen genauso wertvoll ist wie das junger, könnte man doch geneigt sein, ein Organ einem Kind, einem Jugendlichen oder einer Mutter mit Kind eher zuzuteilen als einem achtzigjährigen Kranken.“[308] Auch die Spendebereitschaft stellt er als zu berücksichtigenden Vergabefaktor zur Diskussion. „Jemand, der sich selbst bereit erklärt zu hat zu spenden [...], kommt bei gleicher Verträglichkeit des Spendeorgans eher als Organempfänger in Frage als jemand, der sich nicht oder gar ablehnend geäußert hat.“[309] Das ent-

[305] Ebd.

[306] Ebd.

[307] Steigleder, Klaus: Organtransplantation, in: Schulz, Stefan et al. (Hrsg.): *Geschichte, Theorie und Ethik der Medizin: eine Einführung*, Frankfurt am Main: Suhrkamp, 2006, S. 423.

[308] Vieth, Andreas: *Einführung in die Angewandte Ethik*, Darmstadt: Wissenschaftliche Buchgesellschaft, 2006, S. 98.

[309] Ebd.

spräche einer abgemilderten Form des Klubmodells. Er sieht die gegenwärtige Praxis als Indiz für das Erachten zweier zentraler Werte: erstens, dass der entscheidungsfähige Spender keine Pflicht zu einer Spende hat und zweitens der Empfänger kein Anrecht auf ein Organ. „Nicht nur Krankheit, sondern auch Gesundheit werden in dieser Hinsicht als schicksalshaft akzeptiert werden müssen.“[310]

Der Rechtswissenschaftler Thomas Gutmann verweist hingegen vorrangig auf Fehler auf Seiten des Gesetzgebers. Er bezeichnet die Organverteilung als „weißen Fleck auf der Landkarte des Rechtsstaats“[311]. Und merkt an, dass die für die Verteilungspraxis entscheidenden Normen „faktisch geheim und jedenfalls für die Patienten nicht zugänglich sind“[312] und verweist auf das dadurch verletzte Gebot der *Publizität* juridischer Normen.

Kritik in diese Richtung wurde auch von Wolfgang Höfling, Mitglied des Deutschen Ethikrats, in einem Interview geäußert, er weist darin in Bezug auf einen konkreten Fall hin, dass die Compliance seitens der Ärzte nicht willkürlich ausgelegt werden darf. Allgemein forderte er eine größere Pflicht auf Seiten des Gesetzgebers, denn

> „die Kriterien für die Entscheidung über Wartelistenplätze und die Verteilung von Spenderorganen müssen durch ein demokratisch legitimiertes Organ festgelegt werden, weil es dabei um Leben und Tod geht.“[313]

Seiner Ansicht nach sollte die Organvergabe von einer Gewichtung von Dringlichkeit und Erfolgsaussichten abhängig gemacht werden.

Die dargestellten Positionen machen deutlich, dass die derzeitige Vergabe der Spenderorgane mehrere Problemfelder aufwirft, die noch nicht abschließend geklärt wurden. Deshalb ist es möglich, dass auch die Forschungsgruppe Zweifel daran hegt, dass Gerechtigkeit in der Organvergabe derzeit erreicht wird.

---

[310] Ebd., S. 99.

[311] Gutmann, Thomas: Organtransplantation und Aufklärung, in: *Deutsche Zeitschrift für Philosophie*, Akademie Verlag, Bd. 61, Heft 1, 2013, S. 141.

[312] Ebd.

[313] Höfling, Wolfram: Warten auf Herz und Niere: Die Macht der Bundesärztekammer. In: *Legal Tribune ONLINE*. 16. Juli 2014. `http://www.lto.de/recht/hintergruende/h/organspende-transplantation-warteliste-bundesaerztekammer/2`, zuletzt überprüft am 9. September 2014.

1.7.5 Hypothesenbildung

Empirische Daten speziell zur Akzeptanz der genannten Prinzipien liegen aktuell nicht in der Form vor, dass daraus eine Hypothesenableitung konkret für die Befragung der Journalisten erfolgen kann.

Marlies Ahlert und Lars Schwettmann haben in einer Repräsentativbefragung die Einstellung zur Berücksichtigung verschiedener Merkmale bei Organallokationen untersucht, 62,7 Prozent der Befragten waren der Meinung, dass eine lange Wartezeit bei der Wahl eines Organempfängers berücksichtigt werden sollte, für eine Berücksichtigung des Alters des Empfängers sprechen sich 51,9 Prozent aus, 42,3 Prozent für das Einbeziehen eigenen Mitverschuldens und 48,1 Prozent für eine Beachtung der unmittelbaren Todesnähe trotz schlechterer Erfolgsaussichten.[314]

Wie im Vorfeld bereits ausgeführt, wird die Frage, ob durch eine Organspende aufgrund der derzeitigen gesetzlichen Vorschriften ein Schaden beim Spender entsteht, weniger stark diskutiert, als die gerechte Verteilung der Spenderorgane.

Deshalb ist anzunehmen, dass auch innerhalb der Forschungsgruppe weniger daran gezweifelt wird, dass bei einer postmortalen Organentnahme nach erfolgter Einwilligung zu Lebzeiten das Prinzip Nichtschaden gewahrt wird. An der Berücksichtigung des Grundsatzes Gerechtigkeit bei der Organallokation dürften hingegen eher Zweifel bestehen. Weniger zweifelhaft ist wahrscheinlich auch, ob durch eine Organtransplantation dem Empfänger wohlgetan wird. Während die derzeitige Auslegung der Patientenselbstbestimmung von einigen Seiten befürwortet, von anderen hingegen kritisiert wird. Deshalb ist anzunehmen, dass der Berücksichtigung des Prinzips Wohltun bei Organempfängern eine höhere Zustimmung zuteil wird als der derzeitigen Auffassung über die Wahrung der Patientenselbstbestimmung. Letztere könnte durchaus von einem Teil der Forschungsgruppe als zu streng bewertet betrachtet werden. Dabei könnte es sich um den Teil der Befragten handeln, der etwa eine Widerspruchslösung befürwortet und somit auch eine weniger strenge Auffassung über die Berücksichtigung der Patientenselbstbestimmung akzeptieren würde.

Aufgrund der bisherigen Ausführungen beinhaltet die *Prinzipienhypothese*:

---

[314]Vgl. Ahlert, Marlies/Schwettmann, Lars: Einstellungen der Bevölkerung zur Organspende. In: *Gesundheitsmonitor*. Gütersloh: Bertelsmann-Stiftung, 2011, S. 203.

Die Prinzipien Nichtschaden und Wohltun dürften im Zusammenhang mit der jeweils geschilderten Situation innerhalb des Prozesses von Organtransplantationen mehrheitlich als gewahrt angesehen werden. Während die Wahrung der Patientenselbstbestimmung zwar mehrheitlich anerkannt wird, aber auch für einen Teil der Befragten eine eingeschränkte Patientenselbstbestimmung denkbar wäre. Dass Gerechtigkeit bei der Verteilung von Spenderorganen erreicht wird, wird vermutlich von der Mehrheit der Forschungsgruppe bezweifelt.

1.8 Zusammensetzung der Kernthese

Abbildung 3: Zusammensetzung der Kernthese

Relevanzhypothese: *Mehrheit erachtet Thema postmortale Organspende als relevant.* Schlussfolgerung: positive Grundeinstellung, Interesse, Informationsbedarf, Publikationsabsichten
Wissenshypothese: *Vorbeschäftigung mehrheitlich erfolgt, Vorbereitungsstand mehrheitlich mäßig.* Schlussfolgerung: mangelnde Sachkenntnis
Einstellungshypothese: *Annahmebereitschaft bei mehr als 75 Prozent, Spendebereitschaft bei etwa 70 Prozent.* Schlussfolgerung: positive Grundeinstellung, mehrheitliche Bereitschaft anderen zu helfen und Hilfe anzunehmen, Bereitschaft zur Solidarität
Ausweishypothese: *20 Prozent im Besitz eines gültigen Organspendeausweises.* Schlussfolgerung: mangelnde Sachkenntnis, Unentschlossenheit, Ängste, Bequemlichkeit
Hirntodhypothese: *Einordnung des Patienten im ersten Fallbeispiel mehrheitlich als tot, Einordnung der Patienten im zweiten und dritten Fallbeispiel von ca. der Hälfte der Teilnehmer als tot, korrekte Einordnung der Patienten in allen drei Fällen von ca. 30 Prozent der Teilnehmer, mindestens 90 Prozent der Datensätze in sich logisch hinsichtlich der Einordnung der Patienten in den drei Szenarien, Verletzung der dead donor rule in ca. 30 Prozent der Datensätze.* Schlussfolgerung: mehrheitliche Akzeptanz des Hirntodkriteriums, mehrheitliche Beachtung der dead donor rule, positive Grundeinstellung, aber mangelnde Sachkenntnis

Gesetzeshypothese: *50 Prozent befürworten die Entscheidungslösung, weniger als 50 Prozent bevorzugen eine Widerspruchslösung.* Schlussfolgerung: Unentschlossenheit, teilweise Konfrontationsbereitschaft, teilweise Akzeptanz der Einschränkung des Selbstbestimmungsrechts, mangelnde Sachkenntnis von gesetzlichen Lösungsmöglichkeiten

Prinzipienhypothese: *Nichtschaden und Wohltun mehrheitlich als gewahrt angesehen, Einschränkung des Selbstbestimmungsrechts teilweise akzeptiert, Gerechtigkeit bei der Verteilung von Spenderorganen teilweise angezweifelt.* Schlussfolgerung: mehrheitliche Anerkennung biomedizinethischer Prinzipien, dadurch Wert von Organtransplantationen für die Gesellschaft mehrheitlich anerkannt, positive Grundeinstellung

⇓

Kernthese: *Positive Grundeinstellung zu postmortaler Organspende, Transplantationen wird hoher Nutzen für die Gesellschaft zuerkannt, aber mangelne Sachkenntnis führt zu teils widersprüchlichen Aussagen*

Abbildung drei zeigt die Arbeitshypothesen im Überblick und die daraus abgeleitete Kernthese.

- Eine mehrheitlich erfolgende Relevanzuerkennung würde eine positive Grundeinstellung, aber auch Informationsbedarf und Publikationsinteresse signalisieren.

- Ein trotz erfolgter Vorbeschäftigung mehrheitlich als mäßig eingestufter Vorbereitungsstand würde auf eine mangelnde Sachkenntnis hinweisen.

- Eine mehrheitliche Bereitschaft zur postmortalen Spende und Annahme von Organen wäre Ausdruck einer positiven Grundeinstellung, der Bereitschaft anderen zu helfen und vorhandener Solidarität untereinander.

- Ein bei einem Fünftel zu erwartender Organspendeausweis würde auf Fehlinformation hinsichtlich der Notwendigkeit eines Ausweises hinweisen, zudem auf das Auftreten von Unentschlossenheit, möglichen Ängsten und Bequemlichkeit.

- Die zu erwartenden Ergebnisse hinsichtlich des Hirntodkriteriums lassen auf eine mehrheitliche Akzeptanz des Hirntodkriteriums schließen, auf eine mehrheitliche Achtung der dead donor rule, eine positive Grundeinstellung hinsichtlich Ganzhirntod und dead donor rule, aber auch auf eine mangelnde Kenntnis der medizinischen Definitionen und auf eine teilweise Inkaufnahme der aktiven Sterbehilfe.

- Bei der Gesetzeshypothese wird jeweils eine etwa 50prozentige Zustimmung erwartet, was auf Unentschlossenheit, aber auch eine teilweise zu verzeichnende Konfrontationsbereitschaft mit der Frage nach der Organspendebereitschaft hinweisen würde. Weiterhin würden die erwarteten Ergebnisse eine teilweise Akzeptanz einer Einschränkung des Selbstbestimmungsrechts nahelegen, aber auch mangelnde Kenntnisse der geltenden und möglicher anderer gesetzlicher Regelungen offenbaren.

- Die Ergebnisse der Prinzipienhypothese, die von einer Anerkennung der Prinzipien mittlerer Reichweite, ausgenommen die Gerechtigkeit, ausgeht, würden eine positive Grundeinstellung, sowie die Anerkennung des Wertes von Organtransplantationen für die Gesellschaft signalisieren.

Die daraus folgende Kernthese beinhaltet, dass Einstellungen und Kenntnisstand der befragten, in Deutschland tätigen Journalisten eine positive Grundeinstellung gegenüber postmortalen Organspenden zum Ausdruck bringen, dass der Wert von Organtransplantationen für die Gesellschaft anerkannt wird, dass aber aufgrund mangelnder Sachkenntnis widersprüchliche Entscheidungen getroffen werden.

2 Methodik

Zunächst erfolgt eine Beschreibung der Forschungsgruppe. Im Anschluss wird die sozialwissenschaftliche Methode erläutert. Gefolgt von der allgemeinen Definition des Messinstruments und der konkreten Schilderung von Inhalt und Aufbau des Fragebogens.

2.1 Zusammensetzung der Forschungsgruppe

Aktuell arbeiten in Deutschland laut qualifizierter Schätzung des DJV 72.500 Journalisten.[315] Dabei handelt sich um hauptberufliche Journalisten, ausgeklammert sind also etwa solche, die „einen erheblichen Teil ihres Lebensunterhaltes aus nichtjournalistischer Tätigkeit verdienen, beispielsweise in der PR“[316].

Die Forschungsgruppe besteht aus einer nicht-repräsentativen Stichprobe dieser in Deutschland tätigen hauptberuflichen Journalisten, konzentriert sich also auf einzelne Vertreter der Berufsgruppe. Dabei handelt es sich überwiegend um Hörfunkjournalisten, die ihren Lebensunterhalt als Redakteure, Autoren, Moderatoren oder Reporter verdienen.

Eingeschlossen sind Nachwuchskräfte, die zum Zeitpunkt der Befragung aufgrund eines Praktikums oder Volontariats innerhalb einer Redaktion tätig waren. Auch bei ihnen ist die Bedingung der hauptberuflichen Tätigkeit erfüllt, auch wenn diese in ihrem Fall nicht zwingend mit dem Verdienen des Lebensunterhalts verbunden ist. Denn Redaktionspraktikanten erhalten nicht immer eine Vergütung. Sie sind

---

[315] Vgl. Deutscher Journalisten-Verband: *Arbeitsmarkt und Berufschancen*, in: `http://www.djv.de/startseite/info/themen-wissen/aus-und-weiterbildung/arbeitsmarkt-und-berufschancen.html`, zuletzt überprüft am 17. November 2013.

[316] Ebd.

dennoch, wie angestellte oder freie Kollegen auch, aktiv an den Prozessen beteiligt, die innerhalb einer Redaktion ablaufen. Demnach gelten auch für sie, wenn auch nur für einen festgelegten Zeitraum, Regeln, die für den hauptberuflich und entgeltlich arbeitenden Journalisten üblich sind.

Bis zum Zeitpunkt der Befragung lag keine deskriptiv-medizinethische Untersuchung, die sich speziell mit Einstellungen und Kenntnissen von Journalisten zum Themenfeld postmortale Organspende beschäftigt, vor. Die für die Hypothesenbildung verwendeten allgemeinen Umfragen beziehen sich auf repräsentative Stichproben aus der Allgemeinbevölkerung.

Durch die Befragung sollen verschiedene Aspekte umfassende Erkenntnisse zu vorhandenen Einstellungen und Kenntnissen von Journalisten gewonnen werden. Dadurch, dass die Befragten aufgrund ihres Berufes über einige gemeinsame Eigenschaften verfügen, liegen geeignete Bedingungen vor.

Denn es wird angenommen, dass die Teilnehmer mehrheitlich über eine vergleichsweise hohe Allgemeinbildung und eine berufsbedingte Kenntnis aktueller Prozesse, Entwicklungen und Diskussionen von politischer oder gesellschaftlicher Relevanz verfügen. Ebenso vermutet wird eine liberale Grundeinstellung, sowie ein grundsätzlich vorhandenes Interesse, sich mit Themen, auch komplexerer Natur, auseinanderzusetzen. Sowie eine vorhandene Bereitschaft und auch die Fähigkeit, sich in Themengebiete einzuarbeiten, um möglicherweise darüber zu berichten, sie einzuordnen und grundsätzlich zu verstehen.

Weiterhin wurde bei der Zusammenstellung der Forschungsgruppe beachtet, dass nur wenige Fachjournalisten, die sich regelmäßig mit der Materie der Organtransplantation beschäftigen, beteiligt sind, so dass die Mehrzahl der Teilnehmer nicht nur eine öffentlich-wirksame Funktion erfüllt, sondern zudem auch aus medizinischen Laien besteht und insofern die Allgemeinbevölkerung repräsentiert.

2.2 Auswahl der sozialwissenschaftlichen Methode

In der empirischen Sozialforschung wird das quantitative Forschen grundsätzlich vom qualitativen unterschieden. In dieser Untersuchung wurde allerdings eine Mischform beider angewendet.

Hinsichtlich der Art und Weise der Datenerhebung folgt die Untersuchung den Vorgaben der quantitativen Forschung. Denn die Einstellungen und Kenntnisse wurden mit Hilfe einer schriftlichen Befragung erhoben. Somit wurde die Grundlage der Alltagskommunikation „für die Gewinnung von Informationen über das Forschungsobjekt“[317] genutzt, wobei nötige Unterscheidungen zwischen Alltagskommunikation und Befragung als sozialwissenschaftlicher Methodik getroffen wurden. Dadurch war es im weitesten Sinne möglich, „gültige, authentische Informationen über sich selbst, über andere oder über Organisationen, die der Befragte repräsentiert“ zu sammeln.[318]

Die Befragten bilden in Deutschland tätige Journalisten, bei der Erfassung der gültigen und authentischen Informationen wurden die notwendigen Kriterien wie Freiheit von Sanktionen, Freiwilligkeit in der Teilnahme und Anonymität berücksichtigt, wodurch es möglich war, reliable und valide Informationen über den Forschungsgegenstand zu erhalten.[319] Das Messinstrument für die schriftliche Befragung bildete ein Fragebogen, der im Internet programmiert und hinterlegt wurde.

Die vorgenommene Befragung berücksichtigt also insofern Merkmale der quantitativen Forschung, als dass die Gütekriterien Objektivität, Reliabilität und Validität[320] durch ein Messinstrument angestrebt wurden, das unabhängig von der Erhebungssituation und Person, die es anwendete, funktioniert. Zudem ist das verwendete Messinstrument reproduzierbar und inhaltlich sachlogisch gültig, durch den einheitlichen Fragebogen wäre bei wiederholtem Einsatz das gleiche Ergebnis möglich gewesen. Inhaltlich besteht ein klarer Bezug zu einem bestimmten Sachgebiet, der postmortalen Organspende, zudem verschiedene Aspekte thematisiert wurden. Somit ist eine Erlangung neuer Erkenntnisse über die Einstellungen von Journalisten hinsichtlich postmortaler Organspenden im wissenschaftlichen Kontext möglich. Denn grundsätzlich gilt, „mit Experimenten, Beobachtungen und Befragungen werden Daten erhoben. Diese werden analysiert und interpretiert. Somit kön-

[317]Scholl, Armin: *Die Befragung: sozialwissenschaftliche Methode und kommunikationswissenschaftliche Anwendung*, Konstanz: UVK Verlagsgesellschaft, 2003, S. 23.

[318]Ebd.

[319]Vgl. ebd.

[320]Vgl. ebd., S. 26. Siehe auch: Diekmann, Andreas: *Empirische Sozialforschung: Grundlagen, Methoden, Anwendungen*, 20. vollst. überarb. Aufl., Reinbek bei Hamburg: Rowohlt, 2009, S. 247.

nen neue Erkenntnisse gewonnen werden“[321]. Dieser Prozess wurde im Rahmen der vollzogenen Untersuchung befolgt.

Die dabei gewählte Online-Befragung stellt einen „Spezialfall der schriftlichen Befragung“ dar.[322] Sie wurde deshalb genutzt, weil sie eine schnelle und kostengünstige Datenerhebung ermöglicht und zudem auch hinsichtlich ihrer Ästhetik zeitgemäß ist. Weiterhin wird dem Umfrageteilnehmer dabei die Möglichkeit gegeben, den Zeitpunkt der Befragung selbst zu wählen und den Prozess selbstbestimmt unterbrechen und fortsetzen zu können.

Neben den erkennbaren Elementen der quantitativen Forschung beinhaltet die Untersuchung aber auch qualitative Merkmale. Diese werden hauptsächlich durch die Größe und Zusammensetzung der Forschungsgruppe erfüllt. Denn die Bildung einer Zufallsstichprobe, die normalerweise für eine quantitative Untersuchung üblich ist, war im Vorfeld nicht entsprechend den üblichen Vorgaben möglich. Die Verwendung von Melderegistern oder Telefonbüchern zur Gewinnung von Teilnehmerkontaktdaten[323] etwa, konnte nicht erfolgen, da aus beiden Quellen nicht zuverlässig entnommen werden kann, wer als Journalist tätig ist, zudem sind in den genannten Registern die für die Anschreiben benötigten E-Mail-Adressen nicht vorhanden. Auch existiert in Deutschland kein Zentralregister, das alle tätigen Journalisten auflistet, handelt es sich doch um einen Beruf, der nicht rechtlich geschützt ist. Selbst verlässliche Zahlen hinsichtlich der Grundgesamtheit basieren letztendlich auf Schätzungen und sind somit als wissenschaftliche Grundlage nur beschränkt nutzbar. Zudem war es auch nicht das Ansinnen dieser Forschungsarbeit, eine repräsentative Untersuchung vorzunehmen.

Somit konnte bei der Auswahl der Teilnehmer zum Teil auf das Schneeballprinzip zurückgegriffen werden, wodurch die Erzeugung einer Zufallsstichprobe nicht, bzw. „allenfalls unter sehr restriktiven Annahmen“ möglich ist.[324] Die Auswahl der Stichprobe erfolgte anhand

[321] Schwetz, Herbert et al. (Hrsg.): *Einführung in das quantitativ orientierte Forschen und erste Analysen mit SPSS 18*, 3. überarb. Aufl., Wien: Facultas, 2013, S. 29.

[322] Vgl. ebd., S. 521-522.

[323] Vgl. Scholl, Armin: *Die Befragung: sozialwissenschaftliche Methode und kommunikationswissenschaftliche Anwendung*, Konstanz: UVK Verlagsgesellschaft, 2003, S. 46.

[324] Diekmann, Andreas: *Empirische Sozialforschung: Grundlagen, Methoden, Anwendungen*, 20. vollst. überarb. Aufl., Reinbek bei Hamburg: Rowohlt, 2009, S. 400.

von vorhandenen, vermittelten und öffentlich auffindbaren Kontakten, um Einstellungen *einzelner* Berufsvertreter zum Thema Hirntod und postmortale Organspende zu ermitteln. Aufgrund dessen war eine tiefenorientierte Befragung möglich, die es erlaubt, innerhalb der Befragung eine bestimmte Thematik auf eine bestimmte Teilnehmergruppe zuzuschneiden, um eine Interpretation der Ergebnisse vorzunehmen, die über die statistische Darstellung der Ergebnisse hinausgeht.

Denn die quantitative Forschung dient für gewöhnlich dazu, „konkrete Hypothesen über einen interessierenden sozialen Sachverhalt aufzustellen, die mit Hilfe von Variablen überprüft werden können."[325] Sofern bei den einzelnen Arbeitshypothesen vorhandene empirische Daten zugrunde gelegt wurden, sind die darin enthaltenen Annahmen durch Variablen überprüfbar. Das ist etwa hinsichtlich der Spendebereitschaft, des Vorbereitungsstands, der Anzahl vorhandener Organspendeausweise oder aber im Hinblick auf einige Aspekte zur Akzeptanz des Hirntodkriteriums der Fall.

Zu einigen Aspekten des Themenfeldes postmortale Organspende war aber eine Hypothesenbildung aufgrund empirischer Daten nicht möglich, weil solche nicht in angemessener Form vorliegen. Etwa im Hinblick auf die Anwendung der Prinzipien mittlerer Reichweite oder in Bezug auf einige konkrete Fragen zum Hirntodkriterium, die zwar auf der normativen Ebene diskutiert werden, in Repräsentativbefragungen aber bisher nicht erkennbar thematisiert wurden.

An dieser Stelle kommt die Möglichkeit der qualitativen Forschung zum Tragen, die auf die „Entdeckung (Generierung) von Theorieaussagen anhand empirischer Daten" abzielt.[326] Anhand dieser Methode kann so auch zu den bisher weniger empirisch untersuchten Aspekten eine Aussage getroffen werden, die dann im Spiegel der theoretischen Reflexion betrachtet werden kann, während eine Überprüfung vorhandener Hypothesen parallel dazu möglich ist.

---

[325] Brüsemeister, Thomas: *Qualitative Forschung: ein Überblick*, Wiesbaden: Westdeutscher Verlag, 2000, S. 21.

[326] Ebd.

2.3 Der Fragebogen als Messinstrument

Die Daten über die Einstellungen der Journalisten wurden anhand einer internetgebundenen Befragung erhoben. Dazu wurde selbständig ein Fragebogen auf dem Server *soscisurvey.de* programmiert.[327]

Um den Fragebogen öffnen zu können, erhielt jeder potentielle Teilnehmer zunächst per E-Mail eine Einladung, in der ein Link zur Befragung eingefügt war. Dieser Link war an eine Seriennummer gekoppelt, so dass nur die Person mit der entsprechenden E-Mail Zugang zum Fragebogen erhielt. Damit konnte sichergestellt werden, dass der Fragebogen nicht öffentlich zugängig war, sondern nur von ausgewählten und angeschriebenen Teilnehmern geöffnet wurde, bei denen sichergestellt war, dass sie der definierten Stichprobe der Journalisten angehörten.

Der Befragungszeitraum begann am 1. Mai 2012 und endete am 31. Oktober 2012. Durch die zugeteilte Seriennummer hatte jeder Teilnehmer die Möglichkeit, den Bogen einmal komplett auszufüllen. Unterbrechungen waren dabei möglich. Natürlich konnten die Teilnehmer den Fragebogen auch abbrechen. Die Seriennummer selbst ist auf den ausgelesenen Datensätzen zwar einsehbar, nicht aber die Mailadresse des Empfängers. So konnte eine anonyme Befragung gewährleistet werden, gleichzeitig war aber ausgeschlossen, dass ein Teilnehmer den Fragebogen mehrmals ausfüllt oder seine Mail ungefragt an andere Teilnehmer weiterleitet.

238 Personen erhielten eine Einladung zur Befragung, 136 davon haben den Fragebogen komplett ausgefüllt. Die Rücklaufquote liegt somit bei 57,14 Prozent, der Auswertung liegen 136 gültige Datensätze zugrunde, die mit Hilfe von *spss 19* verarbeitet wurden und deren Ergebnisse im dritten Kapitel dargestellt werden.

2.4 Inhalt und Aufbau des Fragebogens

Der im Internet hinterlegte Fragebogen sollte vom jeweiligen Umfrageteilnehmer zu einem selbst gewählten Zeitpunkt eigenständig aufrufbar sein. Deshalb wurden die Teilnehmer zunächst per E-Mail kontaktiert. In der Mail wurden sie kurz über das Forschungsanliegen mit seinen Zielen informiert. Anschließend wurden sie gebeten, den Fragebogen über einen Link aufzurufen und auszufüllen. Alle Teilnehmer wurden

[327] Für mehr Informationen siehe: `www.soscisurvey.de`, die Benutzung des Servers für wissenschaftliche Zwecke ist kostenlos.

in der E-Mail persönlich angesprochen, die darauf folgenden Absätze mit der Beschreibung des Forschungsprojekts und der Bitte um Teilnahme waren hingegen einheitlich formuliert. Abbildung vier zeigt die Vorlage für die E-Mail.

Abbildung 4: Beispiel einer E-Mail an einen Umfrageteilnehmer

Liebe/r (anzuschreibende Person),
ich wende mich mit dem folgendem Anliegen an Dich:

Ich möchte Dich hiermit ganz herzlich bitten, den unten stehenden Link anzuklicken und den Fragebogen, der dann erscheint, auszufüllen. Ich habe ihn für meine Promotion an der Uni Jena entwickelt und möchte darin mehr über die Einstellung von Journalisten zum Hirntodkriterium und zu postmortaler Organspende erfahren, die Ergebnisse werde ich hinterher untersuchen und auswerten. Und dabei ist mir auch Deine Meinung sehr wichtig.

Die Befragung ist anonym und ich kann nicht sehen, wer was anklickt. Du hast die Möglichkeit, den Fragebogen einmal komplett auszufüllen. Wenn Du zwischendurch abbrichst, kannst Du das Ausfüllen zu einem anderen Zeitpunkt fortsetzen. Ich würde mich sehr freuen, wenn ich den Fragebogen ausgefüllt zurückbekomme.

Besten Dank & herzliche Grüße.
Anna Pröhle

hier geht es zum Fragebogen:
`https://www.soscisurvey.de/organspende_journalisten?s=AT327789&q=aproe`[328]

Bestand zu den angeschriebenen Teilnehmern bereits vorher persönlicher Kontakt, wurden Sie, wie unter Journalisten üblich, geduzt. Bei Teilnehmern, zu denen kein vorheriger persönlicher Kontakt bestand, bzw. die in einer höherrangigen Position waren (Redaktionsleiter, Programmchef), wurde die Ansprache *Sie* gewählt.

[328] Dieser Link ist nicht mehr abrufbar.

2.4.1 Der Einleitungstext

Das Sammeln von Einstellungen und Meinungen von Journalisten zum Thema Ganzhirntod und ausgewählten Aspekten der Organspende für eine spätere Auswertung und Interpretation wurde als Anliegen des Fragebogens bereits im Mail-Anschreiben an die Teilnehmer formuliert. Wenn sich der Teilnehmer über den in der E-Mail befindlichen Link auf die Seite des Online-Fragebogens geklickt hatte, wurde dieses Anliegen konkretisiert. Sinn und Zweck des zu diesem Zwecke verfassten Einleitungstextes war es, den potentiellen Umfrageteilnehmer auf die Befragung einzustimmen und ihm nahe zu legen, welchen Nutzen die Befragung hat, ohne ihn mit Informationen zu überladen (Abb. 5).

Abbildung 5: Einleitungstext Fragebogen

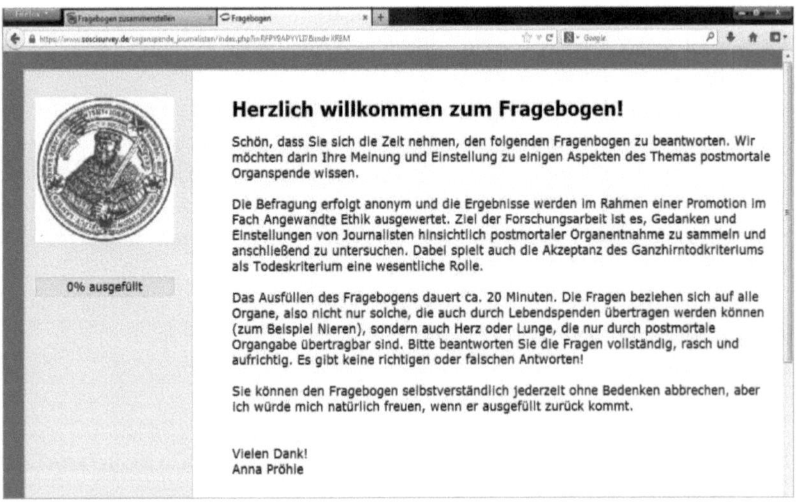

2.4.2 Teil 1: Todeskriterium und Organentnahme

Der erste und auch zweite Teil des Fragebogens beabsichtigt die Erfassung der Einstellungen Meinungen zu Ganzhirntod und Organentnahmen. Aufgrund der Komplexität dieser Problemfelder handelt es sich um den umfangreichsten Teil der Untersuchung.

Inspiriert wurde diese durch Laura A. Siminoff, Christopher Burant und Stuart J. Youngner und ihrer Ohio-Studie „Death and organ procurement: public beliefs and attitudes“, die 2004 in der Zeitschrift *Social Science & Medicine* veröffentlicht wurde.[329]

Die Fragen des ersten und zweiten Teils wurden von der Medizinerin Eva Seitz im Rahmen ihrer Promotion entworfen, freundlicherweise zur Verfügung gestellt und minimal moduliert.

Einleitung

Der Titel des ersten Teils des Fragebogens lautet „Todeskriterium und Organentnahme“. Darin sollen Erkenntnisse über das allgemeine Todesverständnis der Teilnehmer gewonnen werden. Des Weiteren werden den Teilnehmern drei Fallbeispiele geschildert, bei denen sie jeweils unter verschiedenen Bedingungen über Organentnahmen zu entscheiden haben. Ein kurzer Erklärungstext macht auf die Inhalte des ersten Teils aufmerksam (Abb. 6).

Abbildung 6: Fragebogen Teil 1, Einleitungstext

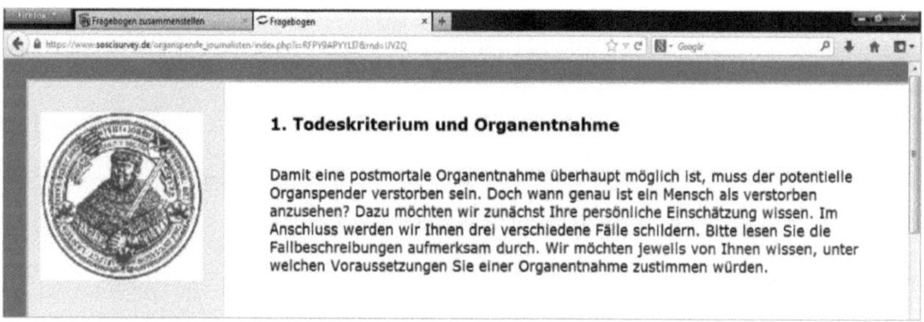

Der Einleitungstext dient dem Zweck, den Teilnehmer auf den ersten Teil des Fragebogens vorzubereiten. Dabei wird bereits verdeutlicht, dass bei der Beantwortung der Fragen die *persönliche Einschätzung* im Vordergrund steht. So soll der Teilnehmer darauf hingewiesen werden, dass seine persönliche, auf Wissen bzw. Intuition beruhende Einstellung bei der Beantwortung der Fragen im Mittelpunkt steht und es deshalb keine richtigen oder falschen Antworten gibt.

[329] Vgl. dazu die Ausführungen in Kap. 1.5.

Allgemeine Todesdefinition

Die erste Frage beinhaltet eine Liste möglicher Merkmale, von denen die Befragten alle auswählen sollen, die ihrer Meinung nach erfüllt müssen, damit ein Mensch ihrer Ansicht nach tot ist. Der Begriff *Hirntod* wurde sowohl in der Fragestellung als auch den Antwortoptionen bewusst vermieden, da einerseits zu einem späteren Zeitpunkt eine konkrete Befragung folgt. Andererseits sollen Verwirrungen vermieden werden, die durch den Terminus ausgelöst werden können, weil der Begriff *Tod* bereits eingeschlossen ist. Zunächst soll vordergründig ermittelt werden, inwieweit der irreversible Totalausfall aller Gehirnfunktionen in der Todesdefinition der Forschungsgruppe enthalten ist (Abb. 7).

Abbildung 7: Fragebogen Teil 1, Todeszeitpunkt allgemein

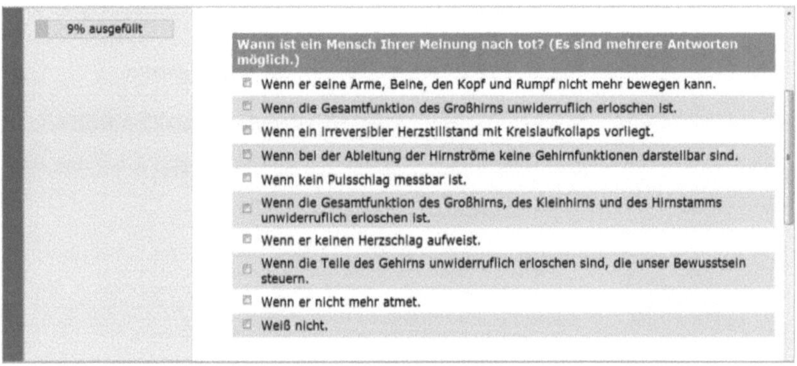

9% ausgefüllt

Wann ist ein Mensch Ihrer Meinung nach tot? (Es sind mehrere Antworten möglich.)

- Wenn er seine Arme, Beine, den Kopf und Rumpf nicht mehr bewegen kann.
- Wenn die Gesamtfunktion des Großhirns unwiderruflich erloschen ist.
- Wenn ein irreversibler Herzstillstand mit Kreislaufkollaps vorliegt.
- Wenn bei der Ableitung der Hirnströme keine Gehirnfunktionen darstellbar sind.
- Wenn kein Pulsschlag messbar ist.
- Wenn die Gesamtfunktion des Großhirns, des Kleinhirns und des Hirnstamms unwiderruflich erloschen ist.
- Wenn er keinen Herzschlag aufweist.
- Wenn die Teile des Gehirns unwiderruflich erloschen sind, die unser Bewusstsein steuern.
- Wenn er nicht mehr atmet.
- Weiß nicht.

Mehrfachnennungen sind bei der Beantwortung der Frage möglich. Option Nummer sechs (*Wenn die Gesamtfunktion des Großhirns, des Kleinhirns und des Hirnstamms unwiderruflich erloschen ist)* beinhaltet die medizinische Definition des Ganzhirntods. Für die spätere Auswertung ist von Interesse, ob die Hirntoddefinition überhaupt als Todeszeichen betrachtet wird und mit welcher Häufigkeit und in Kombination mit welchen anderen Merkmalen sie ausgewählt wird. Dabei ist auch von Bedeutung, ob das irreversible Hirnversagen nur in Kombination mit Herz- und Kreislaufversagen (dem „klassischen" Todeskriterium) in Zusammenhang gebracht wird.

Fallbeispiel 1

Das erste Fallbeispiel ist angelehnt an die Ohio-Studie[330] und steht im Zusammenhang mit zwei weiteren, nachfolgenden Fallbeispielen. Zunächst wird ein Patient beschrieben, bei dem die Hirnfunktionen in Folge eines Unfalls erloschen sind (Abb. 8).

Abbildung 8: Fragebogen Teil 1, Fallbeispiel 1

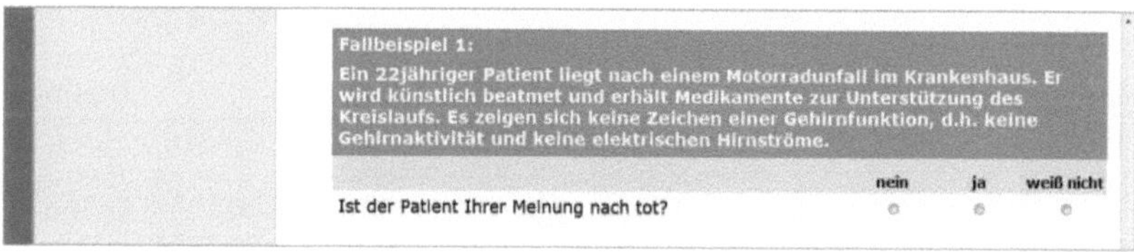

Fallbeispiel 1:

Ein 22jähriger Patient liegt nach einem Motorradunfall im Krankenhaus. Er wird künstlich beatmet und erhält Medikamente zur Unterstützung des Kreislaufs. Es zeigen sich keine Zeichen einer Gehirnfunktion, d.h. keine Gehirnaktivität und keine elektrischen Hirnströme.

	nein	ja	weiß nicht
Ist der Patient Ihrer Meinung nach tot?	○	○	○

Die Teilnehmer werden im Anschluss an die Schilderung des Fallbeispiels gebeten, zu entscheiden, ob der Patient ihrer Ansicht nach tot ist. Um die Entscheidung zu vereinfachen, wurde die Beschreibung kurz, prägnant und mit Verzicht auf medizinische Fachtermini formuliert. Es soll sich um die Darstellung einer möglichst nachvollziehbaren Situation handeln.

Aus medizinischer Sicht liegt hier ein Fall vor, in dem der Ganzhirntod eingetreten ist. Der Begriff wird in diesem Fallbeispiel aber nicht erwähnt, um die Allgemeinverständlichkeit zu wahren und Irritationen zu vermeiden (denn der Begriff *Hirntod* beinhaltet streng genommen bereits die Annahme als Todeskriterium, vgl. dazu Kap. 1.5). Anhand der Frage soll Aufschluss darüber erlangt werden, ob unter den genannten Umständen (Kreislauf und Atmung künstlich aufrecht erhalten, keine Gehirnfunktion) nach Ansicht der Befragten der Tod eingetreten ist. Dadurch sind Erkenntnisse darüber möglich, inwieweit speziell der dissoziierte Ganzhirntod als Todeskriterium anerkannt wird.

[330] Zum Inhalt und Aufbau der Studie vgl. Kap. 1.5 und Siminoff, Laura A./ Burant, Christopher/ Youngner Stuart J.: Death and organ procurement: public beliefs and attitudes, in: *Social Science & Medicine*, Bd. 59, Heft 11 (Dezember 2004), S. 2325-2334.

Aus Fallbeispiel 1 folgende Organentnahme

Im Anschluss an die Zustandseinordnung des Patienten sollen die Befragten entscheiden, ob sie Organentnahmen zustimmen. Dazu werden ihnen sieben mögliche Situationen geschildert, die bezüglich des Vorliegens einer Einwilligung und der Erreichbarkeit bzw. Haltung der Angehörigen voneinander abweichen (Abb. 9).

Abbildung 9: Fragebogen Teil 1, Fallbeispiel 1, Fragen zur Organentnahme

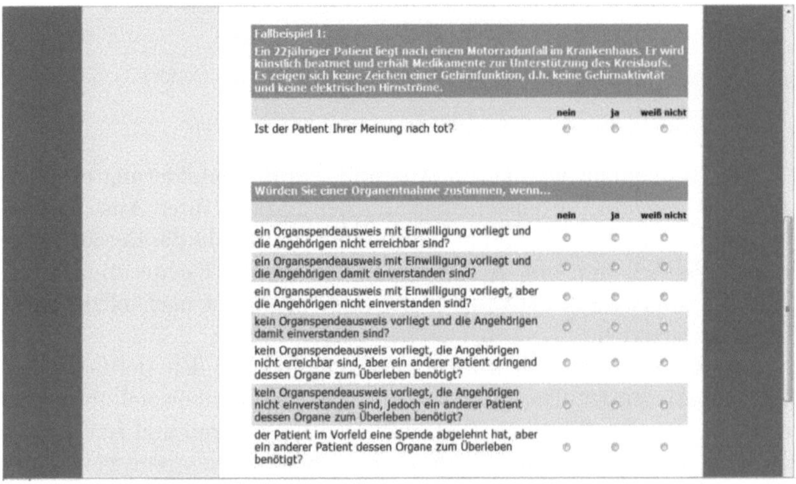

Fallbeispiel 1:
Ein 22jähriger Patient liegt nach einem Motorradunfall im Krankenhaus. Er wird künstlich beatmet und erhält Medikamente zur Unterstützung des Kreislaufs. Es zeigen sich keine Zeichen einer Gehirnfunktion, d.h. keine Gehirnaktivität und keine elektrischen Hirnströme.

	nein	ja	weiß nicht
Ist der Patient Ihrer Meinung nach tot?			

Würden Sie einer Organentnahme zustimmen, wenn...

	nein	ja	weiß nicht
ein Organspendeausweis mit Einwilligung vorliegt und die Angehörigen nicht erreichbar sind?			
ein Organspendeausweis mit Einwilligung vorliegt und die Angehörigen damit einverstanden sind?			
ein Organspendeausweis mit Einwilligung vorliegt, aber die Angehörigen nicht einverstanden sind?			
kein Organspendeausweis vorliegt und die Angehörigen damit einverstanden sind?			
kein Organspendeausweis vorliegt, die Angehörigen nicht erreichbar sind, aber ein anderer Patient dringend dessen Organe zum Überleben benötigt?			
kein Organspendeausweis vorliegt, die Angehörigen nicht einverstanden sind, jedoch ein anderer Patient dessen Organe zum Überleben benötigt?			
der Patient im Vorfeld eine Spende abgelehnt hat, aber ein anderer Patient dessen Organe zum Überleben benötigt?			

Im Zuge der Beantwortung muss bei jeder Option neu über eine Zustimmung entschieden werden. Andernfalls lässt sich die Befragung nicht fortsetzen. Die Antworten sollen Aufschluss geben, welche Auswirkungen erstens die Zustimmung des Patienten, zweitens die Einbeziehung der Angehörigen und drittens das von einer Spende abhängige Leben eines Organempfängers auf die Bereitschaft zu Organentnahmen haben. Dadurch wird ersichtlich, inwiefern die Entscheidungen der Teilnehmer mit den derzeit gültigen Voraussetzungen für eine Organentnahme übereinstimmen. Weiterhin wird deutlich, welche Einstellungen die Befragten hinsichtlich der Patientenselbstbestimmung hegen und wie hoch sie vorliegende Einwilligungen und eine ggfs. zusätzliche Einwilligung der Angehörigen bewerten.

Weiterhin ist von Interesse, in welchem Verhältnis die Entscheidungen über Organentnahmen zur vorherigen Zustandseinordnung des Patienten stehen. Dabei ist von besonderer Bedeutung, ob die Antworten entsprechend unter Berücksichtigung der dead donor rule gegeben werden.

Nach dem geltenden Recht wären Organentnahmen im Fallbeispiel eins bei Option eins bis vier zulässig, da die Hirnfunktionen des Patienten irreversibel erloschen sind und entweder eine Einwilligung des Patienten vorliegt oder eine Zustimmung der Angehörigen im Sinne des Patienten erfolgt. Wenn Teilnehmer Organentnahmen zustimmen, obwohl sie den Patienten nicht als tot eingeordnet haben, läge eine Verletzung der dead donor rule vor. Damit würde einer aktiven Sterbehilfe zugestimmt.

Fallbeispiel 2 und 3

Fallbeispiel zwei schildert eine Situation einer Komapatientin (Abb. 10).

Abbildung 10: Fragebogen Teil 1, Fallbeispiel 2

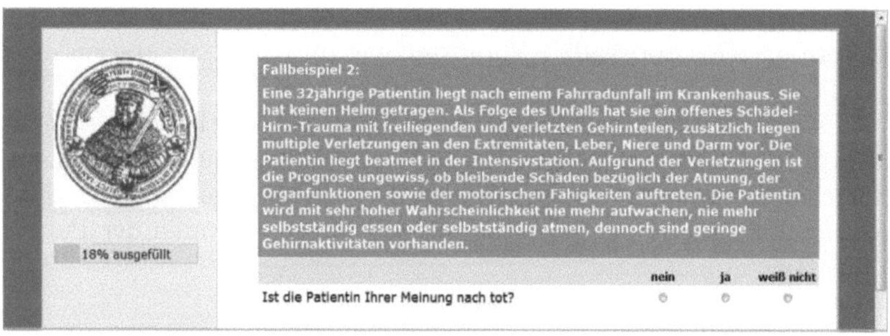

Beim Koma handelt es sich um ein temporäres Stadium, von dort wird die Patientin entweder wieder aufwachen, was aber laut Schilderung nahezu ausgeschlossen ist. Wahrscheinlicher ist, dass sie in ein irreversibles Koma (Persistent Vegetative State) fällt oder der Hirntod eintritt. Die Teilnehmer sollen entscheiden, ob die Patientin ihrer Ansicht nach tot ist. Darauf folgen erneut Fragen zur Organentnahme, die Optionen stimmen mit denen überein, die nachfolgend auf Fallbeispiel eins geschildert worden waren (Abb. 11).

Abbildung 11: Fragebogen Teil 1, Fallbeispiel 2, Fragen zur Organentnahme

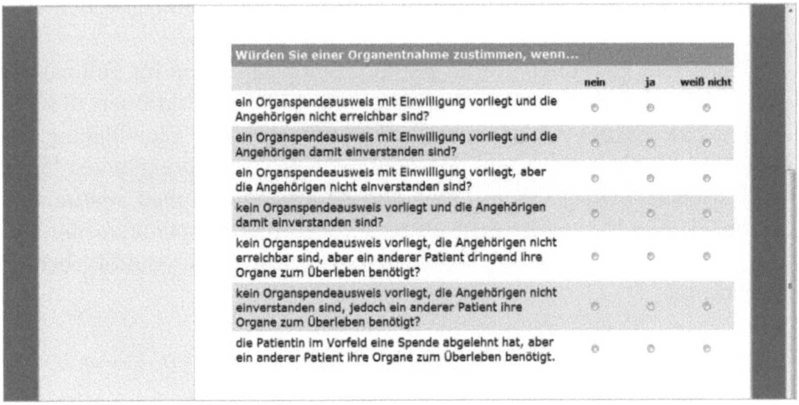

Würden Sie einer Organentnahme zustimmen, wenn...

	nein	ja	weiß nicht
ein Organspendeausweis mit Einwilligung vorliegt und die Angehörigen nicht erreichbar sind?	○	○	○
ein Organspendeausweis mit Einwilligung vorliegt und die Angehörigen damit einverstanden sind?	○	○	○
ein Organspendeausweis mit Einwilligung vorliegt, aber die Angehörigen nicht einverstanden sind?	○	○	○
kein Organspendeausweis vorliegt und die Angehörigen damit einverstanden sind?	○	○	○
kein Organspendeausweis vorliegt, die Angehörigen nicht erreichbar sind, aber ein anderer Patient dringend ihre Organe zum Überleben benötigt?	○	○	○
kein Organspendeausweis vorliegt, die Angehörigen nicht einverstanden sind, jedoch ein anderer Patient ihre Organe zum Überleben benötigt?	○	○	○
die Patientin im Vorfeld eine Spende abgelehnt hat, aber ein anderer Patient ihre Organe zum Überleben benötigt.	○	○	○

Anhand der identischen Optionen soll untersucht werden, ob die Befragten anders entscheiden als bezugnehmend auf das erste Fallbeispiel.

Nach geltendem Recht wäre eine Organentnahme in keiner der sieben Optionen zulässig, da die Patientin laut medizinischer Definition nicht tot ist, damit ist, aufgrund der Ungültigkeit eines Teilhirntodkriteriums, eine notwendige Voraussetzung für eine Explantation nicht erfüllt, die dead donor rule würde verletzt.

Fallbeispiel drei schildert eine Situation, in der sich der Patient im irreversiblen Koma befindet (Abb. 12). Dieser Zustand wird auch entsprechend des englischen Begriffs als Persistent Vegetative State bezeichnet. Dabei ist der Hirnstamm noch intakt, wodurch der Patient ohne Hilfe atmen kann.

Abbildung 12: Fragebogen Teil 1, Fallbeispiel 3

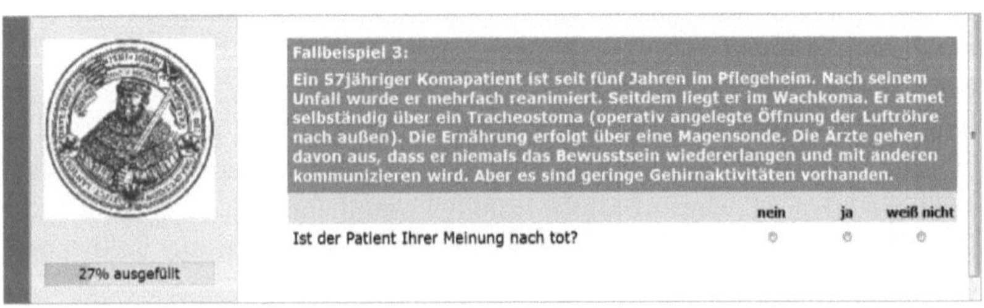

Fallbeispiel 3:

Ein 57jähriger Komapatient ist seit fünf Jahren im Pflegeheim. Nach seinem Unfall wurde er mehrfach reanimiert. Seitdem liegt er im Wachkoma. Er atmet selbständig über ein Tracheostoma (operativ angelegte Öffnung der Luftröhre nach außen). Die Ernährung erfolgt über eine Magensonde. Die Ärzte gehen davon aus, dass er niemals das Bewusstsein wiedererlangen und mit anderen kommunizieren wird. Aber es sind geringe Gehirnaktivitäten vorhanden.

	nein	ja	weiß nicht
Ist der Patient Ihrer Meinung nach tot?	○	○	○

27% ausgefüllt

Die Teilnehmer sollen erneut einordnen, ob der Patient ihrer Meinung nach tot ist und anschließend bei innerhalb der zu Fallbeispiel eins und zwei identisch formulierten Optionen entscheiden, ob sie einer Organentnahme zustimmen würden.

Nach geltendem Recht wäre eine Organentnahme unter allen genannten Bedingungen unzulässig, weil die notwendige Voraussetzung, der Ganzhirntod, nicht vorliegt, wonach der Patient aus medizinischer Sicht nicht verstorben ist.

Zunächst sind erneut Anhaltspunkte über die Todesdefinition der Teilnehmer von Interesse, zudem über die persönliche Bereitschaft zu Organentnahmen. Im Anschluss sollen Aussagen über die innere Schlüssigkeit bei der Beantwortung der drei Fallbeispiele getroffen werden. Da Fallbeispiel zwei und drei Patienten schildern, der nach deutschem Recht nicht tot sind, soll überprüft werden, unter welchen Bedingungen Organentnahmen von den Teilnehmern abgelehnt oder möglicherweise befürwortet werden.

2.4.3 Teil 2: Ganzhirntod und Organentnahme

Während der erste Teil des Fragebogens mit den drei Fallbeispielen dazu dient, Aufschlüsse über die Todesdefinition der Teilnehmer zu erlangen und die Bereitschaft für Organentnahmen zu untersuchen, soll anhand des zweiten Teils der Befragung untersucht werden, inwieweit der dissoziierte Ganzhirntod mit der Todesdefinition der Forschungsgruppe übereinstimmt. Weiterhin sind die Einstellungen hinsichtlich des Bewusstseins eines ganzhirntoten Patienten und mögliche Zustimmungen zu Organentnahmen von Interesse. Der Teil der Befragung beginnt mit einem kurzen Informationsblock (Abb. 13).

Abbildung 13: Fragebogen Teil 2, Einleitungstext

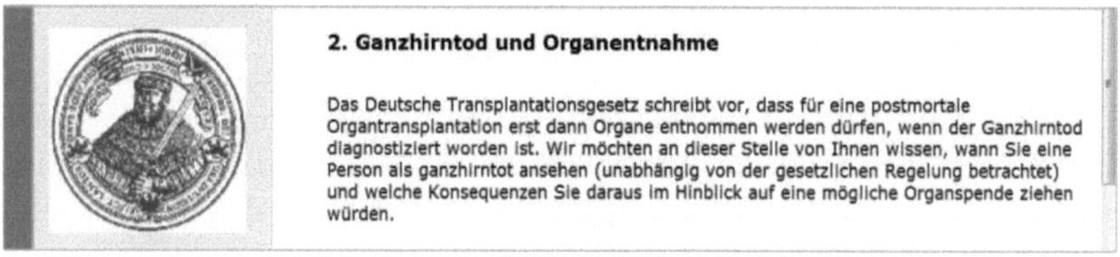

2. Ganzhirntod und Organentnahme

Das Deutsche Transplantationsgesetz schreibt vor, dass für eine postmortale Organtransplantation erst dann Organe entnommen werden dürfen, wenn der Ganzhirntod diagnostiziert worden ist. Wir möchten an dieser Stelle von Ihnen wissen, wann Sie eine Person als ganzhirntot ansehen (unabhängig von der gesetzlichen Regelung betrachtet) und welche Konsequenzen Sie daraus im Hinblick auf eine mögliche Organspende ziehen würden.

Die Einleitung verdeutlicht, dass erneut die persönlichen Einstellungen und Meinungen der Journalisten im Vordergrund stehen, die Beantwortung der Fragen also nach bestem Wissen und Gewissen erfolgen sollte.

Zunächst sollen die Teilnehmer entscheiden, wann eine Person ihrer Meinung nach ganzhirntot ist. Ähnlich wie bei der Eingangsfrage im ersten Teil des Fragebogens stehen verschiedene Antwortmöglichkeiten zur Auswahl, von denen mehrere ausgewählt werden können. Die daran anschließende Frage soll Aufschluss darüber liefern, ob eine ganzhirntote Person nach Meinung der Teilnehmer etwas wahrnehmen kann. (Abb. 14).

Abbildung 14: Fragebogen Teil 2, Definition Ganzhirntod und Wahrnehmung

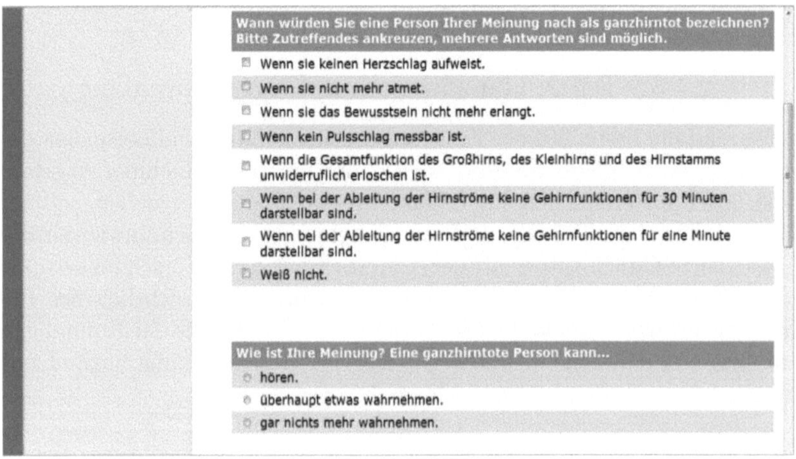

Es ist von Interesse, inwieweit der dissoziierte Ganzhirntod von den Teilnehmern als Todeskriterium anerkannt wird und ob ggfs. noch andere Bedingungen erfüllt sein müssen, um jemanden als *ganzhirntot* zu betrachten. Deshalb ist, neben dem Kriterium des unwiderruflichen Verlustes aller Hirnfunktionen, auch der Herzstillstand als Antwortoption angegeben, ebenso wie der Atemstillstand, der Verlust des Bewusstseins oder das Ausbleiben von Hirnströmen über eine bestimmte Zeit.

Dadurch soll nachvollziehbar werden, welche Bedingungen die Befragten an den Ganzhirntod knüpfen. Laut medizinischer Definition würde die Option ‚wenn die Gesamtfunktion des Großhirns, des Kleinhirns und des Hirnstamms unwiderruflich erloschen ist' genügen, um vom Ganzhirntod zu sprechen. Ersichtlich werden soll aber, ob die Teilnehmer das Vorliegen weiterer Merkmale für notwendig erachten.

Des Weiteren soll ermittelt werden, ob die Forschungsgruppe Befürchtungen dahingehend hegt, dass mit dem Eintritt des Ganzhirntodes das Bewusstsein (noch) nicht erloschen ist. Oder ob nach Auffassung der Teilnehmer noch eine Wahrnehmung möglich ist.

Im Anschluss werden die Journalisten gebeten, über Organentnahmen an hirntoten Patienten zu entscheiden. Dazu werden ihnen die bereits bekannten sieben Optionen vorgelegt (Abb. 15).

Abbildung 15: Fragebogen Teil 2, Organentnahme nach Ganzhirntod

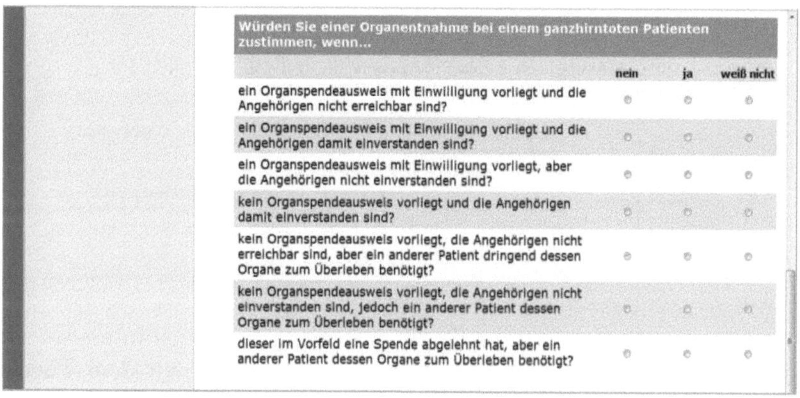

Würden Sie einer Organentnahme bei einem ganzhirntoten Patienten zustimmen, wenn…	nein	ja	weiß nicht
ein Organspendeausweis mit Einwilligung vorliegt und die Angehörigen nicht erreichbar sind?	○	○	○
ein Organspendeausweis mit Einwilligung vorliegt und die Angehörigen damit einverstanden sind?	○	○	○
ein Organspendeausweis mit Einwilligung vorliegt, aber die Angehörigen nicht einverstanden sind?	○	○	○
kein Organspendeausweis vorliegt und die Angehörigen damit einverstanden sind?	○	○	○
kein Organspendeausweis vorliegt, die Angehörigen nicht erreichbar sind, aber ein anderer Patient dringend dessen Organe zum Überleben benötigt?	○	○	○
kein Organspendeausweis vorliegt, die Angehörigen nicht einverstanden sind, jedoch ein anderer Patient dessen Organe zum Überleben benötigt?	○	○	○
dieser im Vorfeld eine Spende abgelehnt hat, aber ein anderer Patient dessen Organe zum Überleben benötigt?	○	○	○

Anhand der in Abbildung 15 dargestellten Frage soll untersucht werden, inwiefern der Ganzhirntod als Voraussetzung für Organentnahmen beachtet wird. Im Unterschied zum ersten Fallbeispiel wird in der Fragestellung bereits auf den eingetretenen *Ganzhirntod* verwiesen, eine Klassifizierung entfällt deshalb.

Demnach liefern die Antworten auf die Frage vor allem Aufschlüsse darüber, inwieweit der Ganzhirntod als Voraussetzung für Organentnahmen akzeptiert wird und welche Bedingungen weiterhin nach Ansicht der Befragten für Organentnahmen erfüllt sein müssen, damit sie diesen zustimmen.

Dabei sind konkret die Relevanz einer Einwilligung zu Lebzeiten, die Erreichbarkeit bzw. die Entscheidung der Angehörigen und der dringende Bedarf an Spenderorganen von Interesse. Auch soll später betrachtet werden, inwieweit sich die Bereitschaft zu Organentnahmen zu den drei Fallbeispielen unterscheidet. Mit der Beantwortung dieser Frage endet der zweite Teil der Befragung.

2.4.4 Teil 3: Ausgewählte Aspekte postmortaler Organspende

Während der erste und zweite Teil des Fragebogens der Untersuchung von Todesdefinition und Akzeptanz des Hirntodkriteriums dienten, werden im dritten Teil der Befragung unterschiedliche Aspekte der postmortalen Organspende thematisiert. Dieser Teil des Frageborgens wurde eigenständig entwickelt und ihm geht ein knapper Einleitungstext voraus (Abb. 16).

Abbildung 16: Fragebogen Teil 3, Einleitungstext

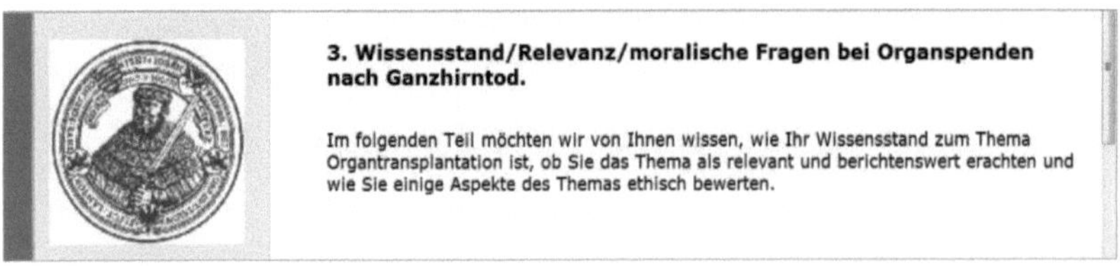

Nach der Hinführung der Teilnehmer ist zunächst von Interesse, wie viele der Befragten sich grundsätzlich schon einmal mit dem Thema postmortale Organspende beschäftigt haben (Abb. 17). Die Antwortverteilung soll Informationen zur späteren Überprüfung der Wissenshypothese liefern.

Abbildung 17: Fragebogen Teil 3, Vorbeschäftigung

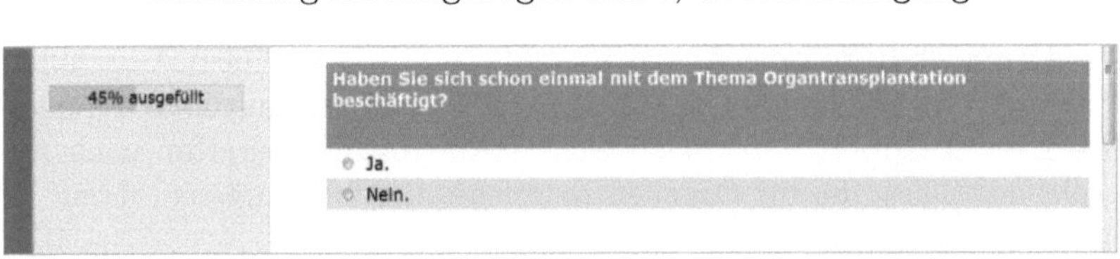

Des Weiteren ist die grundsätzliche Spendebereitschaft der befragten Journalisten für die Untersuchung von Bedeutung (Abb. 18). Die Angaben dazu sind zur späteren Überprüfung der Bereitschaftshypothese notwendig.

Abbildung 18: Fragebogen Teil 3, Eigene Spendebereitschaft

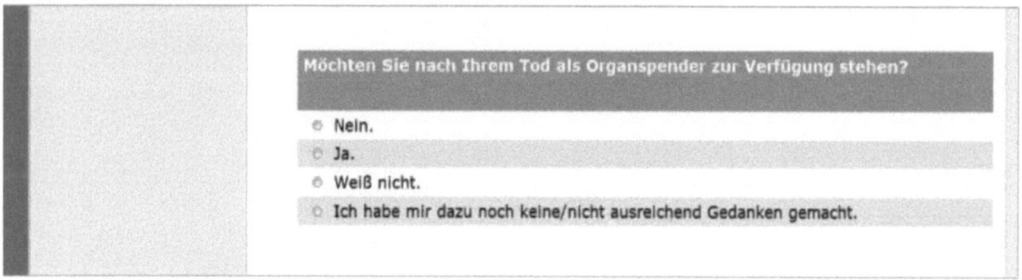

Um zu überprüfen, wie hoch die Spendebereitschaft im Verhältnis zur Bereitschaft, ein Organ anzunehmen ausfällt, wurde die in Abbildung 19 dargestellte Frage konzipiert. Sie soll ebenfalls Informationen zur Überprüfung der Bereitschaftshypothese liefern.

Abbildung 19: Fragebogen Teil 3, Bereitschaft Annahme Spenderorgan

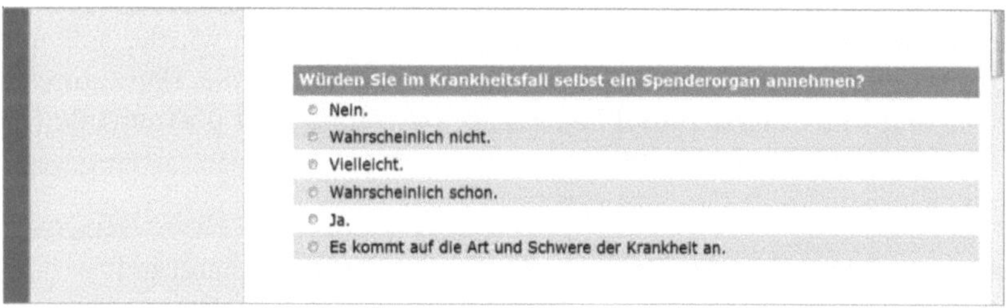

Je nachdem, wie hoch die Spende- bzw. Annahmebereitschaft ausfällt, soll später anhand der Ergebnisse untersucht werden, wie viele Teilnehmer, die ein Organ annehmen würden, auch zu einer Spende bereit sind. Dadurch sind Schlüsse möglich, ob Organspenden von den Beteiligten als solidarischer Akt verstanden werden oder ob die Mehrheit der Forschungsgruppe eher Organe annehmen als spenden würde.

Darüber hinaus ist von Interesse, wie viele der befragten Journalisten einen gültigen Spenderausweis haben, um die Ausweishypothese zu überprüfen (Abb. 20).

Abbildung 20: Fragebogen Teil 3, Besitz Organspendeausweis

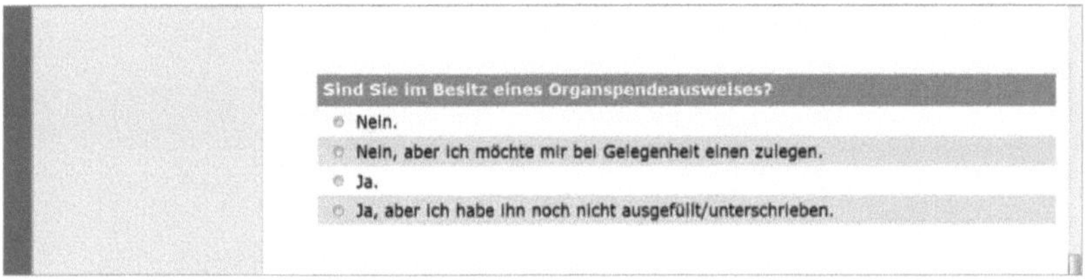

Weiterhin soll anhand dieser Frage auch ermittelt werden, wie viele Befragte zwar grundsätzlich spendebereit sind, aber noch keinen Ausweis ausgefüllt haben. Für diese Teilnehmer sind die Antwortoptionen zwei oder vier vorgesehen, dadurch ist später erkennbar, wie viele potentielle Organspender innerhalb der Forschungsgruppe im Ernstfall aufgrund des Fehlens eines unterschriebenen Ausweises nicht berücksichtigt werden dürften.

Die darauf folgende Frage steht in thematischer Verbindung zu dem in Abbildung 15 dargestellten Gesichtspunkt des Wissensstandes. Nachdem eine erfolgte Vorbeschäftigung bereits ermittelt wurde, soll nun Aufschluss darüber erlangt werden, wie sicher sich die Befragten im Umgang mit Fragen zum Thema Todeszeitpunkt und postmortale Organspende fühlen (Abb. 21).

Abbildung 21: Fragebogen Teil 3, Vorbereitungsstand

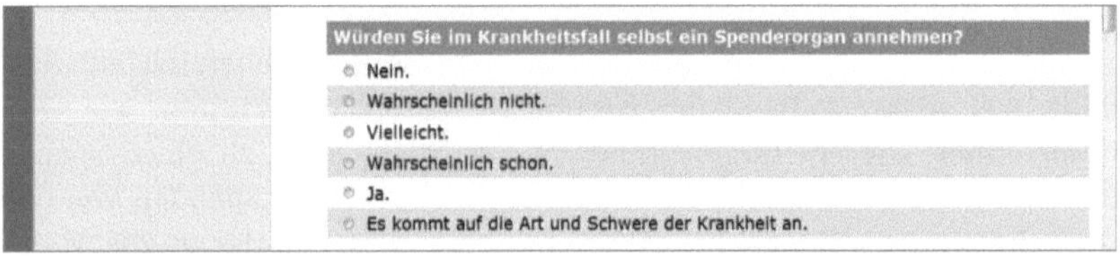

Zusammen mit den Erkenntnissen aus der in Abbildung 17 dargestellten Frage soll der so ermittelte Vorbereitungsstand Informationen zum Abgleich der Wissenshypothese liefern. Dabei steht nicht das tatsächliche Wissen der Teilnehmer im Fokus der Betrachtung, sondern die subjektiv empfundene Sicherheit im Umgang mit den Fragen zum Thema.

Weiterhin wird ersichtlich sein, wie viele bereits einen klaren Standpunkt zur postmortalen Organspende vertreten. Sollte eine Vorbeschäftigung bei vielen Teilnehmern erfolgt sein, der Vorbereitungsstand aber überwiegend mäßig bis schlecht eingeschätzt werden, so wäre das ein Indiz für fehlende Sachkenntnis.

Im nächsten Schritt der Befragung soll ermittelt werden, ob dem Thema postmortale Organspende eine Relevanz für Medienberichte zugeschrieben wird. Dabei soll es weder um Umfang, Darstellungsform oder Durchsetzbarkeit eventueller Berichte im Redaktionsalltag gehen, sondern um eine grundsätzliche Einschätzung (Abb. 22). Die Antworten dienen zur Überprüfung der Relevanzhypothese.

Abbildung 22: Fragebogen Teil 3, Relevanz für Medienberichte

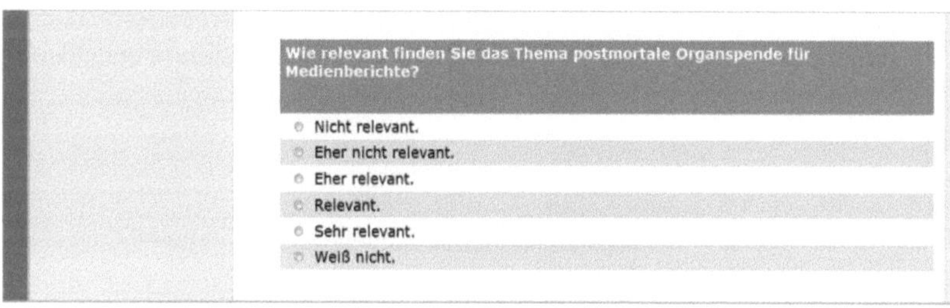

Darüber hinaus soll untersucht werden, welche Einstellungen die Forschungsgruppe zur aktuell geltenden Entscheidungslösung vertritt (Abb. 23). Diese war während des Zeitraums der Befragung noch nicht in Kraft getreten, aber bereits beschlossen worden. Die Antworten liefern Anhaltspunkte für die Überprüfung der Gesetzeshypothese.

Abbildung 23: Fragebogen Teil 3, Einstellung zur Entscheidungslösung

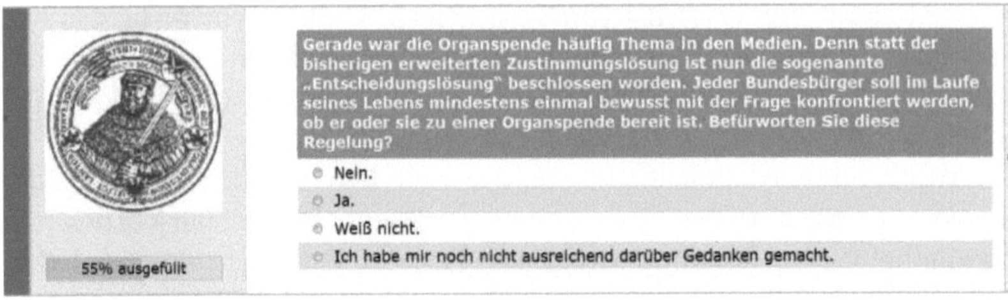

Auch die Akzeptanz einer Widerspruchslösung ist Bestandteil der Befragung. In zahlreichen europäischen Ländern hat diese bereits Gültigkeit. Von Interesse ist, ob sich auch die Forschungsgruppe vorstellen kann, dass eine solche Regelung auch hierzulande eingeführt wird (Abb. 24). Zusammen mit den Antworten zur Entscheidungslösung wird eine Überprüfung der Gesetzeshypothese angestrebt. Die Fragestellung ist so konzipiert, dass sich das grundlegende Konzept auch demjenigen erschließen sollte, dem die Bedeutung einer Widerspruchsregelung nicht bekannt ist.

Abbildung 24: Fragebogen Teil 3, Haltung zu einer Widerspruchslösung

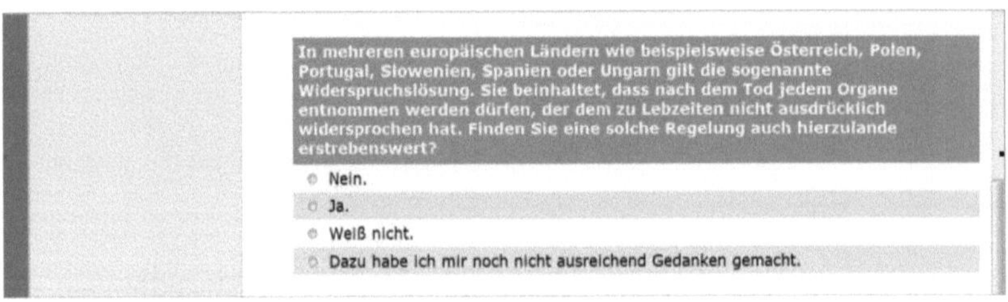

Den Abschluss des dritten Befragungsteils bilden vier Fragen, die die Anerkennung biomedizinethischer Prinzipien mittlerer Reichweite[331] untersuchen.

Dabei steht erstens das Prinzip der *Patientenselbstbestimmung* im Vordergrund (Abb. 25), das in der derzeitigen Regelung postmortaler Organspenden eine wichtige Rolle spielt, weil Organe ohne Einwilligung

[331] Vgl. Kap. 1.7 und Beauchamp, Tom Lamar/ Childress, James Franklin: *Principles of Biomedical Ethics*, 7. Aufl., New York u.a.: Oxford University Press, 2013.

des Spenders bzw. der Angehörigen (entsprechend dem mutmaßlichen Willens des Spenders) nicht entnommen werden dürfen.

Die Einführung einer Widerspruchslösung würde eine Einschränkung der Selbstbestimmung erfordern, da Organe ohne ausdrückliche Zustimmung entnommen werden dürften, solange kein Widerspruch vorliegt. Eine nicht dokumentierte Zustimmung also würde nicht länger als Ablehnung, sondern als stillschweigende Einwilligung gewertet. Dem Einzelnen käme die Pflicht des Aktivwerdens zu, wenn er eine postmortale Organentnahme ablehnt.

Abbildung 25: Fragebogen Teil 3, Patientenselbstbestimmung

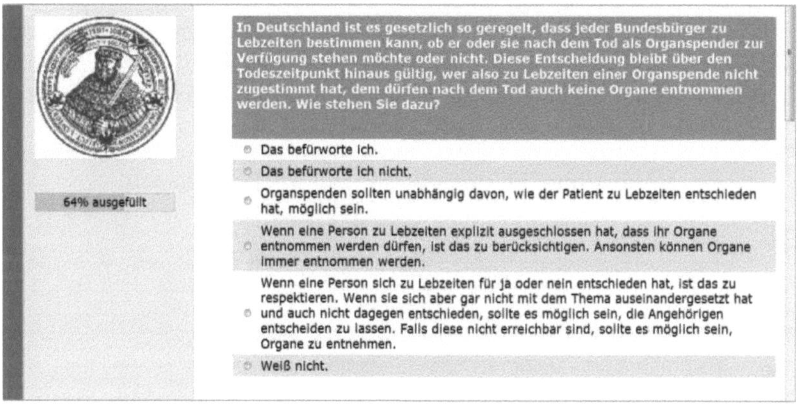

Eine Auswahl der ersten Antwortoption signalisiert eine Befürwortung der derzeitigen Auslegung der Patientenselbstbestimmung. Die Auswahl der zweiten Option eine Ablehnung.

Darüber hinaus werden den Teilnehmern Optionen angeboten, die eine eingeschränkte Form der Selbstbestimmung beschreiben. In der dritten Option wird die Selbstbestimmung völlig außen vor gelassen, Organspenden wären damit für jeden eine Pflicht, ein möglicher Widerspruch hätte keine Gültigkeit. Während die vierte Antwortoption einer Auslegung der Patientenselbstbestimmung im Rahmen einer engen Widerspruchslösung entspricht. Dabei würde allein ein Widerspruch des Patienten Organentnahmen verhindern, Angehörige hätten kein Entscheidungsrecht.

Die Auslegung der Selbstbestimmung entspricht in der fünften Option einer erweiterten Widerspruchsregelung. Liegt seitens des potentiellen Spenders keine Dokumentation des Willens vor, so hätten die Angehörigen die Möglichkeit, zu entscheiden. Kommen sie dieser Möglichkeit nicht nach, so würde die fehlende Willenserklärung als stillschweigende Zustimmung zu einer Entnahme verstanden werden. Die Antworten sind für den Abgleich der Prinzipienhypothese vorgesehen, ebenso soll überprüft werden, inwieweit die in der theoretischen Reflexion vorgebrachten Argumente hinsichtlich der Auslegung der Patientenselbstbestimmung bei Organspenden mit den Einstellungen der Forschungsgruppe übereinstimmen.

Zweitens wird das Prinzip *Nichtschaden* auf seine Anerkennung überprüft. Dabei ist von Interesse, ob einem Patienten, der zu Lebzeiten einer Organentnahme zugestimmt hat, bei einer postmortalen Organentnahme ein Schaden zukommt (Abb. 26). Die dadurch erzielten Antworten dienen ebenfalls zur Überprüfung der Prinzipienhypothese.

Abbildung 26: Fragebogen Teil 3, Nichtschaden

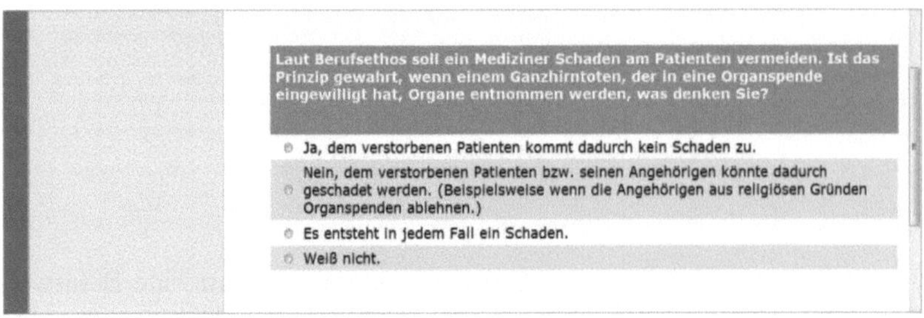

Drittens sollen die Teilnehmer angeben, wie sie die Wahrung des Prinzips *Wohltun* bewerten. Dabei ist die Perspektive des Organempfängers von Interesse (Abb. 27), um einen späteren Abgleich der Prinzipienhypothese vornehmen zu können.

Abbildung 27: Fragebogen Teil 3, Wohltun

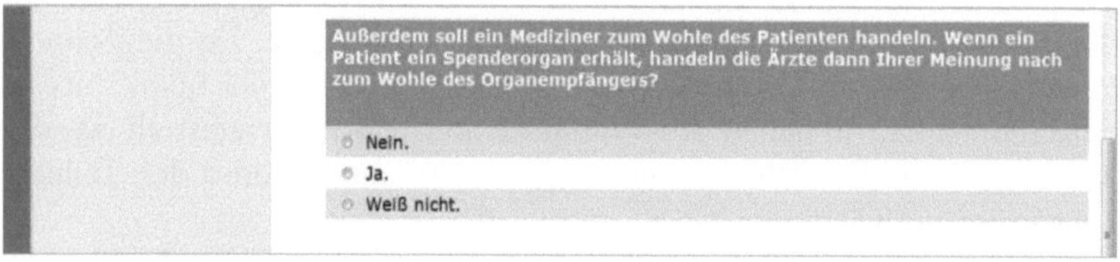

Das vierte und abschließend zu bewertende Prinzip ist die *Gerechtigkeit*. Dazu sind die Meinungen zur Gerechtigkeit bei der Allokation von Spenderorganen von Interesse (Abb. 28).

Abbildung 28: Fragebogen Teil 3, Gerechtigkeit

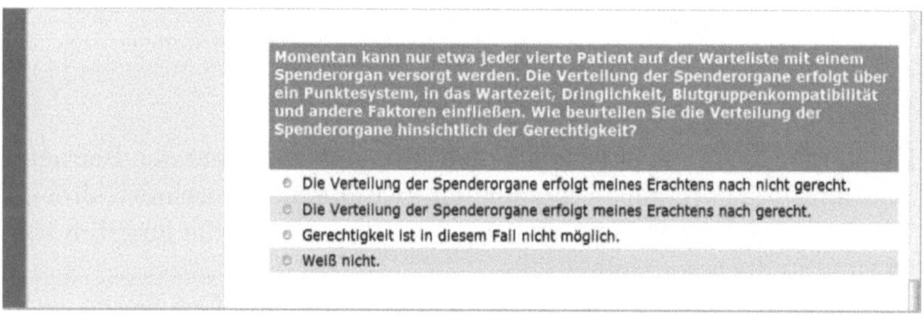

Die Antworten zur Gerechtigkeit bilden den vierten Bestandteil zur Überprüfung der Prinzipienhypothese. Dabei weist die Fragestellung eine Besonderheit auf. Die Wahrung des Prinzips Gerechtigkeit kann nicht nur bejaht oder verneint werden, sondern ist grundsätzlich ablehnbar. Anlass für die Einbeziehung der Antwortoption ist die anhaltende Diskussion um angemessene Kriterien und die Kontrolle der Organverteilung. Aufgrund der schwierig zu treffenden Entscheidung, nach welchen Kriterien es beurteilt werden soll, Menschenleben zu retten, wird die Schlussfolgerung vermutet, Gerechtigkeit sei nicht möglich, weil sich die Verteilung der Organe nicht mit diesem Maßstab messen lässt.

2.4.5 Teil 4: Allgemeine Angaben

Der vierte und letzte Teil der Befragung dient dazu, mehr über das Profil der Forschungsgruppe in Erfahrung zu bringen. Da die Teilnehmergruppe, wie im Vorfeld erläutert, nicht anhand in der quantitativen Sozialforschung üblichen Auswahlmethoden zusammengestellt werden konnte, ist die Erstellung eines möglichst präzisen Bildes der Teilnehmer umso notwendiger.

Dabei sind zum einen persönliche Merkmale wie Alter, Geschlecht, Religionszugehörigkeit, Staatsangehörigkeit, aber auch Familienstand, Anzahl der Kinder und der Grad der Ausbildung von Interesse. Zum anderen soll aber auch ersichtlich sein, welches berufliche Profil die Teilnehmer haben, dazu gehören ihre Berufserfahrung, die Art der ausgeübten Tätigkeit, ihre vorrangig bearbeiteten Themengebiete, Reichweite und Art des Mediums, für das sie vorrangig tätig sind. Im Folgenden werden die Fragen in der Reihenfolge ihres Auftretens in der Befragung erläutert und abgebildet.

Persönliches Profil

Es folgt zunächst die Frage nach dem Alter. Hierbei steht den Befragten eine offene Eingabe zur Verfügung, um später ein Durchschnittsalter der Teilnehmer zu ermitteln und auch zu ersehen, wie alt die jüngsten bzw. ältesten Teilnehmer sind.

Daraufhin werden die Teilnehmer gebeten, ihr Geschlecht anzugeben. Als dritter Fakt ist die Religionszugehörigkeit von Interesse. Hier stehen neben der Zugehörigkeit zu einer der beiden großen Kirchen („römisch-katholisch“ und „evangelisch“) die Option „konfessionslos“, sowie eine offene Eingabe für weitere Glaubensrichtungen zur Auswahl. Abbildung 29 visualisiert die drei Eingangsfragen des vierten Teils. Anhand der Ermittlung der Glaubensrichtungen der Teilnehmer soll später eine Überprüfung möglich sein, ob ggfs. ein Zusammenhang zwischen Spendebereitschaft und Religionszugehörigkeit erkennbar ist.

Abbildung 29: Fragebogen Teil 4, Alter, Geschlecht, Konfession

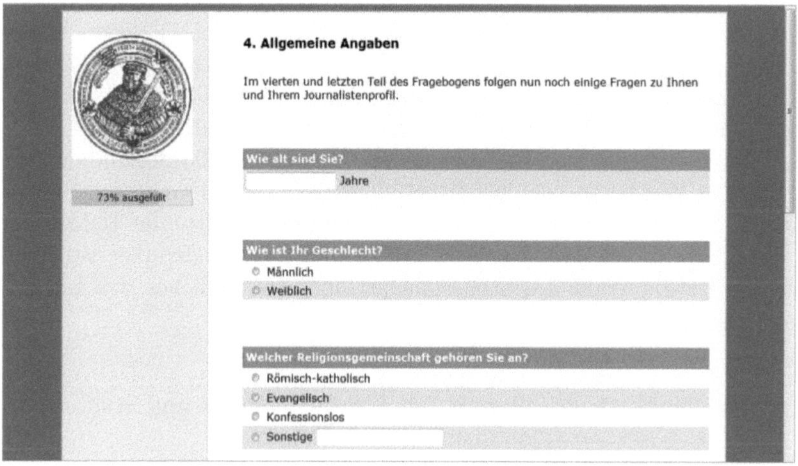

Die darauf folgende Frage nach der Staatsangehörigkeit ist nicht in Abbildung 27 enthalten. Sie wird mit Hilfe einer offenen Eingabe beantwortet. Da die Befragung auf Journalisten im deutschsprachigen Raum abzielt, wird angenommen, dass die Mehrzahl der Umfrageteilnehmer die deutsche Staatsbürgerschaft besitzt.

Anschließend soll Aufschluss über die familiäre Situation der Teilnehmer erlangt werden. Dabei sind sowohl der Familienstand als auch Kinder von Interesse (Abb. 30).

Abbildung 30: Fragebogen Teil 4, Familienstand und Kinder

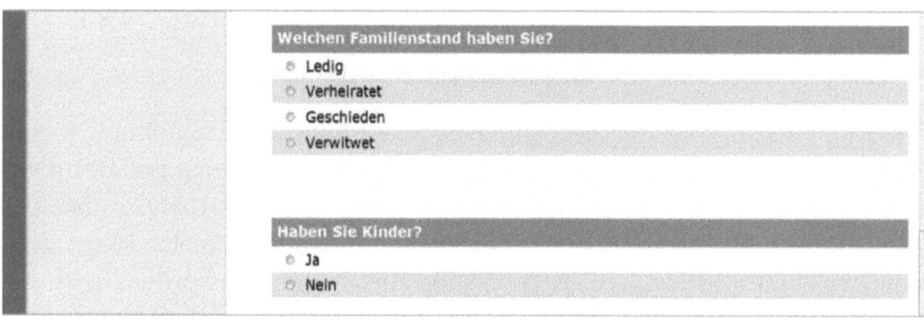

Anhand der Ermittlung der möglicherweise vorhandenen Elternschaft der Teilnehmer soll ersichtlich werden, ob unter denjenigen, die Kinder haben, eine größere Bereitschaft zum Empfang von Spenderorganen feststellbar ist. Das könnte dann der Fall sein, wenn Eltern aufgrund der Fürsorgepflicht gegenüber ihren Kindern eher bereit sind, im Ernstfall ein Spenderorgan anzunehmen und dadurch weiterleben zu können, bzw. eine bessere Lebensqualität zu erhalten.

Die nun folgenden Fragen beziehen sich auf die Bildung und den beruflichen Werdegang der Umfrageteilnehmer. Diese Fragen sollen Aussagen darüber ermöglichen, welche Ausbildungsschritte die Teilnehmer absolviert haben und wie hoch der Anteil der Akademiker ist. Weiterhin ist die Wahl des Studienfaches/der Studienfächer von Interesse (Abb. 31).

Abbildung 31: Fragebogen Teil 4, Schulabschluss und Studium

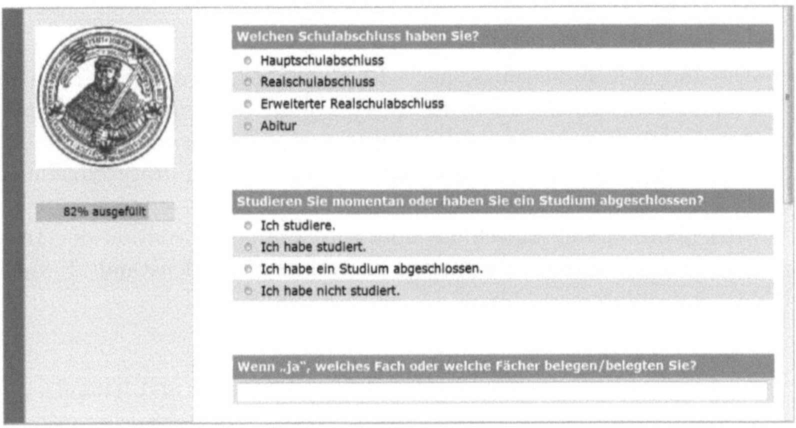

Berufliches Profil

Nach der Erfassung der persönlichen Merkmale der Teilnehmer folgen einige Fragen zu ihrer Berufsausübung. Dabei sind zunächst Berufserfahrung und Art der Tätigkeit von Interesse. Innerhalb des Berufsfeldes „Journalist" sind verschiedene Tätigkeitsfelder möglich. Es kann nicht nur zwischen unterschiedlichen Medien unterschieden werden, auch bei einem bestimmten Medium sind unterschiedliche Tätigkeiten möglich. Denkbar sind in diesem Zusammenhang Nennungen wie Moderation, Redaktion, Autorentätigkeit, Reportereinsatz, aber auch Chef vom Dienst oder Redaktionsleiter. Aufgrund der Varianz der Möglichkeiten und der oftmals erfolgenden Kombination mehrerer Tätigkeitsfelder steht den Teilnehmern eine offene Nennung zur Verfügung (Abb. 32).

Abbildung 32: Fragebogen Teil 4, Berufserfahrung

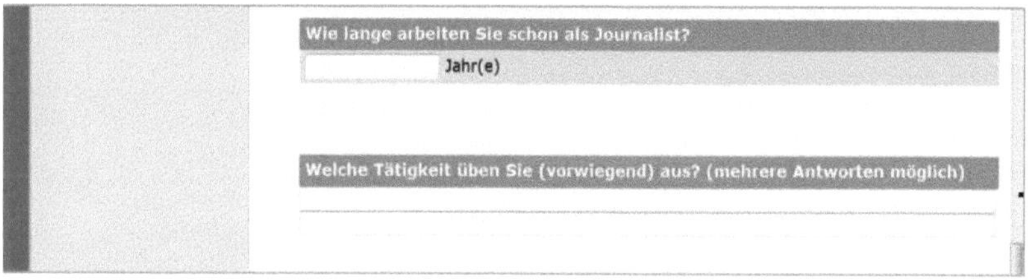

Nachfolgend soll ermittelt werden, für welche Medien die Forschungsgruppe vorwiegend tätig ist. Darüber hinaus sollen die Teilnehmer Angaben zum Verbreitungsgebiet ihres Mediums machen (Abb. 33).

Abbildung 33: Fragebogen Teil 4, Medium

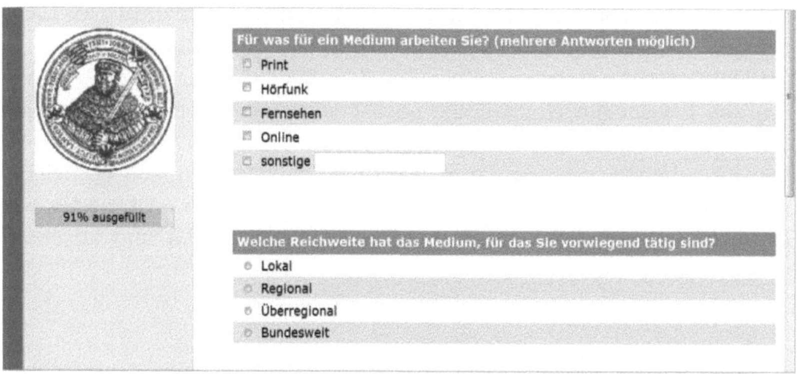

So komplex unsere Gesellschaft strukturiert ist, so breit gefächert sind auch die Themengebiete, über die Journalisten zu berichten haben. Ein Musikjournalist hat unter Umständen eine geringere Kenntnis medizinischer Fachdefinitionen als ein Fachjournalist für Medizinthemen. In der folgenden Frage sollen die Journalisten ankreuzen, welche Fachbereiche sie vorrangig bearbeiten. Dabei sind Mehrfachnennungen möglich (Abb. 34).

Abbildung 34: Fragebogen Teil 4, Fachbereiche

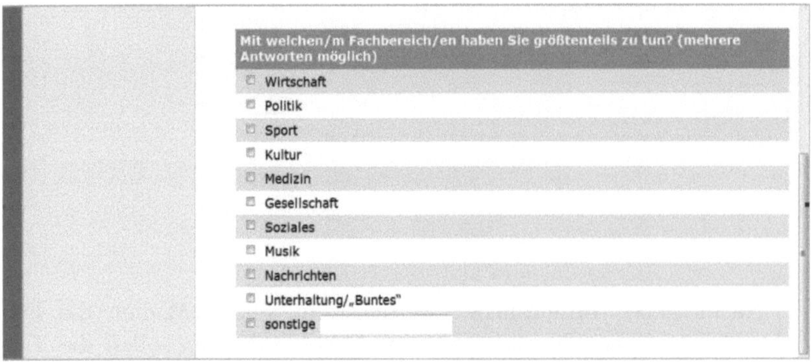
Mit welchen/m Fachbereich/en haben Sie größtenteils zu tun? (mehrere Antworten möglich)

- Wirtschaft
- Politik
- Sport
- Kultur
- Medizin
- Gesellschaft
- Soziales
- Musik
- Nachrichten
- Unterhaltung/„Buntes"
- sonstige

Anhand der in Abbildung 34 ersichtlichen Frage kann auch nachgewiesen werden, dass der Anteil der Journalisten aus dem Fachbereich Medizin nicht zu hoch ausfällt, da die empirische Untersuchung nicht für Medizinexperten konzipiert wurde, weil die Balance zwischen öffentlichkeitswirksam agierenden Publizisten und zugleich medizinischem Laien bei den Teilnehmern mehrheitlich vorhanden sein sollte.

Damit ist die Befragung beendet. Um bis dahin zu gelangen, mussten alle Fragen der Reihenfolge nach beantwortet werden, andernfalls war es nicht möglich, im Fragebogen voranzukommen. Teilnehmer, die den Fragebogen in einem Durchgang absolviert haben, sollten bei Beendigung etwa 20 Minuten dafür aufgewendet haben. Alternativ war es aber auch möglich, die Befragung zu unterbrechen und zu einem anderen Zeitpunkt fortzusetzen.

3 Darlegung der Umfrageergebnisse

Nach der Darlegung des theoretischen Sachstands im Zusammenhang mit der Formulierung der Arbeitshypothesen sowie der Erläuterung von Methodik und Messinstrument folgt die Darlegung der Befragungsergebnisse. Diese wurden entsprechend zu den in Kapitel eins aufgeführten Arbeitshypothesen in einzelne thematische Aspekte unterteilt und gebündelt, so dass eine Überprüfung der Hypothesen erfolgen kann. Den Ergebnissen zur Relevanzhypothese, Wissenshypothese, Bereitschaftshypothese, Ausweishypothese, Hirntodhypothese, Gesetzeshypothese und Prinzipienhypothese geht eine Beschreibung des persönlichen und beruflichen Profils der Forschungsgruppe voraus.

3.1 Profil der Forschungsgruppe

Zunächst werden die Ergebnisse zum persönlichen Profil der Forschungsgruppe entsprechend der in der Befragung gewählten Reihenfolge der Fragen abgebildet.

3.1.1 Persönliche Merkmale

Staatsangehörigkeit, Alter

134 Teilnehmer sind deutsche Staatsbürger, eine Teilnehmerin ist kroatische Staatsangehörige und eine Teilnehmerin hat die deutsche und amerikanische Staatsbürgerschaft.

Weiterhin ist die Hälfte der Befragten jünger als 36 Jahre. Das Minimum liegt bei 23 Jahren, das Maximum bei 62. Das Durchschnittsalter innerhalb der Forschungsgruppe beträgt 36,6 Jahre.

Um einen altersbezogenen Blick auf die Forschungsgruppe zu ermöglichen, wurden, wie Abbildung 35 verdeutlicht, die Teilnehmer drei verschiedenen Altersgruppen zugeteilt. Die erste Gruppe bilden die 23 bis 35 Jahre alten Teilnehmer, die zweite Gruppe die 36 bis 49 Jahre alten Teilnehmer und die dritte Gruppe die 50 bis 62 Jahre alten Teilnehmer.

Abbildung 35: Alter der Befragten

Alter der Teilnehmer	*Anteil innerhalb der Forschungsgruppe*	*Anzahl Teilnehmer*
23-35 Jahre	51,5%	70
36-49 Jahre	38,2%	52
50-62 Jahre	9,6%	13
Fehlend	0,7%	1

Eine befragte Person machte keine Angabe zum Alter, deshalb beträgt die Gesamtmenge in Tabellen, die sich auf das Alter beziehen, 135. Bei Tabellen, die das Alter außen vor lassen, liegt sie bei 136. Bei folgenden Kreuztabellen, die das Alter miteinbeziehen, beträgt die Gesamtzahl der Nennungen ebenfalls 135. Fehlende Nennungen werden in den entsprechenden Tabellen ausgewiesen.

Geschlecht, Familienstand

Die Forschungsgruppe besteht aus 79 Frauen (58,1% innerhalb der Forschungsgruppe[332]) und 57 Männern (41,9% i.d. FG). 92 Teilnehmer sind ledig, 38 verheiratet, eine Person ist verwitwet und fünf Befragte sind geschieden (Abb. 36).

[332] Die Formulierung „innerhalb der Forschungsgruppe“ wird nachfolgend abgekürzt als „i.d. FG“.

Abbildung 36: Familienstand

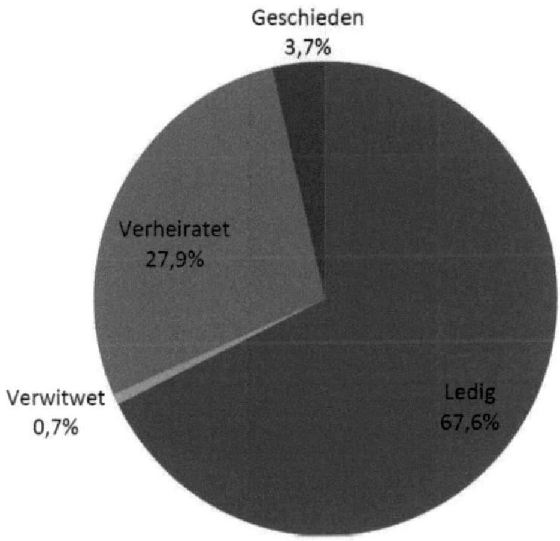

Darüber hinaus sind 83 Teilnehmer (61% i.d. FG) kinderlos, die übrigen 53 (39% i.d. FG) haben Kinder. 28 Personen sind verheiratet und haben Kinder (73,7% innerhalb der verheirateten Teilnehmer), 72 Personen sind hingegen ledig und kinderlos (78,3% innerhalb der ledigen Teilnehmer).

Konfession, Bildungsgrad

74 Teilnehmer (54,4% i.d. FG) der Befragung sind konfessionslos, 21 (15,4% i.d. FG) sind römisch-katholisch und 37 (27,2% i.d. FG) evangelisch (Abb. 37). Von den verbleibenden vier Teilnehmern haben zwei eine ungültige Antwort abgegeben, weiterhin wurde einmal „Baptist“ und einmal „Jedi“ im Rahmen der offenen Nennung eingegeben. Diese vier Teilnehmer sind unter „Sonstige“ zusammengefasst und machen 2,9 Prozent der Forschungsgruppe aus.

Von den ledigen Teilnehmern sind 51,1 Prozent konfessionslos, von den verheirateten 57,9 Prozent.

Abbildung 37: Konfessionszugehörigkeit

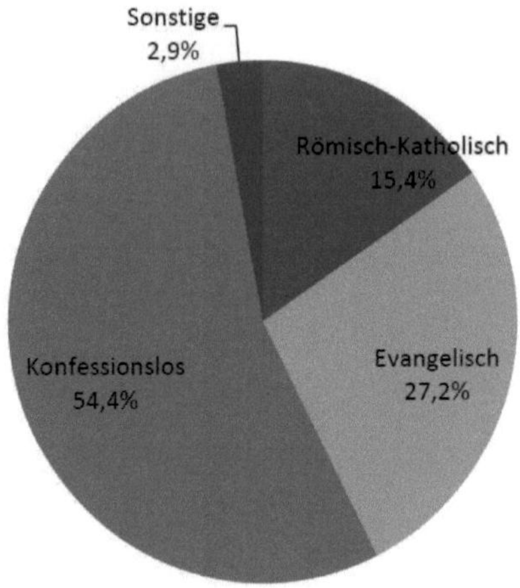

Weiterhin haben 133 Teilnehmer (97,8% i.d. FG) die Schule mit dem Abitur abgeschlossen, Hauptschulabschluss, Realschulabschluss und erweiterter Realschulabschluss wurden jeweils einmal gewählt, das entspricht jeweils 0,7 Prozent. 106 Teilnehmer haben ein Studium abgeschlossen (77,9% i.d. FG), 20 Befragte haben ein Studium begonnen (14,7% i.d. FG), aber nicht beendet, sieben Journalisten (5% i.d. FG) haben zum Zeitpunkt der Befragung studiert und drei Teilnehmer (2,2% i.d. FG) haben nicht studiert.

Die meisten Teilnehmer haben ein oder mehrere Fächer der Geistes- und/oder Sozialwissenschaften studiert.

3.1.2 Berufliche Merkmale

Berufserfahrung, Tätigkeitsbereich, Art des Mediums

Durchschnittlich verfügten die Teilnehmer zum Zeitpunkt der Befragung über eine Berufserfahrung von 12,5 Jahren, das Minimum betrug ein Jahr und das Maximum 40 Jahre.

Im Hinblick auf die Tätigkeitsgebiete wurden die erfassten Eingaben in folgende Kategorien unterteilt, Mehrfachnennungen wurden dabei berücksichtigt.

- Redaktion
- Moderation
- Reporter
- Autor
- Sprecher
- Journalist allgemein
- Chef vom Dienst
- Leiter
- Sonstiges

Abbildung 38: Tätigkeitsgebiete der Teilnehmer, Anzahl der Antworten

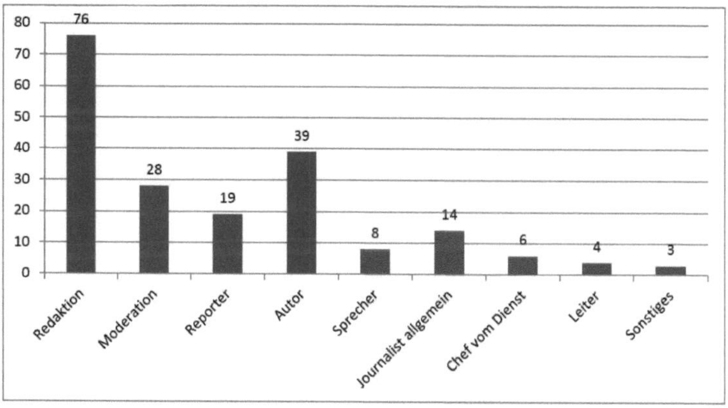

Wie aus Abbildung 38 ersichtlich wird, ist eine Ausübung verschiedener journalistischer Tätigkeiten bei den Befragten üblich.

76 Teilnehmer (55,9% i.d. FG) sind regelmäßig als Redakteure tätig und demnach an der Organisation, Recherche, Planung, Erstellung oder Bearbeitung eigener oder fremder journalistischer Inhalte beteiligt.

Der Anteil der Autoren liegt mit 39 Personen bei 28,7 Prozent innerhalb der Forschungsgruppe, hierbei steht das eigene Erstellen journalistischer Beiträge oder Artikel zu bestimmten Themen im Vordergrund.

Der Anteil derer, die als Moderator in Hörfunk bzw. Fernsehen tätig sind, beträgt 20,6 Prozent (28 Personen), 19 Teilnehmer (14% i.d. FG) arbeiten als Reporter. Weitere acht Befragte (5,9% i.d. FG) sind als Sprecher in Hörfunk oder Fernsehen tätig.

14 Teilnehmer (10,3% i.d. FG) der Befragung haben keine genauen Angaben zu ihrer Art der Tätigkeit gemacht, sondern „journalistische Arbeit" oder Vergleichbares angegeben, sie wurden deshalb im Rahmen der Auswertung in die Gruppe „Journalist allgemein" eingestuft. Sechs Teilnehmer (4,4% i.d. FG) sind als Chef vom Dienst tätig, tragen also Verantwortung für ein Journalistenteam und die zu publizierenden Inhalte innerhalb einer Redaktion während eines bestimmten Zeitraums. Vier Personen (2,9% i.d. FG) leiten eine Redaktion oder ein Team, neben journalistischer Verantwortung kommen ihnen auch Aufgaben im Bereich der Personalplanung und -führung zu. Ein Teilnehmer der Umfrage ist als Produzent tätig, eine Person als Referent und eine weitere als Pressesprecher.

Weiterhin arbeiten 110 der Befragten im Bereich Hörfunk (80,9% i.d. FG). 35 Teilnehmer sind beim Fernsehen tätig (25,7% i.d. FG). 29 Online-Journalisten haben sich an der Umfrage beteiligt (21,3% i.d. FG). 18 Befragte (13,2% i.d. FG) sind im Printbereich tätig. Drei weitere Teilnehmer (2,2% i.d. FG) sind in weiteren Bereichen tätig, dabei arbeitet eine Person in einer Nachrichtenagentur, eine in einem Amt und eine in einer PR-Agentur. (Abb. 39).

Abbildung 39: Art des Mediums, Anzahl der Antworten

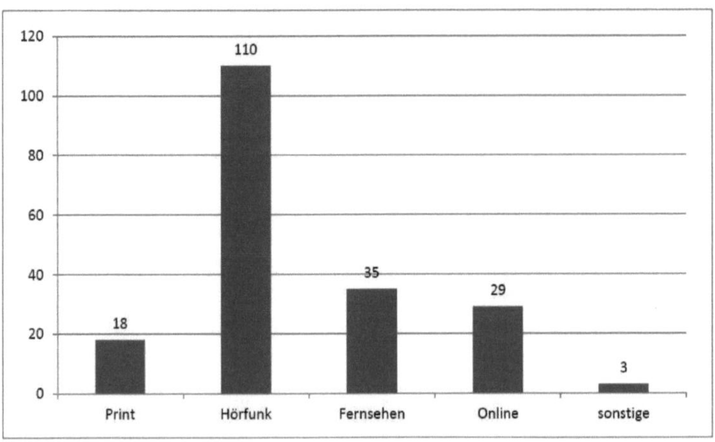

Verbreitungsgebiet des Mediums, Fachbereiche

54 Teilnehmer arbeiten für ein regionales Medium, mit 39,7 Prozent innerhalb der Forschungsgruppe ist der Anteil der regional tätigen Journalisten somit am höchsten. 51 Journalisten (37,5% i.d. FG) sind hingegen für ein überregionales Medium tätig. 29 Teilnehmer (21,3% i.d. FG) arbeiten für ein bundesweites Medium. Mit zwei Teilnehmern (1,5% i.d. FG) ist der Anteil der Lokaljournalisten innerhalb der Forschungsgruppe am geringsten.

Von den Fachbereichen ist „Gesellschaft" am häufigsten ausgewählt worden (Abb. 40).

Abbildung 40: Fachbereiche, Anzahl der Antworten[333]

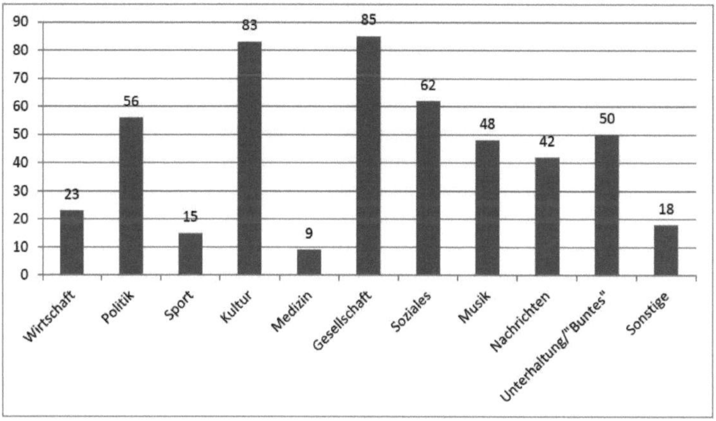

85 Teilnehmer (62,5% i.d. FG) sind im Fachgebiet „Gesellschaft" tätig. Etwas weniger, 83 Teilnehmer (61% i.d. FG), bearbeiten Themen aus dem kulturellen Bereich. 62 der befragten Journalisten (45,6% i.d. FG) kommen regelmäßig mit Themen aus dem Bereich „Soziales" in Berührung. 56 Befragte (41,2% i.d. FG) beschäftigen sich mit politischen Themen, 50 Teilnehmer (36,8% i.d. FG) sind tätig im Bereich „Unterhaltung" („Buntes"). Unter den Befrag-

[333]Hierbei wurden im Bereich „Sonstige" alle 18 Eintragungen berücksichtigt, die im Rahmen der offenen Nennung vorgenommen wurden, auch wenn zwei der Teilnehmer keinen Haken vor das Feld „Sonstige" gesetzt haben, aber dennoch ein Eintrag ins Feld erfolgte.

ten sind zudem 48 Musikjournalisten (35,3% i.d. FG), 42 Teilnehmer (30,9% i.d. FG) arbeiten im Bereich „Nachrichten“. 23 Wirtschaftsjournalisten (16,9% i.d. FG) und 15 Sportjournalisten (11% i.d. FG) gehören ebenfalls der Forschungsgruppe an. Neun Medizinjournalisten (6,6% i.d. FG) bilden einen kleinen Anteil innerhalb der Forschungsgruppe.

18 Teilnehmer sind nach eigenen Angaben in weiteren Fachbereichen wie Religion (vier Personen/2,9% i.d. FG), Wissenschaft (vier Personen/2,9% i.d. FG) oder Bildung, Geschichte, Jugend, Kinderfunk, Lokales, Multimedia, Service, Technik/Computer, Tiere oder Wetter tätig (jeweils eine Person, also jeweils 0,7% i.d. FG).

3.1.3 Gesamtprofil der Forschungsgruppe

Laut einer von Siegfried Weischenberg durchgeführten Repräsentativumfrage war der ‚typische Journalist‘ 1995:

- männlich (69%),
- 37 Jahre alt,
- verheiratet (45,9%),
- mit abgeschlossenem Hochschulstudium (64,8%),
- festangestellt,
- als Redakteur (78,2%),
- bei einer Zeitung (46,5%).[334]

In der repräsentativen Folgeumfrage von Siegfried Weischenberg, Maja Malik und Arnim Scholl (2006) waren 37 Prozent der Journalisten weiblich (aktuell[335] 58,1%) und 63 Prozent männlich (aktuell 41,9%),

---

[334] Vgl. Weischenberg, Siegfried: *Journalistik. Theorie und Praxis aktueller Medienkommunikation. Band 2: Medientechnik, Medienfunktionen, Medienakteure*, 1. Aufl., Nachdruck, Opladen: Westdeutscher Verlag, 2002, S. 423.

[335] Die Bezeichnung „aktuell“ bezieht sich auf die Anteile innerhalb der Forschungsgruppe der vorliegenden Untersuchung.

57 Prozent kinderlos (aktuell 61%), 43 Prozent hatten Kinder (aktuell 39%).[336] Das Durchschnittsalter lag nun bei knapp 41 Jahren (aktuell 36,6 Jahre).[337] 66 Prozent der befragten Journalisten verfügten über ein abgeschlossenes Hochschulstudium (aktuell 77,9%), 15 Prozent hatten ohne Abschluss studiert (aktuell 14,7%), 13 Prozent hatten das (Fach-)Abitur erreicht. Jeweils weitere drei Prozent hatten die mittlere Reife als höchsten Bildungsabschluss oder aber promoviert.[338]

Aufgrund des Profils der Forschungsgruppe der vorliegenden Untersuchung sind zwar keine vergleichenden Repräsentativ-Aussagen möglich, dennoch wird ersichtlich, dass der Journalistenberuf für Frauen wie Männer attraktiv ist. Auch wird die Relevanz eines Hochschulstudiums für den Berufseinstieg bestätigt. Verfügten 2005 66 Prozent über ein abgeschlossenes Studium, so sind es in der aktuellen Umfrage 78 Prozent. Der vergleichsweise geringe Anteil der verheirateten Befragten dürfte durch den hohen Anteil junger Teilnehmer mitbegründet sein.

3.2 Relevanz der postmortalen Organspende für mediale Publikationen

Anhand der Befragung sollte erstens untersucht werden, ob Journalisten das Thema postmortale Organspende für Publikationen als relevant erachten. Die Befragung hat dabei zu einer Bestätigung der *Relevanzhypothese*[339] geführt. Mehr als 80 Prozent der befragten Journalisten sind der Ansicht, das Thema postmortale Organspende sei relevant oder sehr relevant (Abb. 41).

---

[336] Vgl. Weischenberg, Siegfried/ Malik, Maja/ Scholl, Armin (Hrsg.): *Die Souffleure der Mediengesellschaft: Report über die Journalisten in Deutschland*, Konstanz: UVK Verlagsgesellschaft, 2006, S. 45-46.

[337] Vgl. ebd., S. 57.

[338] Vgl. ebd., S. 69.

[339] Dabei war angenommen worden, dass die Mehrheit der befragten Journalisten das Thema postmortale Organspende als relevant betrachtet und ein Interesse daran hat, dass möglichst neutral über die postmortale Organspende berichtet wird. Vgl. S. 44.

Wie relevant finden Sie das Thema postmortale Organspende für Medienberichte?

Abbildung 41: Relevanzeinschätzung des Themas postmortale Organspende

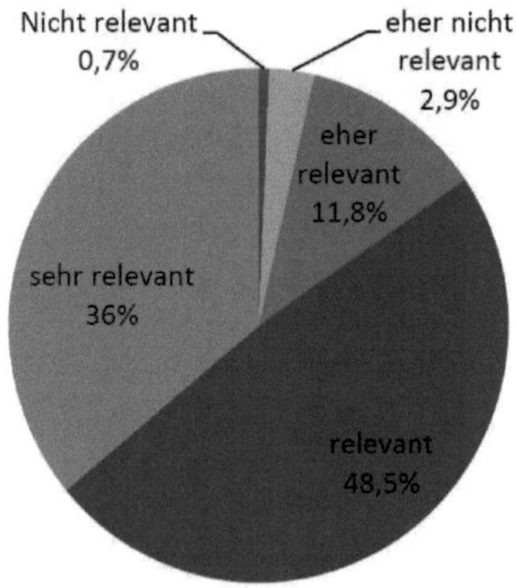

Die Mehrheit der befragten Journalisten möchte, dass über postmortale Organspenden berichtet wird. Dadurch zeigt sich, dass die gesamtgesellschaftliche Relevanz des Themas anerkannt wird.

In Kapitel 1.1 war darauf verwiesen worden, dass die Öffentlichkeit durch die Medien über Organspenden informiert werden möchte: 80 Prozent der Bundesbürger wünschen sich dabei Information durch das Fernsehen. 52 Prozent konkret über Organ- und Gewebespenden, wovon 77 Prozent eine Kombination aus sachlichen Informationen und persönlichen Erfahrungsberichten bevorzugen.[340]

Dadurch wird deutlich, welch wichtige Aufgabe journalistischen Publikationen zum Thema Organtransplantation innerhalb der Öffentlichkeit zukommt. Die Publizisten Wolf Schneider und Paul-Josef Raue geben generell die Empfehlung, die Leser, oder weiter gefasst, Rezipienten, mit Darstellungsformen zu konfrontieren, die nicht allein auf bloßen Fakten beruhen.

---

[340]Vgl. Watzke, Daniela/ Schmidt, Karolina/ Stander, Volker: *Einstellung, Wissen und Verhalten der Allgemeinbevölkerung zur Organ- und Gewebespende.* Köln: Bundeszentrale für gesundheitliche Aufklärung (BZgA), 2013, in: `http://www.organspende-info.de/sites/all/files/files/Bericht-Studie-Organ-\%20und\%20Gewebspende-2012\%281\%29.pdf`, zuletzt überprüft am 24. Juni 2014, S. 31.

> „Redakteure mit Leidenschaft sollen ihnen eine Schneise durch den Informationsdschungel schlagen; ihnen [den Lesern, Anm. A.P.] sagen und erklären, was wichtig ist; ihnen Lebenshilfe geben. Am meisten interessiert sie das Lokale; am wenigsten mögen sie die Monokultur der Nachrichten und Berichte, stattdessen wollen sie angelockt werden durch Kommentare, Reportagen, Glossen, Porträts.“[341]

Entsprechende Beispiele für transplantationsbezogene Publikationen finden sich auf verschiedenen medialen Ebenen. Das Lokalblatt *Leipziger Rundschau* porträtierte im Mai 2014 etwa eine Organempfängerin[342], die überregionale *Süddeutsche Zeitung* veröffentlichte wenige Tage später die, tragische, Geschichte eines Paares, das sich für eine Lebendspende entschieden hatte.[343] Die *RTL*-Serie „Gute Zeiten, schlechte Zeiten“ zeigte im Sommer 2014, wie Anwalt versuchte, einen Arzt zu bestechen, um seinen Mandanten auf der Warteliste für eine Herztransplantation nach vorn zu befördern.

Das sind nur einige Beispiele für den journalistischen Umgang mit dem Thema Organtransplantation abseits der auf aktuellen Ereignissen beruhenden Nachrichten und Berichte. Gegenstand weiterer Untersuchungen sollte unter anderem die Frage sein, wie genau sich etwa die genannten Publikationen auf die Einstellungen der Rezipienten auswirken und wie hilfreich sie für eine Auseinandersetzung mit dem Thema Organtransplantationen sind. Dass Journalisten Berichte zum Thema fordern und wertschätzen, haben die Antworten zu diesem Aspekt der Untersuchung gezeigt.

---

[341] Vgl. Schneider, Wolf/ Raue, Paul-Josef: *Das neue Handbuch des Journalismus und des Online-Journalismus*, vollst. überarb. Neuausg., Reinbek bei Hamburg: Rowohlt, 2012, S. 311.

[342] Vgl. Grillmeister, Thomas: Ihre zweite Chance, in: *Leipziger Rundschau*, 7. Mai 2014, S. 1 und 3. Vgl. auch Grillmeister, Thomas: Sie riskierte ihr Leben fürs Familienglück, in: *Leipziger Rundschau,* 10. September 2014, S. 1.

[343] Vgl. Berndt, Christina: Geben und Nehmen, in: *Süddeutsche Zeitung*, 10./11. Mai 2014, Wochenendbeilage, S. 3.

3.3 Vorbereitung auf Fragen der postmortalen Organspende

Zweitens war der Kenntnisstand der Journalisten hinsichtlich der postmortalen Organgabe von Interesse. Die im Rahmen der *Wissenshypothese*[344] formulierten Annahmen wurden dabei teilweise bestätigt.

Es war eingangs vermutet worden, dass fast jeder befragte Journalist schon einmal mit dem Thema postmortale Organspende in Berührung gekommen ist, was durch die erhobenen Daten bestätigt wurde. 83,8 Prozent der Teilnehmer haben angegeben, sich schon einmal mit dem Thema Organtransplantation beschäftigt zu haben.

Der zweite Teil der Hypothese, der davon ausging, dass sich die Mehrheit der Teilnehmer mittelmäßig gut auf Fragen zu Hirntod und Organspende vorbereitet fühlt, wurde durch die Befragung nicht bestätigt. Der Anteil der sich mittelmäßig vorbereitet fühlenden Journalisten beträgt 22,1 Prozent innerhalb der Forschungsgruppe. Die Hälfte der Befragten (50,7%) fühlt sich hingegen eher unvorbereitet bzw. nicht vorbereitet, womit die Ergebnisse hinter den Erwartungen zurückbleiben, obwohl die befragten Journalisten überdurchschnittlich gut gebildet sind und 84 Prozent bereits mit dem Thema Organspende zu tun hatten (Tab. 9).

Tabelle 9: Ergebnis Vorbereitungsstand

Wie gut vorbereitet fühlen Sie sich auf Fragen hinsichtlich des Todeszeitpunkts und eventuell folgenden Organentnahmen?	*Anteil in der FG*[347]	*Häufigkeit*
Sehr vorbereitet und entschlossen. Es handelt sich um ein Thema, über das ich bereits gründlich nachgedacht habe und zu dem ich einen klaren Standpunkt vertrete.	16,2%	22
Sehr vorbereitet, aber noch unentschlossen. Es handelt sich um ein Thema, über das ich bereits gründlich nachgedacht habe, zu dem ich aber noch keinen klaren Standpunkt habe.	11,0%	15

[344] Dabei war angenommen worden, dass sich die Forschungsgruppe bereits mehrheitlich mit dem Thema postmortale Organspende beschäftigt hat und sich die Mehrheit auf Fragen zur Organspende mittelmäßig vorbereitet fühlt. Vgl. S. 48.

[347] FG = Forschungsgruppe.

Einigermaßen vorbereitet. Ich habe viele Artikel darüber gelesen und mit Kollegen/Freunden/Bekannten ernsthaft darüber diskutiert.	22,1%	30
Eher unvorbereitet. Ich habe einige Artikel zum Thema gelesen, aber noch nicht ernsthaft darüber nachgedacht.	36,0%	49
Nicht vorbereitet. Es handelt sich um ein Thema, mit dem ich mich nicht genug beschäftigt habe, um damit umzugehen.	14,7%	20

Zusammengenommen fühlen sich 72,8 Prozent der Befragten nicht bis einigermaßen vorbereitet auf Fragen hinsichtlich des Todeszeitpunkts und folgender Organentnahmen, obwohl sich 84 Prozent nach eigenen Angaben im Vorfeld bereits mit dem Thema beschäftigt haben. Dadurch wird deutlich, dass eine bisher erfolgte Beschäftigung oft offenbar nicht intensiv genug verlaufen ist, um Sicherheit im Umgang mit dem Thema zu erlangen. Lediglich 26 Prozent, also etwas mehr als ein Viertel der Befragten, fühlen sich entweder sehr vorbereitet und entschlossen oder sehr vorbereitet und unentschlossen.

Während bei den Männern 14 Prozent über einen guten Vorbereitungsstand verfügen, sind es bei den Frauen mehr als 25 Prozent. (Tab. 10).

Tabelle 10: Kreuztabelle Vorbereitungsstand/Geschlecht

	Sehr vorbereitet, entschlossen	*Sehr vorbereitet, unentschlossen*	*Einigermaßen vorbereitet*	*Eher unvorbereitet*	*Nicht vorbereitet*
Männlich/Anteil innerhalb v. Geschlecht	10,5% (6)[348]	3,5% (2)	19,3% (11)	43,9% (25)	22,8% (13)
Weiblich/Anteil innerhalb v. Geschlecht	20,3% (16)	16,5% (13)	24,1% (19)	30,4% (24)	8,9% (7)

Weiterhin wurde der Vorbereitungsstand im Zusammenhang mit dem Alter der Teilnehmer untersucht (Abb. 42).

[348] Die Zahl in Klammern zeigt die Anzahl der Nennungen.

Abbildung 42: Verhältnis Alter/Vorbereitungsstand[349]

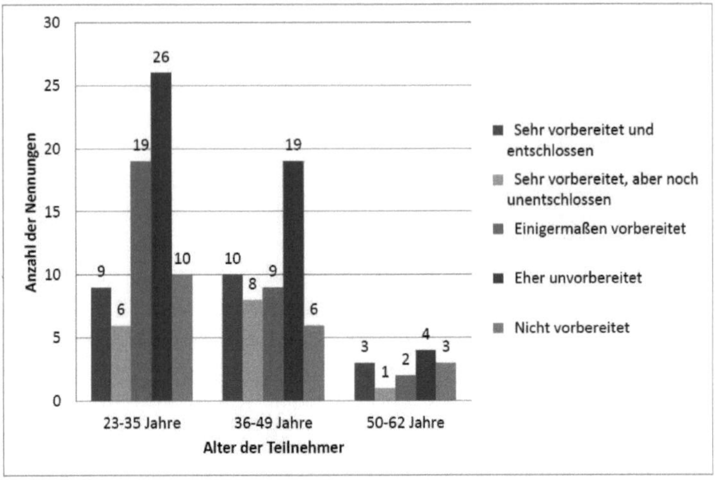

Der Anteil der sich eher unvorbereitet fühlenden Teilnehmer ist in allen drei Altersgruppen am höchsten. Der Anteil der sehr vorbereiteten und entschlossenen Teilnehmer ist bei den 23 bis 35 Jahre alten Befragten niedriger als bei den 36 bis 49-Jährigen und den 50 bis 62-Jährigen. (Tab. 11).

Tabelle 11: Verhältnis Alter/Vorbereitungsstand

Alter	*Sehr vorbereitet, entschlossen*	*Sehr vorbereitet, unentschlossen*	*Einigermaßen vorbereitet*	*Eher unvorbereitet*	*Nicht vorbereitet*
23-35 Jahre/ innerhalb von Alter	12,9% (9)[350]	8,6% (6)	27,1% (19)	37,1% (26)	14,3% (10)

[349]Bezogen auf eine Gesamtmenge von 135 Nennungen, da ein Teilnehmer keine Altersangabe vorgenommen hat.

[350]In Klammern steht die Anzahl der Nennungen. Insgesamt ergeben sich 135 Nennungen, da ein Teilnehmer keine Altersangabe gemacht hat. Dadurch erklärt sich auch eine Abweichung zu Tabelle 9, dort waren 20 Personen der Gruppe „nicht vorbereitet“ zugeordnet worden, in Tabelle 11 sind es 19.

36-49 Jahre/ innerhalb von Alter	19,2% (10)	15,4% (8)	17,3% (9)	36,5% (19)	11,5% (6)
50-62 Jahre/ innerhalb von Alter	23,1% (3)	7,7% (1)	15,4% (2)	30,8% (4)	23,1% (3)

3.4 Grundsätzliche Bereitschaft zur Gabe und Annahme von Organen

Die Befragung diente drittens dazu, die grundsätzliche Bereitschaft zur Gabe und Annahme von Organen zu ermitteln. Die Ergebnisse haben die eingangs formulierte *Bereitschaftshypothese*[351] zum Teil bestätigt. Die Bereitschaft zur Gabe von Spenderorganen ist in geringerem Maße vorhanden als angenommen wurde. Die Erwartungen zur Annahmebereitschaft wurden erfüllt. Insgesamt sind mehr Teilnehmer bereit, ein Organ grundsätzlich oder wahrscheinlich anzunehmen als eines zu spenden.

3.4.1 Grundsätzliche Spendebereitschaft

Aus den in Kapitel 1.3.1 genannten Umfragen von DAK und BZgA hatte sich ergeben, dass 70 Prozent der Befragten grundsätzlich einverstanden sind, nach dem Tod Organe zu spenden. Bei den befragten Journalisten ist dieser Anteil geringer (Abb. 43).

[351] Es wurde angenommen, dass mehr als drei Viertel der Journalisten bereit sind, im Krankheitsfall ein Spenderorgan anzunehmen, während mindestens 70 Prozent zu einer postmortalen Organspende bereit sind. Vgl. S. 33.

Möchten Sie nach dem Tod als Organspender zur Verfügung stehen?

Abbildung 43: Grundsätzliche Spendebereitschaft

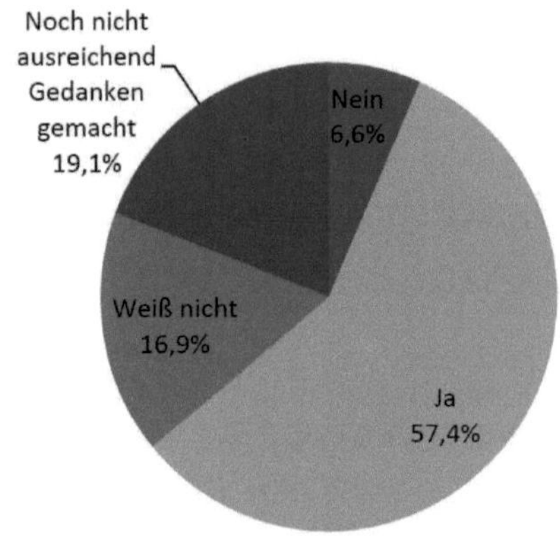

78 Teilnehmer der Befragung (57,4% in der Forschungsgruppe) sind bereit, nach dem Tod als Organspender zur Verfügung stehen und bringen dadurch eine positive Grundeinstellung zur Organspende zum Ausdruck. Neun Personen (6,6% i.d. FG) verneinen eine Spende. Damit ist die Ablehnung geringer als in den allgemeinen Umfragen, dort lag sie bei etwa 20 Prozent. 23 Teilnehmer (16,9% i.d. FG) haben die Option „weiß nicht“ gewählt, fast ein Fünftel (26 Teilnehmer) hat sich über die Spendebereitschaft noch keine Gedanken gemacht.

Verhältnis Spendebereitschaft/Vorbereitungsstand

Die Spendebereitschaft ist unter den entschlossenen und einigermaßen vorbereiteten Teilnehmern am höchsten (Tab. 12).

Tabelle 12: Kreuztabelle Vorbereitungsstand/Organspendebereitschaft

	Organspende: Ja	*Organspende: Nein*	*Noch nicht ausreichend nachgedacht*	*Weiß nicht*
Sehr vorbereitet und entschlossen/ Anteil innerhalb von Vorbereitungsstand	81,8% (18)[352]	18,2% (4)	0	0
Sehr vorbereitet, unentschlossen/ Anteil innerhalb von Vorbereitungsstand	53,3% (8)	13,3% (2)	6,7% (1)	26,7% (4)
Einigermaßen Vorbereitet/ Anteil innerhalb von Vorbereitungsstand	80,0% (24)	6,7% (2)	0	13,3% (4)
Eher unvorbereitet/ Anteil innerhalb von Vorbereitungsstand	40,8% (20)	2,0% (1)	36,7% (18)	20,4% (10)
Nicht vorbereitet/ Anteil innerhalb von Vorbereitungsstand	40,0% (8)	0	35,0% (7)	25,0% (5)

Von den sehr vorbereiteten Teilnehmern wollen 81 Prozent spenden, alle Teilnehmer mit diesem Vorbereitungsstand haben die Frage nach der Organspendebereitschaft entweder bejaht oder verneint, demnach wurde die der Gruppendefinition zugeordnete „Entschlossenheit“ in diesem Punkt bestätigt. Von den sehr vorbereiteten, aber unentschlossenen Journalisten wollen 53 Prozent spenden. Von den einigermaßen vorbereiteten Teilnehmern 80 Prozent. Bei den eher unvorbereiteten sind es 40,8 Prozent, bei den nicht vorbereiteten 40 Prozent. Durch die Ergebnisse wird ersichtlich, dass die Spendebereitschaft bei den nicht oder gar nicht vorbereiteten Teilnehmern am niedrigsten ausfällt. Zwar ist sie bei den sehr vorbereiteten und entschlossenen Teilnehmern am höchsten, dennoch steigt die Spendebereitschaft nicht durchweg proportional zum Grad der Vorbereitung, wie die Ergebnisse bei den sehr vorbereiteten, aber unentschlossenen, und den mäßig vorbereiteten Befragten belegen.

[352] In Klammern steht die Anzahl der Nennungen.

Verhältnis Alter/Spendebereitschaft

Mehr als 60 Prozent der 23 bis 35 Jahre alten Teilnehmer sind bereit, nach dem Tod Organe zu spenden. Bei den 36 bis 49 Jahre alten Befragten und den 50 bis 62 Jahre alten Teilnehmern sind es jeweils weniger als 50 Prozent (Tab. 13). Innerhalb der Forschungsgruppe sinkt der Anteil der spendebereiten Teilnehmer mit steigendem Alter, während der Anteil der nicht spendebereiten Befragten steigt.

Möchten Sie nach dem Tod als Organspender zur Verfügung stehen?

Tabelle 13: Verhältnis Alter/Spendebereitschaft

Alter	*Nein*	*Ja*	*Weiß nicht*	*Noch nicht ausreichend nachgedacht*
23-35 Jahre/ Anteil innerhalb von Alter	1,4% (1)[353]	65,7% (46)	15,7% (11)	17,1% (12)
36-49 Jahre/ Anteil innerhalb von Alter	11,5% (6)	48,1% (25)	19,2% (10)	21,2% (11)
50-62 Jahre/ Anteil innerhalb von Alter	15,4% (2)	46,2% (6)	15,4% (2)	23,1% (3)

Verhältnis Konfession/Spendebereitschaft

Von den 21 römisch-katholischen Teilnehmern möchten 17 (80,9%) Organe spenden. Von den 74 konfessionslosen Teilnehmern sind 42 dazu bereit (56,7%). Unter den 37 evangelischen Befragten sind 17 mit einer Organspende einverstanden (45,9%). Zwei der vier Teilnehmer, die bei der Frage nach der Konfessionszugehörigkeit „Sonstige" gewählt haben, würden ebenfalls spenden.[354]

Verhältnis Organspendebereitschaft/ Bekanntwerden der Transplantationsskandale

Da die Befragung im Zeitraum erfolgte, in dem Datenmanipulationen von Patienten auf der Warteliste bekannt wurden, wurde überprüft, ob

[353] In Klammern steht die Anzahl der Nennungen. Alle Nennungen zusammen ergeben einen Wert von 135, da ein Teilnehmer keine Altersangabe vorgenommen hat.

[354] Dabei handelt es sich um einen Teilnehmer, der aus der katholischen Kirche ausgetreten ist und einen Anhänger des Jediismus.

eine sinkende Spendebereitschaft feststellbar ist. Denn laut Deutscher Stiftung Organtransplantation war die tatsächliche Spendebereitschaft nach dem Bekanntwerden der Datenmanipulationen im Sommer 2012 merklich gesunken, die Zahl der Organspender lag deutschlandweit im ersten Quartal 2013 bei 230, während es im Vorjahreszeitraum 281 gewesen waren.[355]

Die ersten Medienberichte über die Manipulationen wurden Mitte Juli 2012 veröffentlicht. Deshalb wurden die Datensätze mit Eingangsdatum vor dem 15. Juli und nach dem 15. Juli 2012 im Hinblick auf die Spendebereitschaft der Teilnehmer überprüft.

Bis zum 15. Juli 2012 sind 95 Datensätze eingegangen, bei denen 50 Teilnehmer auf die Frage „Möchten Sie nach Ihrem Tod als Organspender zur Verfügung stehen?“ mit „ja“ geantwortet haben. Das ergibt eine Spendebereitschaft von 52,6 Prozent.

Die Zahl der nach dem 15. Juli 2012 eingegangenen Datensätze beträgt 41. Innerhalb dieser wurde 28 Mal die Frage nach der eigenen Spendebereitschaft mit „ja“ beantwortet. Damit liegt die Spendebereitschaft bei den Datensätzen nach dem 15. Juli bei 68,3 Prozent.

Die Spenderrate in den Datensätzen, die nach dem 15. Juli 2012 eingegangen sind, ist demzufolge um 15 Prozentpunkte höher. Ein merkliches Absinken der Spendebereitschaft kann somit nicht nachgewiesen werden.

3.4.2 Bereitschaft zur Annahme eines Spenderorgans

Die Erwartungen zur grundsätzlichen Bereitschaft, ein Spenderorgan anzunehmen, wurden durch die Untersuchung erfüllt. Dabei wurde von einer Annahmebereitschaft in Höhe von 75 Prozent innerhalb der Forschungsgruppe ausgegangen. 68 Teilnehmer (50% in der Forschungsgruppe) würden im Krankheitsfall selbst ein Spenderorgan annehmen, 35 Teilnehmer (25,7% i.d. FG) wahrscheinlich schon. Damit ist die Vermutung bestätigt, sofern die Daten so interpretiert werden, dass auch die wahrscheinliche Annahme als grundsätzliche Bereitschaft gewertet wird (Abb. 44).

---

[355] Vgl. Deutsche Stiftung Organtransplantation: *Eine Entscheidung zur Organspende ist wichtig – gerade jetzt*, in: `http://www.dso.de/dso-pressemitteilungen/einzelansicht/article/eine-entscheidung-zur-organspende-ist-wichtig-gerade-jetzt.html`, zuletzt überprüft am 20. September 2014.

Würden Sie im Krankheitsfall selbst ein Spenderorgan annehmen?

Abbildung 44: Grundsätzliche Annahmebereitschaft eines Spenderorgans

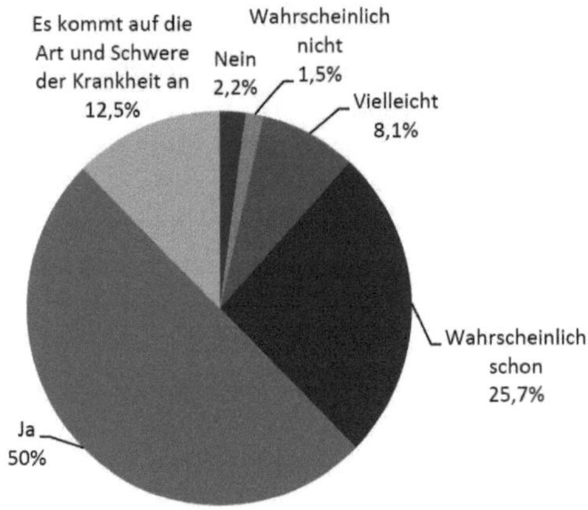

Nur drei Befragte (2,2% i.d. FG) schließen eine Organannahme im Krankheitsfall sicher aus. Auf die drei Antwortgruppen „wahrscheinlich nicht“, „vielleicht“ und „es kommt auf die Art und Schwere der Krankheit an“ entfallen insgesamt 30 Stimmen (22,1% i.d. FG).

Die in Kapitel 1.3.2 aufgeführten Ergebnisse der BZgA-Umfrage zeigten eine Bereitschaft zur Annahme eines Spenderorgans von 85 Prozent der Befragten. Im Unterschied zu dieser Untersuchung war die genannte Umfrage allerdings auf die Antwortoptionen „ja“, „nein“ und „weiß nicht“ beschränkt. Durch die zusätzlichen Optionen bei der Journalistenbefragung wird deutlich, wie viele Befragte unentschlossen sind.

Verhältnis Alter/Annahmebereitschaft[356]

Innerhalb der Forschungsgruppe ist die Annahmebereitschaft in der Gruppe der 23 bis 35 Jahre alten Befragten am höchsten. Innerhalb dieser Gruppe würden 40 Personen ein Organ annehmen (57,1% innerhalb dieser Altersgruppe) und 21 wahrscheinlich (30% innerhalb dieser Altersgruppe. Das ergibt eine Annahmebereitschaft von 87,1 Prozent bei den 23 bis 35 Jahre alten Befragten.

[356] Den folgenden Ergebnissen liegt eine Gesamtzahl von 135 Nennungen zugrunde, da eine Person bei der Befragung keine Altersangabe gemacht hat.

In der Gruppe der 36 bis 49 Jahre alten Teilnehmer würden 25 Personen ein Organ annehmen (48,1% innerhalb dieser Gruppe) und 11 Personen wahrscheinlich (21,2% innerhalb dieser Gruppe), was zusammengenommen eine Annahmebereitschaft von 69,3 Prozent ergibt.

Von den 50 bis 62 Jahre alten Befragten würden zwei Personen ein Organ annehmen (15,4% innerhalb dieser Gruppe) und drei Personen wahrscheinlich (21,3% innerhalb dieser Gruppe), was zu einer Annahmebereitschaft in Höhe von 38,5 Prozent führt.

Verhältnis Elterneigenschaft/Annahmebereitschaft eines Spenderorgans

Hinter der Überprüfung des Verhältnisses zwischen Elterneigenschaft und grundsätzlicher Annahmebereitschaft steht die Überlegung, dass Eltern möglicherweise eher dazu tendieren, im Ernstfall ein Spenderorgan anzunehmen, damit sie weiter für ihre Kinder da sein können. Deshalb wurde überprüft, ob unter den Eltern eine höhere Bereitschaft, im Krankheitsfall ein Spenderorgan anzunehmen, nachgewiesen werden kann als bei den kinderlosen Teilnehmern.

25 der 53 Eltern unter den befragten Journalisten (47,2% innerhalb der Eltern) würden in jedem Fall ein Spenderorgan im Krankheitsfall annehmen. 10 Personen, die Kinder haben, würden wahrscheinlich eins annehmen, was 18,9 Prozent der Eltern entspricht. Zusammengenommen würden 66,1 Prozent der Eltern ein Organ sicher oder wahrscheinlich annehmen.

43 von 83 kinderlosen Teilnehmern (51,8% innerhalb der kinderlosen Teilnehmer) würden in jedem Fall ein Organ annehmen, 25 (30,1% innerhalb dieser Gruppe) wahrscheinlich. Zusammengenommen liegt der Anteil der Kinderlosen, die wahrscheinlich oder sicher ein Organ annehmen würden, mit 81,9 Prozent über dem der Eltern. Das widerspricht der Vermutung, dass die befragten Journalisten mit Kindern eher ein Organ annehmen würden.

3.5 Besitz von Spenderausweisen

Die Befragung diente viertens dazu, die Anzahl vorhandener Spenderausweise zu ermitteln. Die in diesem Zusammenhang erwarteten Ergebnisse der *Ausweishypothese*[357] wurden übertroffen.

Aus beiden in Kapitel 1.4 zitierten Repräsentativumfragen ging hervor, dass die Mehrheit der Bürger zwar grundsätzlich bereit ist, nach dem Tod Organe zu spenden, aber ein Organspendeausweis nur vergleichsweise selten genutzt wird, um die Bereitschaft zu dokumentieren. Bei den Journalisten geschieht das etwas häufiger, 46 Umfrageteilnehmer besitzen einen gültigen Ausweis. Weitere 34 hegen die Absicht, sich einen Ausweis zuzulegen und sieben besitzen einen noch nicht unterschriebenen Ausweis (Abb. 45).

Sind Sie im Besitz eines gültigen Organspendeausweises?

Abbildung 45: Besitz Organspendeausweis

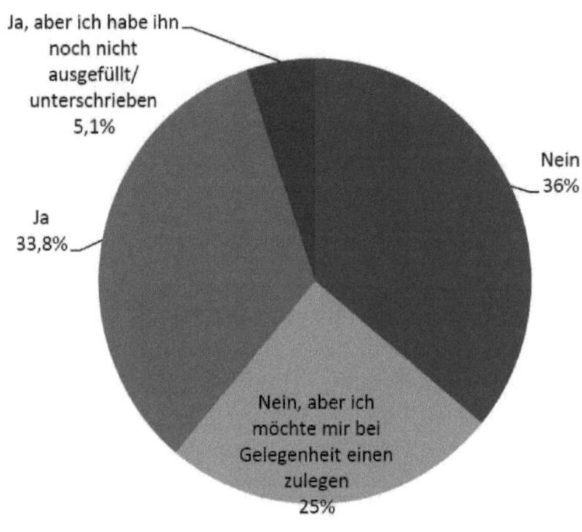

Von denjenigen, die zu einer Organspende bereit sind, besitzen 42 (53% innerhalb dieser Gruppe) einen gültigen Organspendeausweis. Das ergibt einen Anteil von 30,8 Prozent innerhalb der gesamten Forschungsgruppe, wodurch deutlich wird, dass auch bei den Journalisten eine Spendebereitschaft oftmals nicht dokumentiert wird.

[357] Dabei wurde angenommen, dass innerhalb der Forschungsgruppe etwa ein Fünftel der Befragten einen gültigen Organspendeausweis besitzt. Vgl. S. 53.

Verhältnis Alter/grundsätzliche bzw. tatsächliche Spendebereitschaft[358]

Tabelle 14: Anteil Organspendeausweis nach Altersgruppen

Altersgruppe (Jahre)	*Anteil spendebereit innerhalb der Altersgruppe*	*Anteil mit Spenderausweis innerhalb der Altersgruppe*
23-35	65,7% (46)[359]	38,6% (27)
36-49	48,1% (25)	30,8% (16)
50-62	46,2% (6)	23,1% (3)

Wie aus Tabelle 14 ersichtlich wird, ist bei den 23 bis 35 Jahre alten Journalisten neben der höchsten Spendebereitschaft auch die höchste Ausweisdichte feststellbar.

Doch auch wenn die Ausweisdichte bei allen befragten Journalisten im Vergleich zu den Repräsentativumfragen insgesamt höher ist, besteht auch hier eine erhebliche Abweichung zwischen der grundsätzlichen und der tatsächlich dokumentierten Spendebereitschaft. Jeder vierte Teilnehmer innerhalb der Forschungsgruppe ist dazu bereit, seine Entscheidung zu dokumentieren, hat es aber noch nicht getan. Weitere fünf Prozent der Befragten besitzen sogar einen Ausweis, der allerdings ungültig ist.

23 Teilnehmer sind zu einer Organspende bereit und möchten sich bei Gelegenheit einen Ausweis zulegen. Bei ihnen könnte im Ernstfall keine Spende zustande kommen, weil die Bereitschaft nicht dokumentiert wurde.

Verhältnis Konfession/Spenderausweis

Ein Ergebnis der Untersuchung von Marlies Ahlert und Lars Schwettmann lautete, dass „gläubige Personen eher keinen Ausweis besitzen“[360]. Allein ausgehend von den Angaben über die Konfessionszugehörigkeit kommt die vorliegende Untersuchung zu einem anderen Ergebnis (Abb. 46).

[358] Den folgenden Ergebnissen liegt eine Gesamtmenge von 135 Nennungen zugrunde, da eine Person keine Altersangabe gemacht hat.

[359] An 100% fehlende Angaben „weiß nicht“.

[360] Ahlert, Marlies/ Schwettmann, Lars: Einstellungen der Bevölkerung zur Organspende, in: *Gesundheitsmonitor*, Gütersloh: Bertelsmann-Stiftung, 2011, S. 199.

Sind Sie im Besitz eines gültigen Organspendeausweises?

Abbildung 46: Verhältnis Konfession/Organspendeausweis

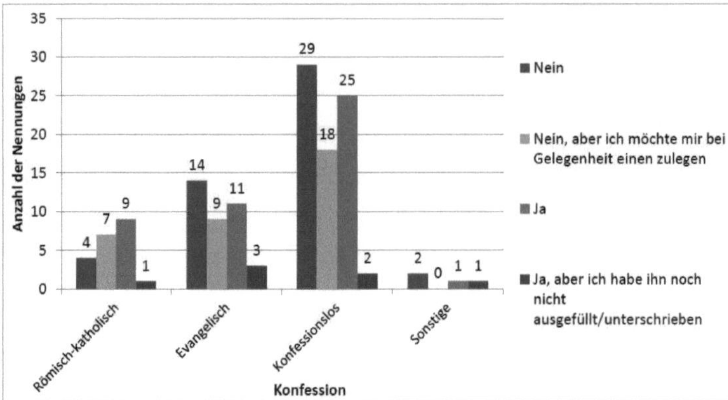

Von 21 römisch-katholischen Teilnehmern der Umfrage möchten, wie im Vorfeld erläutert, 17 (80,9% innerhalb der römisch-katholischen Befragten) Organe spenden, neun (42,9% innerhalb der römisch-katholischen Teilnehmer) sind im Besitz eines gültigen Organspendeausweises. Von den 37 evangelischen Befragten möchten ebenfalls 17 (45,9% der evangelischen Teilnehmer) spenden und 11 (29,7% innerhalb der Gruppe der evangelischen Befragten) besitzen einen Ausweis. Von den 74 konfessionslosen Teilnehmern sind 42 (56,7% innerhalb der Gruppe der Konfessionslosen) bereit, Organe zu spenden und 25 (33,8% innerhalb der konfessionslosen Befragten) verfügen über einen Spenderausweis.

Seitens der Deutschen Bischofskonferenz und des Rats der Evangelischen Kirche wurde 1990 der irreversible Ausfall aller Hirnfunktionen als Todeskriterium anerkannt: „Der Hirntod bedeutet ebenso wie der Herztod den Tod des Menschen. Mit dem Hirntod fehlt dem Menschen die unersetzbare und nicht wieder zu erlangende körperliche Grundlage für sein geistiges Dasein in der Welt“[361] Weiterhin sprachen sich beide Institutionen für Organspenden aus.

[361] Deutsche Bischofskonferenz/ Rat der Evangelischen Kirche in Deutschland: Organtransplantationen: Erklärung der Deutschen Bischofskonferenz und des Rates der Evangelischen Kirche in Deutschland, in: *Gemeinsame Texte*, Bd. 1, Bonn/ Hannover: Sekretariat der Deutschen Bischofskonferenz, 1990, S. 15.

> „Vom christlichen Verständnis des Todes und vom Glauben an die Auferstehung der Toten kann auch die Organspende von Toten gewürdigt werden. Daß das irdische Leben eines Menschen unumkehrbar zu Ende ist, wird mit der Feststellung des Hirntodes zweifelsfrei erwiesen."[362]

Innerhalb der Untersuchung wurden, wie bereits angemerkt, keine Motive abgefragt, die den Entscheidungen der Teilnehmer zugrunde liegen. Inwieweit der Glaube dabei eine Rolle spielt, kann deshalb nur anhand der Angaben zur Konfession vermutet werden. Dieser Faktor allein ist allerdings nicht aussagekräftig genug, um die Gründe der Befragten für oder gegen eine Spende nachzuvollziehen oder Schlüsse zu ziehen, warum etwa die Verteilung bei den römisch-katholischen und evangelischen Teilnehmern voneinander abweicht, obwohl beide Kirchen Organspenden befürwortet haben.

Im Rahmen der gegebenen Möglichkeiten kann lediglich festgehalten werden, dass die katholischen Teilnehmer öfter zu einer Spende bereit sind und öfter einen Ausweis haben als die evangelischen und die konfessionslosen.

3.6 Akzeptanz des Hirntodkriteriums

Die Befragung diente fünftens dazu, herauszufinden, welche Auffassungen die Forschungsgruppe hinsichtlich des Hirntodkriteriums vertritt. Die in diesem Zusammenhang formulierte *Hirntodhypothese*[363] wurde durch die Ergebnisse teilweise bestätigt.

3.6.1 Todeszeitpunkt allgemein

Zunächst wurde ermittelt, wann ein Mensch nach Ansicht der Teilnehmer tot ist (Tab. 15). Es waren Mehrfachnennungen möglich, weshalb die Gesamtzahl der Nennungen 136 überschreitet.

---

[362] Ebd., S. 20.

[363] Dabei war von folgenden Ergebnissen ausgegangen worden: Einordnung des Patienten im ersten Fallbeispiel mehrheitlich als tot; Einordnung der Patienten im zweiten und dritten Fallbeispiel von ca. der Hälfte der Teilnehmer als lebend; korrekte Einordnung der Patienten in allen drei Fällen von ca. 30 Prozent der Teilnehmer; mindestens 90 Prozent der Datensätze in sich logisch hinsichtlich der Einordnung der Patienten in den drei Szenarien; Verletzung der dead donor rule von ca. 30 Prozent der Teilnehmer in mindestens einem der Fälle. (Vgl. S. 79).

Tabelle 15: Definition des Todeszeitpunkts

Wann ist ein Mensch Ihrer Meinung nach tot?	*Anteil innerhalb der Forschungsgruppe*	*Anzahl der Nennungen*
Wenn er seine Arme, Beine, den Kopf und Rumpf nicht mehr bewegen kann.	0	0
Wenn die Gesamtfunktion des Großhirns unwiderruflich erloschen ist.	36,0%	49
Wenn ein irreversibler Herzstillstand mit Kreislaufkollaps vorliegt.	42,6%	58
Wenn bei der Ableitung der Hirnströme keine Gehirnfunktionen darstellbar sind.	34,6%	47
Wenn kein Pulsschlag messbar ist.	7,4%	10
Wenn die Gesamtfunktion des Großhirns, des Kleinhirns und des Hirnstamms unwiderruflich erloschen ist.	69,9%	95
Wenn er keinen Herzschlag aufweist.	19,1%	26
Wenn die Teile des Gehirns unwiderruflich erloschen sind, die unser Bewusstsein steuern.	22,8%	31
Wenn er nicht mehr atmet.	10,3%	14
Weiß nicht.	5,9%	8

Der unwiderrufliche Ausfall der Gesamtfunktion des Großhirns, des Kleinhirns und des Hirnstamms wurde von den meisten Teilnehmern als Todeszeichen ausgewählt. Damit wird er öfter als Todeszeichen betrachtet als der irreversible Herzstillstand mit Kreislaufkollaps, auf dem die klassische Todesdefinition beruht.

Es wird ersichtlich, dass mehr als die Hälfte der befragten Journalisten den Tod an den irreversiblen Ausfall aller Hirnfunktionen knüpft. Nur 16 Teilnehmer (11,7% in der Forschungsgruppe) knüpfen ihn allerdings allein an dieses Merkmal, alle anderen Teilnehmer haben mindestens ein weiteres Merkmal ausgewählt.

Fallbeispiel 1

Bei der Formulierung des Fallbeispiels wurde bewusst auf medizinische Fachtermini verzichtet, um die Allgemeinverständlichkeit zu gewährleisten. Deshalb wurde auch der Begriff *Ganzhirntod* vermieden. 77 Teilnehmer haben den Patienten im ersten Fallbeispiel als tot klassifiziert (Tab. 16).

> *Ein 22jähriger Patient liegt nach einem Motorradunfall im Krankenhaus. Er wird künstlich beatmet und erhält Medikamente zur Unterstützung des Kreislaufs. Es zeigen sich keine Zeichen einer Gehirnfunktion, d.h. keine Gehirnaktivität und keine elektrischen Hirnströme. Ist der Patient Ihrer Meinung nach tot?*

Tabelle 16: Fallbeispiel 1, Todeszeitpunkt

Antwort	*Anteil in der FG*	*Nennungen*
Ja	56,6%	77
Nein	22,8%	31
Weiß nicht	20,6%	28

In der Ohio-Studie hatten beim ersten Fallbeispiel 86,2 Prozent der Befragten die Ansicht vertreten, der Patient sei tot.[364] Die Abweichungen zur vorliegenden Untersuchung können durch unterschiedliche Auffassungen hinsichtlich des Todeszeitpunkts begründet sein. Die künstliche Beatmung und/oder die kreislaufstützende Medikation waren möglicherweise bei den Journalisten öfter ausschlaggebend, den Patienten als lebend einzuordnen. Auch die fehlende Angabe über den Zeitraum des Ausbleibens der Hirnströme könnte die Entscheidung beeinflusst haben.

Weiterhin wird der im ersten Fallbeispiel vorliegende dissoziierte Ganzhirntod von etwas mehr als der Hälfte der Forschungsgruppe als Todeskriterium betrachtet. Dadurch ist ein erster Anhaltspunkt für die Untersuchung der Akzeptanz des Hirntodkriteriums gegeben.

Darüber hinaus wurde die Hirntodhypothese hinsichtlich des ersten Fallbeispiels bestätigt, es war davon ausgegangen worden, dass mehr als die Hälfte der Teilnehmer den Patienten als tot einordnen.

[364] Vgl. Siminoff, Laura A./ Burant, Christopher/ Youngner Stuart J.: Death and organ procurement: public beliefs and attitudes, in: *Social Science & Medicine*, Bd. 59, Heft 11, Dezember 2004, S. 2331.

Verhältnis allgemeiner Todeszeitpunkt/Einordnung Fallbeispiel 1

Des Weiteren zeigen die Ergebnisse, dass 60 Personen (63,2% der Teilnehmer), die in der Befragung die unwiderruflich erloschene Gesamtfunktion von Großhirn, Kleinhirn und Hirnstamm als Merkmal für den Tod ausgewählt haben, den Patienten im ersten Fallbeispiel als tot einordnen. Sie stellen 44,1 Prozent der Forschungsgruppe dar, die den dissoziierten Ganzhirntod sowohl theoretisch als auch bei Fallbeispiel eins als Todeskriterium anerkennen.

Bei den übrigen 17 Personen (12,5% der Gesamtteilnehmerzahl), die den Patienten in Fallbeispiel eins als tot eingeordnet haben, liegt zum Teil eine widersprüchliche Antwortauswahl vor, weil sie die unwiderruflich erloschene Gesamtfunktion von Großhirn, Kleinhirn und Hirnstamm zuvor nicht als Todeskriterium gewählt haben, den Patienten jetzt aber als tot klassifizieren. Von dieser Gruppe wurden im Vorfeld folgende Kriterien als Todesmerkmale ausgewählt:

1. Wenn die Gesamtfunktion des Großhirns unwiderruflich erloschen ist (7 Personen).

2. Wenn ein irreversibler Kreislaufkollaps mit Herzstillstand vorliegt (5 Personen).

3. Wenn bei der Ableitung der Hirnströme keine Gehirnfunktionen darstellbar sind (7 Personen).

4. Wenn kein Pulsschlag messbar ist (1 Person).

Die Merkmale eins und drei sind im ersten Fallbeispiel erfüllt. Demnach haben die Teilnehmer, die diese Merkmale ausgewählt haben, ebenfalls logisch entschieden. Lediglich fünf Teilnehmer haben die Merkmale zwei und/oder vier gewählt und demnach in sich unlogische Antworten gegeben.

Fallbeispiel 2

Eindeutiger als bei Fallbeispiel eins fallen die Ergebnisse zu Fallbeispiel zwei aus (Tab. 17).

> *Eine 32jährige Patientin liegt nach einem Fahrradunfall im Krankenhaus. Sie hat keinen Helm getragen. Als Folge des Unfalls hat*

sie ein offenes Schädel-Hirn-Trauma mit freiliegenden und verletzten Gehirnteilen, zusätzlich liegen multiple Verletzungen an den Extremitäten, Leber, Niere und Darm vor. Die Patientin liegt beatmet in der Intensivstation. Aufgrund der Verletzungen ist die Prognose ungewiss, ob bleibende Schäden bezüglich der Atmung, der Organfunktionen sowie der motorischen Fähigkeiten auftreten. Die Patientin wird mit sehr hoher Wahrscheinlichkeit nie mehr aufwachen, nie mehr selbstständig essen oder selbstständig atmen, dennoch sind geringe Gehirnaktivitäten vorhanden. Ist die Patientin Ihrer Meinung nach tot?

Tabelle 17: Fallbeispiel 2, Todeszeitpunkt

Antwort	*Anteil in der Forschungsgruppe*	*Nennungen*
Ja	6,6%	9
Nein	83,8%	114
Weiß nicht	7,4%	10
Keine Angabe	2,2%	3

114 Teilnehmer sind der Ansicht, dass die Komapatientin nicht tot ist. Damit stimmt die Auffassung der Mehrheit mit der medizinischen Definition überein.

In der Ohio-Studie waren 57,2 Prozent der Teilnehmer der Ansicht gewesen, dass der dort beschriebene Komapatient lebt. Bei den Journalisten werden vorhandene Hirnströme demnach öfter als Lebenszeichen bewertet, entsprechend der medizinischen Definition.

Fallbeispiel 3

Ähnlich zu Fallbeispiel zwei fällt das Ergebnis im dritten Fallbeispiel aus (Tab. 18).

Ein 57jähriger Komapatient ist seit fünf Jahren im Pflegeheim. Nach seinem Unfall wurde er mehrfach reanimiert. Seitdem liegt er im Wachkoma. Er atmet selbständig über ein Tracheostoma (operativ angelegte Öffnung der Luftröhre nach außen). Die Ernährung erfolgt über eine Magensonde. Die Ärzte gehen davon aus, dass er niemals das Bewusstsein wiedererlangen und mit anderen kommunizieren wird. Aber es sind geringe Gehirnaktivitäten vorhanden. Ist der Patient Ihrer Meinung nach tot?

Tabelle 18: Fallbeispiel 3, Todeszeitpunkt

Antwort	*Anteil in der Forschungsgruppe*	*Nennungen*
Ja	7,4%	10
Nein	85,3%	116
Weiß nicht	7,4%	10

Selbständige Atmung und geringe Gehirnaktivitäten sind für 116 Teilnehmer ein Zeichen dafür, dass ein Mensch noch lebt. Ihre Auffassungen stimmen mit der medizinischen Definition überein.

In der Ohio-Studie waren 65,9 Prozent der Ansicht, dass ein solcher Patient noch lebt, demnach wurde ein Mensch im irreversiblen Koma wesentlich öfter als tot klassifiziert.

Im Rahmen der Hirntodhypothese wurde angenommen, dass etwa die Hälfte der Forschungsgruppe die Patienten im zweiten und dritten Fallbeispiel als tot klassifiziert. Da eine solche Klassifizierung wesentlich seltener erfolgte, wurde dieser Teil der Hypothese nicht bestätigt.

Vor diesem Hintergrund zeigt sich, dass die Auffassungen der teilnehmenden Journalisten zum Zustand von Komapatienten und Patienten im irreversiblen Koma öfter mit den medizinischen Regelungen übereinstimmen als es in Ohio der Fall war, wo in Fallbeispiel zwei und drei nach geltender medizinischer Definition ebenfalls kein Todesfall vorlag.

Durch die fast identisch ausfallende Verteilung der Antworten der Journalisten in den beiden Fallbeispielen zeigt sich weiter, dass es für die Forschungsgruppe kaum einen Unterschied macht, ob ein Komapatient noch selbständig atmet. Da die Befragten in beiden Fällen überwiegend so entscheiden, wie es auch die Medizin definiert hat, zeigt, dass der Teilhirntod als Todeskriterium keine überwiegende Akzeptanz findet.

Korrekte Klassifizierung in den drei Fallbeispielen

Insgesamt ordneten in Ohio 29,5 Prozent der Teilnehmer die Patienten in den Szenarien entsprechend den medizinischen Definitionen als tot oder lebendig ein.

56 Journalisten (41,2% i.d. FG) nahmen eine korrekte Klassifizierung entsprechend der medizinischen Definitionen vor. Die Journalisten haben insgesamt zwar öfter der medizinischen Definition entsprechend entschieden, beim ersten Fallbeispiel jedoch seltener als in Ohio, im zweiten und dritten Fallbeispiel wesentlich häufiger.

Innere Logik der Datensätze

In der Ohio-Studie waren 93,1 Prozent aller Datensätze in sich logisch bezüglich der Klassifizierung der Patienten. Das bedeutet, dass die Befragten eine der folgenden Möglichkeiten gewählt haben:

- Klassifizierung in Fallbeispiel 1 als tot, in Fallbeispiel 2 und 3 als lebend
- Klassifizierung in allen Fallbeispielen als tot
- Klassifizierung in allen Fallbeispielen als lebend
- Klassifizierung in Fallbeispiel 1 und 2 als tot und in 3 als lebend.[365]

Als Richtwert für die Hypothese der vorliegenden Untersuchung diente die auf der Ohio-Studie basierende Annahme, dass mindestens 90 Prozent der befragten Journalisten ebenfalls der geschilderten Auflistung entsprechend konsistent antworten. Diese Vermutung wurde bestätigt, 132 Befragte (97,1% d. FG) haben eine der vier genannten Kombinationen gewählt. Die übrigen 2,9 Prozent haben eine der folgenden Kombinationen gewählt:

- Klassifizierung als tot in Fallbeispiel 1 und 3 und lebend in Fallbeispiel 2
- Klassifizierung als lebend in Fallbeispiel 1 und 3 und als tot in Fallbeispiel 2
- Klassifizierung in Fallbeispiel 1 als lebend und in 2 und 3 als tot.

[365] Vgl. Siminoff, Laura A./ Burant, Christopher/ Youngner, Stuart J.: Death and organ procurement: public beliefs and attitudes, in: *Social Science & Medicine*, Bd. 59, Heft 11, Dezember 2004, S. 2330.

3.6.2 Einstellungen zum Ganzhirntod

Nach der Untersuchung des allgemeinen Todesverständnisses der Teilnehmer und der Konfrontation mit den drei Fallbeispielen wurde die Forschungsgruppe im zweiten Teil der Befragung konkret zu ihrem Verständnis des Ganzhirntodes befragt.

Definition Ganzhirntod

Die Ergebnisse zeigen, dass nahezu die komplette Forschungsgruppe den Totalhirnausfall mit dem Ganzhirntod verbindet (Tab. 19). Da Mehrfachnennungen möglich waren, übersteigt die Gesamtzahl der Nennungen 136.

> *Wann würden Sie eine Person Ihrer Meinung nach als ganzhirntot bezeichnen? (Mehrere Antworten sind möglich)*

Tabelle 19: Definition *Ganzhirntod*

Merkmal	*Anteil in der Forschungsgruppe*	*Nennungen*
Wenn sie keinen Herzschlag aufweist.	19,9%	27
Wenn sie nicht mehr atmet.	15,4%	21
Wenn sie das Bewusstsein nicht mehr erlangt.	12,5%	17
Wenn kein Pulsschlag messbar ist.	8,8%	12
Wenn die Gesamtfunktion des Großhirns, des Kleinhirns und des Hirnstamms unwiderruflich erloschen ist.	91,9%	125
Wenn bei der Ableitung der Hirnströme keine Gehirnfunktionen für 30 Minuten darstellbar sind.	51,5%	70
Wenn bei der Ableitung der Hirnströme keine Gehirnfunktionen für eine Minute darstellbar sind.	7,4%	10
Weiß nicht.	5,1%	7

Fast alle Teilnehmer verknüpfen den Ganzhirntod mit dem irreversiblen Verlust aller Hirnfunktionen. Zusätzlich ist der Ganzhirntod für 70 Befragte erst eingetreten, wenn für 30 Minuten keine Hirnströme ableitbar sind. 27 Journalisten sind zudem der Auffassung, dass eine ganzhirntote Person keinen Herzschlag mehr aufweist. Weitere 21 verbinden den Ganzhirntod zudem mit einem Atemstillstand und für 12 Personen ist kein Plusschlag mehr messbar. 10 Teilnehmer knüpfen den Ganzhirntod zudem an die Bedingung, dass eine Minute lang keine Hirnströme feststellbar sind.

41 der befragten Journalisten (30% in der Forschungsgruppe) haben den irreversiblen Ausfall aller Hirnfunktionen als alleiniges Merkmal gewählt; sie erkennen damit den dissoziierten Ganzhirntod als Todeskriterium an.

Ganzhirntod und Bewusstsein

Während im Rahmen der Ohio-Studie 28,1 Prozent der Befragten die Ansicht vertraten, dass eine ganzhirntote Person noch etwas hören kann, sind bei den Journalisten 120 Umfrageteilnehmer der Auffassung, dass das Bewusstsein bei einer ganzhirntoten Person erloschen ist (Tab. 20).

Tabelle 20: Ganzhirntod und Wahrnehmung

Eine ganzhirntote Person kann...	*Anteil innerhalb der FG*	*Nennungen*
... hören.	1,5%	2
... überhaupt etwas wahrnehmen.	8,1%	11
... gar nichts mehr wahrnehmen.	88,2%	120
Keine Angabe	2,2%	3

Eine Ablehnung des Hirntodkriteriums bei den Journalisten dürfte demnach nur in Ausnahmefällen durch Zweifel am Bewusstseinsausfall begründet sein. Wird das Hirntodkriterium verneint, muss dies andere Ursachen haben.

3.6.3 Bereitschaft zu Organentnahmen

Den Befragten wurden im Anschluss an die Schilderung der drei Fallbeispiele jeweils sieben Optionen geschildert, bei denen über eine Organentnahme zu entscheiden war. Diese werden hinsichtlich ihrer Bezüge zum Transplantationsgesetz[366] und der damit verbundenen Zulässigkeit von Organentnahmen zunächst kurz erläutert.

Option 1: Ein Organspendeausweis mit Einwilligung liegt vor und die Angehörigen sind nicht erreichbar.

In diesem Fall wäre eine Organspende nach § 3 Abs. 1 TPG zulässig, wenn der Tod des Patienten „nach dem Stand der Erkenntnisse der medizinischen Wissenschaft“[367] festgestellt worden ist, demnach gemäß der Richtlinien zur Feststellung des Hirntodes der „Zustand der irreversibel erloschenen Gesamtfunktion des Großhirns, des Kleinhirns und des Hirnstamms“ festgestellt worden ist. „Dabei wird durch kontrollierte Beatmung die Herz- und Kreislauffunktion noch künstlich aufrechterhalten“[368], weshalb vom dissoziierten Ganzhirntod gesprochen wird.

Eine Organspende wäre bei Vorliegen dieser Voraussetzung zulässig, weil der Spender durch den Organspendeausweis den Tatbestand von § 3 Abs. 1 Nr. 1 TPG erfüllt und in die Spende eingewilligt hat. Insofern ist eine Zustimmung der Angehörigen nicht mehr notwendig, die Selbstbestimmung des Patienten wird durch die Berücksichtigung des Willens gewahrt.

Option 2: Ein Organspendeausweis mit Einwilligung liegt vor und die Angehörigen sind damit einverstanden.

Sofern § 3 Abs. 1 Nr. 2 TPG erfüllt ist, also der Tod des Patienten festgestellt wurde, wäre eine Organentnahme zulässig, weil eine notwendige Einwilligung in Form des Organspendeausweises vorliegt und demnach § 3 Abs. 1 Nr. 1 TPG erfüllt ist.

---

[366] Im Folgenden erfolgt immer wieder ein Bezug auf § 3 Abs. 1 TPG. Dort heißt es: „Die Entnahme von Organen oder Geweben ist, soweit in § 4 oder § 4a nichts Abweichendes bestimmt ist, nur zulässig, wenn

1. der Organ- oder Gewebespender in die Entnahme eingewilligt hatte,
2. der Tod des Organ- oder Gewebespenders nach Regeln, die dem Stand der Erkenntnisse der medizinischen Wissenschaft entsprechen, festgestellt ist und
3. der Eingriff durch einen Arzt vorgenommen wird.

Abweichend von Satz 1 Nr. 3 darf die Entnahme von Geweben auch durch andere dafür qualifizierte Personen unter der Verantwortung und nach fachlicher Weisung eines Arztes vorgenommen werden. In: Höfling, Wolfram (Hrsg.): TPG: Transplantationsgesetz; Kommentar, 2., völlig neu bearb. Aufl., Berlin: Schmidt, 2013, S. 5.

[367] Ebd.

[368] Bundesärztekammer: Richtlinien zur Feststellung des Hirntodes, in: *Deutsches Ärzteblatt*, 95. Jg., Heft 30 (24. Juli 1998), A-1861.

Option 3: Ein Organspendeausweis mit Einwilligung liegt vor, aber die Angehörigen sind nicht einverstanden.

Auch in diesem Fall wäre eine Organentnahme legitim, wenn § 3 Abs. 1 Nr. 2 TPG erfüllt ist. Durch den vorliegenden Organspendeausweis ist § 3 Abs. 1 Nr. 1 TPG erfüllt. Würde der Ablehnung der Angehörigen Folge geleistet und auf eine Organentnahme verzichtet, läge eine Missachtung der Patientenselbstbestimmung vor.

Option 4: Kein Organspendeausweis liegt vor und die Angehörigen sind damit einverstanden.

In diesem Fall würde ebenfalls der Tod des Patienten gemäß § 3 Abs. 1 Nr. 2 TPG eine Organentnahme legitimieren. Im Unterschied zu den vorherigen Optionen liegt hier keine Einwilligung gemäß § 3 Abs. 1 Nr. 1 TPG vor, da kein Organspendeausweis vorhanden ist, damit greift in diesem Fall § 4 Abs. 1 TPG, wonach der nächste Angehörige zu befragen ist, ob eine Einwilligung vorgelegen hat. Wurde eine solche nicht geäußert, so entscheiden die Angehörigen nach dem mutmaßlichen Willen des Verstorbenen.[369] Da die Angehörigen in diesem Falle zustimmen, ist davon auszugehen, dass der Patient einer Organentnahme zugestimmt hätte, wonach die Explantation legitim wäre.

[369]Vgl. § 4 Abs. 1 TPG: „Liegt dem Arzt, der die Organ- oder Gewebeentnahme vornehmen oder unter dessen Verantwortung die Gewebeentnahme nach § 3 Abs. 1 Satz 2 vorgenommen werden soll, weder eine schriftliche Einwilligung noch ein schriftlicher Widerspruch des möglichen Organ- oder Gewebespenders vor, ist dessen nächster Angehöriger zu befragen, ob ihm von diesem eine Erklärung zur Organ- oder Gewebespende bekannt ist. Ist auch dem nächsten Angehörigen eine solche Erklärung nicht bekannt, so ist die Entnahme unter den Voraussetzungen des § 3 Abs. 1 Satz 1 Nr. 2 und 3, Satz 2 und Abs. 2 Nr. 2 nur zulässig, wenn ein Arzt den nächsten Angehörigen über eine in Frage kommende Organ- oder Gewebeentnahme unterrichtet und dieser ihr zugestimmt hat. Kommt eine Entnahme mehrerer Organe oder Gewebe in Betracht, soll die Einholung der Zustimmung zusammen erfolgen. Der nächste Angehörige hat bei seiner Entscheidung einen mutmaßlichen Willen des möglichen Organ- oder Gewebespenders zu beachten. Der Arzt hat den nächsten Angehörigen hierauf hinzuweisen. Der nächste Angehörige kann mit dem Arzt vereinbaren, dass er seine Erklärung innerhalb einer bestimmten, vereinbarten Frist widerrufen kann; die Vereinbarung bedarf der Schriftform.“ Höfling, Wolfram (Hrsg.): *TPG: Transplantationsgesetz; Kommentar*, 2., völlig neu bearb. Aufl., Berlin: Schmidt, 2013, S. 5.

Option 5: Es liegt kein Organspendeausweis vor, die Angehörigen sind nicht erreichbar, aber ein anderer Patient benötigt dringend die Organe des Patienten zum Überleben.

In diesem Fall ist eine Organspende nach deutschem Recht nicht zulässig, weil keine Einwilligung des Spenders gemäß § 3 Abs. 1 Nr. 1 TPG vorliegt und § 4 Abs. 1 TPG nicht greift, da die Angehörigen nicht erreichbar sind. Deshalb wäre eine Organspende auch dann illegal, wenn § 3 Abs. 1 Nr. 2 TPG erfüllt wäre und der Patient verstorben ist.

Option 6: Kein Organspendeausweis liegt vor, die Angehörigen sind nicht einverstanden, jedoch braucht ein anderer Patient die Organe zum Überleben.

Es liegt keine Einwilligung des Spenders im Sinne des § 3 Abs. 1 Nr. 1 TPG vor und da die Angehörigen nicht einverstanden sind, wird davon ausgegangen, dass der Verstorbene einer Organspende nicht zugestimmt hätte, weshalb eine Explantation nach deutschem Recht nicht in Frage kommt.

Option 7: Der Patient hat im Vorfeld eine Spende abgelehnt, aber ein anderer Patient braucht dessen Organe zum Überleben.

Aufgrund der Nichterfüllung von § 3 Abs. 1 Nr. 1 TPG ist eine Organentnahme nach deutschem Recht nicht zulässig.

Ergebnisse der Befragung

Zunächst waren die Teilnehmer gebeten worden, über den Zustand des Patienten im ersten Fallbeispiel zu entscheiden. Anschließend sollten sie anhand der sieben Optionen über Organspenden entscheiden. Im Folgenden werden die Antworten zu den einzelnen Optionen abgebildet.

3.6.3.1 Organentnahmen bei Komplettausfall der Hirnfunktionen (Fallbeispiel 1)

Tabelle 21 zeigt zunächst alle Antworten im Überblick:

Würden Sie einer Organentnahme zustimmen, wenn. . . .

Tabelle 21: Entscheidungen über Organentnahmen zu Fallbeispiel 1

Antwort	*Ja*	*Nein*	*Weiß nicht*
ein Organspendeausweis mit Einwilligung vorliegt und die Angehörigen nicht erreichbar sind? *(Option 1), Anteil in der FG*	67,6% (92)	23,5% (32)	8,8% (12)
ein Organspendeausweis mit Einwilligung vorliegt und die Angehörigen damit einverstanden sind? *(Option 2), Anteil in der FG*	91,2% (124)	5,1% (7)	3,7% (5)
ein Organspendeausweis mit Einwilligung vorliegt, aber die Angehörigen nicht einverstanden sind? *(Option 3), Anteil in der FG*	61,8% (84)	30,1% (41)	8,1% (11)
kein Organspendeausweis vorliegt und die Ange-hörigen damit einverstanden sind? *(Option 4), Anteil in der FG*	56,6% (77)	30,9% (42)	12,5% (17)
kein Organspendeausweis vorliegt, die Angehö-rigen nicht erreichbar sind, aber ein anderer Patient dringend dessen Organe zum Überleben benötigt? *(Option 5), Anteil in der FG*	9,6% (13)	77,2% (105)	13,2% (18)
kein Organspendeausweis vorliegt, die Angehörigen nicht einverstanden sind, jedoch ein anderer Patient dessen Organe zum Überleben benötigt? *(Option 6), Anteil in der FG*	4,4% (6)	90,4% (123)	5,1% (7)
der Patient im Vorfeld eine Spende abgelehnt hat, aber ein anderer Patient dessen Organe zum Überleben benötigt? *(Option 7), Anteil in der FG*	0,7% (1)	93,4% (127)	5,9% (8)

Um zu ermitteln, in welchem Zusammenhang die Entscheidungen über Organentnahmen mit der Klassifizierung des Patienten stehen, werden im Folgenden Kreuztabellen zu jeder Option abgebildet. Daraus wird ersichtlich, wie hoch beispielsweise die Verletzung der dead donor rule[370] ausfällt. Da sowohl hinsichtlich der Zustandseinordnung als auch der Entscheidungen alle Teilnehmer geantwortet haben, beträgt die Anzahl der Nennungen in allen Optionen 136.

[370]Zur Definition vgl. die einleitende Begriffsklärung am Beginn dieser Arbeit. Vgl. S. 27.

Fallbeispiel 1, Option 1 (Tab. 22).

Tabelle 22: Kreuztabelle Fallbeispiel 1, Organentnahme Option 1

Ist der Patient Ihrer Meinung nach tot? Anteil i.d. FG *Option 1: Würden Sie einer Organentnahme zustimmen?*	*Ja: 56,6% (77)*[372]	*Nein: 22,8% (31)*	*Weiß nicht: 20,6% (28)*
Ja: 67,6% (92) Anteil innerhalb „Ist der Patient Ihrer Meinung nach tot?“	83,1% (64)	35,5% (11)	60,7% (17)
Nein: 23,5% (32) Anteil innerhalb „Ist der Patient Ihrer Meinung nach tot?“	7,8% (6)	58,1% (18)	28,6% (8)
Weiß nicht: 8,8% (12) Anteil innerhalb „Ist der Patient Ihrer Meinung nach tot?“	9,1% (7)	6,5% (2)	10,7% (3)

92 Befragte würden einer Organentnahme zustimmen, wenn eine Einwilligung des Patienten vorliegt und die Angehörigen nicht erreichbar sind. 64 davon haben vorher entschieden, dass der Patient tot ist.

11 Teilnehmer haben im Vorfeld entschieden, dass der Patient nicht tot ist, würden aber Organe entnehmen. Daraus ergibt sich eine Verletzung der dead donor rule in Höhe von 8,1 Prozent innerhalb der gesamten Forschungsgruppe.

64 Personen (47% in der Forschungsgruppe) haben dem Gesetz entsprechend entschieden, sie hatten den Patienten zunächst als tot eingeordnet und anschließend einer Organentnahme aufgrund der schriftlichen Einwilligung des Patienten zugestimmt.

Fallbeispiel 1, Option 2 (Tab. 23)

Tabelle 23: Kreuztabelle Fallbeispiel 1, Organentnahme Option 2

Ist der Patient Ihrer Meinung nach tot? Anteil i.d. FG	*Ja: 56,6% (77)*[373]	*Nein: 22,8% (31)*	*Weiß nicht: 20,6% (28)*

[372] Der Wert in Klammern bezieht sich auf die Anzahl der Nennungen.
[373] Der Wert in Klammern bezieht sich auf die Anzahl der Nennungen.

Option 2: Würden Sie einer Organentnahme zustimmen?			
Ja: 91,2% (124) Anteil innerhalb „Ist der Patient Ihrer Meinung nach tot?"	100% (77)	74,2% (23)	85,7% (24)
Nein: 5,1% (7) Anteil innerhalb „Ist der Patient Ihrer Meinung nach tot?"	0	22,6% (7)	0
Weiß nicht: 3,7% (5) Anteil innerhalb „Ist der Patient Ihrer Meinung nach tot?"	0	3,2% (1)	14,3% (4)

Die Bereitschaft zu einer Organentnahme ist im Vergleich zu Option eins deutlich höher. 124 Teilnehmer würden einer Organentnahme zustimmen, wenn ein Organspendeausweis vorliegt und die Angehörigen zustimmen.

Grund für die erhöhte Bereitschaft ist, im Vergleich zur vorhergehenden Option, die vorhandene Zustimmung der Angehörigen. Obwohl ihre Einwilligung keine notwendige Voraussetzung für die Zulässigkeit einer Organentnahme darstellt, da der Patient selbst in eine Organentnahme eingewilligt hat, bestärkt die zusätzliche Einwilligung knapp ein Fünftel der Befragten, einer Organentnahme zuzustimmen. Die vorhandene Zustimmung der Angehörigen verleitet demzufolge auch dazu, die dead donor rule zu verletzen, denn 23 Teilnehmer (18,5% derjenigen, die einer Organentnahme zustimmten und 74,2% derjenigen, die den Patienten als lebend klassifizierten) haben im Vorfeld entschieden, dass der Patient ihrer Meinung nach nicht tot ist, das entspricht 16,9 Prozent der Forschungsgruppe, die die dead donor rule verletzt haben.

Insgesamt haben 77 Personen (56,6% der Teilnehmer) gemäß den medizinischen Definitionen entschieden, indem sie den Patienten als tot einordneten und eine Entnahme befürworten.

Fallbeispiel 1, Option 3 (Tab. 24)

Tabelle 24: Kreuztabelle Fallbeispiel 1, Organentnahme Option 3

Ist der Patient Ihrer Meinung nach tot? Anteil i.d. FG	*Ja: 56,6% (77)*[374]	*Nein: 22,8% (31)*	*Weiß nicht: 20,6% (28)*

374 Der Wert in Klammern bezieht sich auf die Anzahl der Nennungen.

Option 3: Würden Sie einer Organentnahme zustimmen?			
Ja: 61,8% (84) Anteil innerhalb „Ist der Patient Ihrer Meinung nach tot?“	67,5% (52)	48,4% (15)	60,7% (17)
Nein: 30,1% (41) Anteil innerhalb „Ist der Patient Ihrer Meinung nach tot?“	26,0% (20)	48,4% (15)	21,4% (6)
Weiß nicht: 8,1% (11) Anteil innerhalb „Ist der Patient Ihrer Meinung nach tot?“	6,5% (5)	3,2% (1)	17,9% (5)

In diesem Fall liegt eine Einwilligung des Patienten vor, aber die Angehörigen lehnen eine Spende ab. Die Bereitschaft zu einer Organentnahme ist im Vergleich zu Option eins um sechs Prozentpunkte, im Vergleich zu Option zwei um 30 Prozentpunkte gesunken.

15 Teilnehmer (11% in der Forschungsgruppe) haben die dead donor rule verletzt, das sind mehr als in Option eins, aber weniger als in Option zwei. 52 Personen (38,23% i.d. FG) haben entsprechend den medizinischen Definitionen geantwortet, weil sie den Patienten zunächst als tot einordneten und dann einer Organentnahme zustimmen.

Fallbeispiel 1, Option 4 (Tab. 25)

Tabelle 25: Kreuztabelle Fallbeispiel 1, Organentnahme Option 4

Ist der Patient Ihrer Meinung nach tot? Anteil i.d. FG	*Ja: 56,6% (77)*[375]	*Nein: 22,8% (31)*	*Weiß nicht: 20,6% (28)*
Option 4: Würden Sie einer Organentnahme zustimmen?			
Ja: 56,6% (77) Anteil innerhalb „Ist der Patient Ihrer Meinung nach tot?“	67,5% (52)	38,7% (12)	46,4% (13)
Nein: 30,9% (42) Anteil innerhalb „Ist der Patient Ihrer Meinung nach tot?“	23,4% (18)	58,1% (18)	21,4% (6)
Weiß nicht: 12,5% (17) Anteil innerhalb „Ist der Patient Ihrer Meinung nach tot?“	9,1% (7)	3,2% (1)	32,1% (9)

[375] Der Wert in Klammern bezieht sich auf die Anzahl der Nennungen.

In diesem Fall hatte der Patient im Vorfeld keinen Organspendeausweis ausgefüllt. Weshalb die Einwilligung der Angehörigen laut Transplantationsgesetz maßgeblich für eine Organentnahme ist.

Die Zustimmung der Forschungsgruppe zu einer Organentnahme fällt mit 56,6 Prozent (77 Personen) geringer aus, als in den vorhergehenden Optionen. Allerdings wurde auch diesmal von 12 Teilnehmern (8,8% innerhalb der Forschungsgruppe) die dead donor rule verletzt.

52 Befragte (38,2% i.d. FG) haben dem Transplantationsgesetz entsprechend entschieden, wonach eine Organentnahme aufgrund des eingetretenen Todes und der Zustimmung der Angehörigen legal wäre.

Laut Gesetz wäre eine Organentnahme in den Optionen eins bis vier zulässig gewesen. Die variierenden Antworten der Teilnehmer verdeutlichen, dass die unterschiedlichen Gegebenheiten Einfluss auf die Entscheidungen ausübten, obwohl eine Organentnahme stets legal gewesen wäre. Besonders ist dabei deutlich geworden, dass eine zusätzlich zur Einwilligung des Spenders gegebene Zustimmung der Angehörigen die Bereitschaft zu Organentnahmen erhöhte. Wodurch die dead donor rule teilweise vernachlässigt wurde.

Fallbeispiel 1, Option 5 (Tab. 26)

Tabelle 26: Kreuztabelle Fallbeispiel 1, Organentnahme Option 5

Ist der Patient Ihrer Meinung nach tot? Anteil i.d. FG *Option 5: Würden Sie einer Organentnahme zustimmen?*	*Ja: 56,6% (77)*[376]	*Nein: 22,8% (31)*	*Weiß nicht: 20,6% (28)*
Ja: 9,6% (13) Anteil innerhalb „Ist der Patient Ihrer Meinung nach tot?“	7,8% (6)	9,7% (3)	14,3% (4)
Nein: 77,2% (105) Anteil innerhalb „Ist der Patient Ihrer Meinung nach tot?“	80,5% (62)	83,9% (26)	60,7% (17)
Weiß nicht: 13,2% (18) Anteil innerhalb „Ist der Patient Ihrer Meinung nach tot?“	11,7% (9)	6,5% (2)	25% (7)

[376] Der Wert in Klammern bezieht sich auf die Anzahl der Nennungen.

Liegt kein Organspendeausweis vor und sind die Angehörigen nicht erreichbar, sinkt die Bereitschaft zur Organentnahme auf unter 10 Prozent. Eine Verletzung der dead donor rule wurde von 3 Teilnehmern (2,2% i.d. der FG) vollzogen.

62 Teilnehmer (45,5% der Befragten) haben entsprechend den gesetzlichen Regelungen entschieden, indem sie den Patienten zunächst als tot klassifiziert, eine Organentnahme aber aufgrund der nicht vorliegenden Einwilligung des Patienten und der Nichterreichbarkeit der Angehörigen abgelehnt haben.

Diese Ergebnisse bestätigen erneut den Einfluss gegebener Zustimmungen auf die Bereitschaft zur Organentnahme. Die Mehrheit der Forschungsgruppe vertritt die Auffassung, dass bei fehlender Einwilligung seitens des Spenders oder der Angehörigen keine Spende erfolgen sollte, was der aktuellen Regelung der Organspende entspricht.

Fallbeispiel 1, Option 6 (Tab. 27)

Tabelle 27: Kreuztabelle Fallbeispiel 1, Organentnahme Option 6

Ist der Patient Ihrer Meinung nach tot? Anteil i.d. FG *Option 6: Würden Sie einer Organentnahme zustimmen?*	*Ja: 56,6% (77)*[377]	*Nein: 22,8% (31)*	*Weiß nicht: 20,6% (28)*
Ja: 4,4% (6) Anteil innerhalb „Ist der Patient Ihrer Meinung nach tot?“	3,9% (3)	3,2% (1)	7,1% (2)
Nein: 90,4% (123) Anteil innerhalb „Ist der Patient Ihrer Meinung nach tot?“	90,9% (70)	96,8% (39)	82,1% (23)
Weiß nicht: 5,1% (7) Anteil innerhalb „Ist der Patient Ihrer Meinung nach tot?“	5,2% (4)	0	10,7% (3)

Die Ablehnung einer Spende seitens der Angehörigen bei nichtvorhandener Einwilligung des Patienten führt dazu, dass 123 Befragte eine Organspende ablehnen.

Die Verletzung der dead donor rule von einem Teilnehmer macht 0,7 Prozent innerhalb der Forschungsgruppe aus. Regelkonforme Ent-

[377] Der Wert in Klammern bezieht sich auf die Anzahl der Nennungen.

scheidungen wurden von 70 Teilnehmern (51,5% in der Forschungsgruppe) getroffen.

Erneut zeigt sich, dass eine Einwilligung des Patienten sowie die Entscheidung der Angehörigen als maßgebliche Kriterien für die Bereitschaft zu Organentnahmen bei der Forschungsgruppe fungieren. Wie die Ergebnisse zu dieser Option belegen, hat der dringende Organbedarf kaum Auswirkungen auf eine Zustimmung von Organentnahmen. Das Lebensrecht der potentiellen Organempfänger ist weniger ausschlaggebend bei den Entscheidungen als die Selbstbestimmung des Patienten bzw. der Entscheidung der Angehörigen.

Fallbeispiel 1, Option 7 (Tab 28):

Tabelle 28: Kreuztabelle Fallbeispiel 1, Organentnahme Option 7

Ist der Patient Ihrer Meinung nach tot? Anteil i.d. FG *Option 7: Würden Sie einer Organentnahme zustimmen?*	*Ja: 56,6% (77)*[378]	*Nein: 22,8% (31)*	*Weiß nicht: 20,6% (28)*
Ja: 0,7% (1) Anteil innerhalb „Ist der Patient Ihrer Meinung nach tot?"	1,3% (1)	0	0
Nein: 93,4% (127) Anteil innerhalb „Ist der Patient Ihrer Meinung nach tot?"	94,8% (73)	100% (31)	82,1% (23)
Weiß nicht: 5,9% (8) Anteil innerhalb „Ist der Patient Ihrer Meinung nach tot?"	3,9% (3)	0	17,9% (5)

Es liegt keine Verletzung der dead donor rule vor und der Widerspruch des Patienten führt bei 127 Teilnehmern zu einer Ablehnung von Organentnahmen. 73 Journalisten (53,6% innerhalb der Forschungsgruppe) haben entsprechend dem Gesetz entschieden.

Ein ausdrücklich geäußerter Widerspruch führt weitgehend zu Ablehnung von Spenden.

[378] Der Wert in Klammern bezieht sich auf die Anzahl der Nennungen.

3.6.3.2 Organentnahme bei Komapatienten (Fallbeispiel 2 und 3)

Es folgt die Darstellung der Ergebnisse zu Organentnahmen bei der Patientin in Fallbeispiel zwei (komatös, künstlich beatmet) und zum Patienten in Fallbeispiel drei (irreversibles Koma, Spontanatmung erfolgt selbstständig). Bei beiden Patienten sind geringe Gehirnaktivitäten vorhanden.

Organentnahmen sind in allen Optionen nach geltendem Recht unzulässig, da § 3 Abs. 1 Nr. 2 TPG nicht erfüllt ist. Deshalb hätten Organentnahmen eine aktive Sterbehilfe zur Folge. Aufgrund der nahezu identischen Ergebnisse bei der im Vorfeld erfolgten Zustandseinordnung werden die Ergebnisse zu den jeweiligen Optionen gemeinsam abgebildet. Zunächst werden alle Antworten zu den Optionen bei Fallbeispiel 2 und 3 im Überblick dargestellt (Tab. 29). Die Gesamtzahl der Nennungen beträgt im Fallbeispiel eins bei Option 1-6 jeweils 136, bei Option sieben fehlt eine Nennung, die Gesamtzahl beträgt demnach 135. Bei Fallbeispiel 3 beträgt die Anzahl der Nennungen in allen Optionen 136.

Würden Sie einer Organentnahme zustimmen, wenn....

Tabelle 29: Entscheidungen über Organentnahmen zu Fallbeispiel 1

Antwort	*Ja*	*Nein*	*Weiß nicht*
ein Organspendeausweis mit Einwilligung vorliegt und die Angehörigen nicht erreichbar sind? *(Option 1), Anteil i.d. FG*	FB 2[379]: 22,1% (30)[380] FB 3: 20,6% (28)	FB 2: 69,1% (94) FB 3: 74,3% (101)	FB 2: 8,8%[380] (12) FB 3: 5,1% (7)
ein Organspendeausweis mit Einwilligung vorliegt und die Angehörigen damit einverstanden sind? *(Option 2), Anteil i.d. FG*	FB 2: 43,4% (59) FB 3: 40,4% (55)	FB 2: 49,3% (67) FB 3: 55,9% (76)	FB 2: 7,4% (10) FB 3: 3,7% (5)
ein Organspendeausweis mit Einwilligung vorliegt, aber die Angehörigen nicht einverstanden sind? *(Option 3), Anteil i.d. FG*	FB 2: 21,3% (29) FB 3: 19,9% (27)	FB 2: 69,1% (94) FB 3: 74,3% (101)	FB 2: 9,6% (13) FB 3: 5,9% (8)

[379]FB 2 = Fallbeispiel 2, FB 3 = Fallbeispiel 3.

[380]Der Wert in Klammern stellt die Anzahl der Nennungen dar.

kein Organspendeausweis vorliegt und die Angehörigen damit einverstanden sind? *(Option 4), Anteil i.d. FG*	FB 2: 26,5% (36) FB 3: 17,6% (24)	FB 2: 68,4% (93) FB 3: 77,9% (106)	FB 2: 5,1% (7) FB 3: 4,4% (6)
kein Organspendeausweis vorliegt, die Angehörigen nicht erreichbar sind, aber ein anderer Patient dringend dessen Organe zum Überleben benötigt? *(Option 5), Anteil i.d. FG*	FB 2: 2,9% (4) FB 3: 3,7% (5)	FB 2: 91,2% (124) FB 3: 91,9% (125)	FB 2: 5,9% (8) FB 3: 4,4% (6)
kein Organspendeausweis vorliegt, die Angehörigen nicht einverstanden sind, jedoch ein anderer Patient dessen Organe zum Überleben benötigt? *(Option 6), Anteil i.d. FG*	FB 2: 1,5% (2) FB 3: 2,2% (3)	FB 2: 96,3% (131) FB 3: 97,1% (132)	FB 2: 2,2% (3) FB 3: 0,7% (1)
der Patient im Vorfeld eine Spende abgelehnt hat, aber ein anderer Patient dessen Organe zum Überleben benötigt? *(Option 7), Anteil i.d. FG*	FB 2: 0 FB 3: 1,5% (2)	FB 2: 94,9% (129) FB 3: 94,9% (129)	FB 2: 4,4%[381] (6) FB 3: 3,7% (5)

Die folgenden Ergebnisse zu den einzelnen Optionen werden in Kreuztabellen dargestellt, um die Verbindung zur Klassifizierung der Patienten herzustellen und somit Rückschlüsse auf vorgenommene Verletzungen der dead donor rule ziehen zu können. Drei Teilnehmer haben keine Angabe zur Klassifizierung der Patientin in Fallbeispiel zwei gemacht, demnach beträgt die Gesamtmenge der Nennungen in den Kreuztabellen 133. Bei Fallbeispiel drei beträgt die Gesamtzahl der Nennungen in allen Optionen 136.

[381] Zu 100 Prozent fehlend = keine Angabe (ein Teilnehmer).

Fallbeispiel 2 und 3, Option 1 (Tab. 30)

Tabelle 30: Kreuztabelle Fallbeispiel 2 und 3, Organentnahme Option 1

Ist die Patientin/der Patient Ihrer Meinung nach tot? Anteil i.d. FG *Option 1: Würden Sie einer Organentnahme zustimmen?*	*Ja: FB 2:*[382] *6,6% (9)*[383]*/ FB 3: 7,4% (10)*	*Nein: FB 2: 83,8% (114)/ FB 3: 85,3% (116)*	*Weiß nicht: FB 2: 7,3% (10)/FB 3: 7,4%*[384] *(10)*
Ja: *FB 2: 21,1% (28)*[385] *FB 3: 20,6% (28)* Anteil innerhalb „Ist der Patient Ihrer Meinung nach tot?"	FB 2: 66,7% (6) FB 3: 60% (6)	FB 2: 16,7% (19) FB 3: 15,5% (18)	FB 2: 30% (3) FB 3: 40% (4)
Nein: *FB 2: 70,7% (94)* *FB 3: 74,3% (101)* Anteil innerhalb „Ist der Patient Ihrer Meinung nach tot?"	FB 2: 22,2% (2) FB 3: 30% (3)	FB 2: 78,1% (89) FB 3: 81% (94)	FB 2: 30% (3) FB 3: 40% (4)
Weiß nicht: *FB 2: 8,3% (11)*[386] *FB 3: 5,1% (7)* Anteil innerhalb „Ist der Patient Ihrer Meinung nach tot?"	FB 2: 11,1% (1) FB 3: 10% (1)	FB 2: 5,3% (6) FB 3: 3,4% (4)	FB 2: 40% (4) FB 3: 20% (2)

[382] FB 2 = Fallbeispiel 2; FB 3 = Fallbeispiel 3.

[383] Der Wert in Klammern bezieht sich auf die Zahl der Nennungen.

[384] Zu 100% fehlend = keine Angabe (3 Teilnehmer), die Gesamtzahl der Nennungen beträgt 133.

[385] Die Abweichung zum Wert in Tabelle 29 erklärt sich durch fehlende Nennungen bei der Zustandsklassifizierung.

[386] Die Abweichung zum Wert in Tabelle 29 erklärt sich durch fehlende Nennungen bei der Zustandsklassifizierung.

In diesem Fall liegt ein Spenderausweis vor und die Angehörigen sind nicht erreichbar. Die Antwortverteilungen weichen in beiden Fallbeispielen nur geringfügig voneinander ab, rund ein Fünftel der Teilnehmer würde einer Organentnahme zustimmen. Im Fallbeispiel drei ist die Bereitschaft zu einer Organentnahme etwas geringer als in Fallbeispiel zwei.

In Fallbeispiel zwei haben 89 (65,4% i.d. FG) und im Fallbeispiel 3 haben 94 (69,1% i.d. FG) Mitglieder der Forschungsgruppe dem Gesetz entsprechend entschieden, indem sie die Patienten als lebendig klassifizierten und eine Organentnahme ablehnten. Dass eine Einwilligung seitens der Patienten vorliegt, wirkt sich bei diesem Teil der Befragten nicht dahingehend aus, dass eine Spende befürwortet wird.

Die Verletzung der dead donor rule beträgt im Fallbeispiel zwei 14 Prozent (19 Teilnehmer) und im Fallbeispiel drei 13,2 Prozent der Forschungsgruppe (18 Teilnehmer).

Fallbeispiel 2 und 3, Option 2 (Tab 31)

Tabelle 31: Kreuztabelle Fallbeispiel 2 und 3, Organentnahme Option 2

Ist die Patientin/der Patient Ihrer Meinung nach tot? Anteil i.d. FG *Option 2: Würden Sie einer Organentnahme zustimmen?*	*Ja: FB 2:*[387] *6,6% (9)*[388]*/ FB 3: 7,4% (10)*	*Nein: FB 2: 83,8% (114)/ FB 3: 85,3% (116)*	*Weiß nicht: FB 2: 7,3% (10)/FB 3: 7,4%*[389] *(10)*
Ja: *FB 2: 42,1% (56)*[390] *FB 3: 40,4% (55)* Anteil innerhalb „Ist der Patient Ihrer Meinung nach tot?“	FB 2: 100% (9) FB 3: 100% (10)	FB 2: 36% (41) FB 3: 31,9% (37)	FB 2: 60% (6) FB 3: 80% (8)

[387]FB 2 = Fallbeispiel 2; FB 3 = Fallbeispiel 3.

[388]Der Wert in Klammern bezieht sich auf die Zahl der Nennungen.

[389]Zu 100% fehlend = keine Angabe (3 Teilnehmer), die Gesamtzahl der Nennungen beträgt 133.

[390]Die Abweichung zum Wert in Tabelle 29 erklärt sich durch fehlende Nennungen bei der Klassifizierung des Zustands.

Nein: *FB 2: 50,4% (67)* *FB 3: 55,9% (76)*			
Anteil innerhalb „Ist der Patient Ihrer Meinung nach tot?“	FB 2: 0 FB 3: 0	FB 2: 58,8% (67) FB 3: 64,7% (75)	FB 2: 0 FB 3: 10% (1)
Weiß nicht: *FB 2: 7,5% (10)* *FB 3: 3,7% (5)*			
Anteil innerhalb „Ist der Patient Ihrer Meinung nach tot?“	FB 2: 0 FB 3: 0	FB 2: 5,3% (6) FB 3: 3,4% (4)	FB 2: 40% (4) FB 3: 10% (1)

Bei vorliegender Einwilligung der Patienten und zusätzlicher Zustimmung der Angehörigen ist die Befürwortung der Teilnehmer einer Organentnahme im Vergleich zu Option deutlich gestiegen. Aufgrund der vorher getroffenen Entscheidungen über die Zustandsklassifizierung haben in Fallbeispiel 41 Personen und in Fallbeispiel drei 37 Personen die dead donor rule verletzt. Das entspricht 30,1 Prozent bzw. 27,2 Prozent der Forschungsgruppe.

Damit wird erneut sichtbar, dass eine Einwilligung des Spenders plus Zustimmung der Angehörigen die Bereitschaft, Organe zu entnehmen, begünstigt, wodurch eine steigende Verletzung der dead donor rule eintritt. Durch die Zustimmung wird eine aktive Sterbehilfe befürwortet.

Fallbeispiel 2 und 3, Option 3 (Tab. 32)

Tabelle 32: Kreuztabelle Fallbeispiel 2 und 3, Organentnahme Option 3

Ist die Patientin/der Patient Ihrer Meinung nach tot? Anteil i.d. FG	*Ja: FB 2:*[391] *6,6% (9)*[392]*/ FB 3: 7,4% (10)*	*Nein: FB 2: 83,8% (114)/ FB 3: 85,3% (116)*	*Weiß nicht: FB 2: 7,3% (10)/FB 3: 7,4%*[393] *(10)*

[391] FB 2 = Fallbeispiel 2; FB 3 = Fallbeispiel 3.

[392] Der Wert in Klammern bezieht sich auf die Zahl der Nennungen.

[393] Zu 100% fehlend = keine Angabe (3 Teilnehmer), die Gesamtzahl der Nennungen beträgt 133.

Option 3: Würden Sie einer Organentnahme zustimmen?			
Ja: *FB 2: 20,3% (27)*[394] *FB 3: 19,9% (27)*			
Anteil innerhalb „Ist der Patient Ihrer Meinung nach tot?"	FB 2: 44,4% (4) FB 3: 30% (3)	FB 2: 17,5% (20) FB 3: 18,1% (21)	FB 2: 30% (3) FB 3: 30% (3)
Nein: *FB 2: 70,7% (94)* *FB 3: 74,3% (101)*			
Anteil innerhalb „Ist der Patient Ihrer Meinung nach tot?"	FB 2: 55,6% (5) FB 3: 50% (5)	FB 2: 78,1% (89) FB 3: 79,3% (92)	FB 2: 0 FB 3: 40% (4)
Weiß nicht: *FB 2: 9,0% (12)*[395] *FB 3: 5,9% (8)*			
Anteil innerhalb „Ist der Patient Ihrer Meinung nach tot?"	FB 2: 0 FB 3: 20% (2)	FB 2: 4,4% (5) FB 3: 2,6% (3)	FB 2: 70% (7) FB 3: 30% (3)

Liegt ein Ausweis vor, lehnen aber die Angehörigen eine Spende ab, sinkt die Bereitschaft zu Organentnahmen, die Ergebnisse ähneln denen bei Option eins.

94 (FB 2) bzw. 101 (FB 3) der Befragten würden keine Organe entnehmen und haben damit entsprechend den medizinischen Vorschriften entschieden.

Eine Verletzung der dead donor rule wurde bei Fallbeispiel zwei von 20 Teilnehmern (14,7% der gesamten Forschungsgruppe) vollzogen, bei Fallbeispiel drei von 21 (15,4% der gesamten Forschungsgruppe).

[394] Die Abweichung zum Wert in Tabelle 29 ergibt sich durch fehlende Nennungen bei der Zustandseinordnung.

[395] Die Abweichung zum Wert in Tabelle 29 ergibt sich durch fehlende Nennungen bei der Zustandseinordnung.

Fallbeispiel 2 und 3, Option 4 (Tab. 33)

Tabelle 33: Kreuztabelle Fallbeispiel 2 und 3, Organentnahme Option 4

Ist die Patientin/der Patient Ihrer Meinung nach tot? Anteil i.d. FG *Option 4: Würden Sie einer Organentnahme zustimmen?*	*Ja: FB 2:*[396] *6,6% (9)*[397]*/ FB 3: 7,4% (10)*	*Nein: FB 2: 83,8% (114)/ FB 3: 85,3% (116)*	*Weiß nicht: FB 2: 7,3% (10)/FB 3: 7,4%*[398] *(10)*
Ja: *FB 2: 25,6% (34)*[399] *FB 3: 17,6% (24)* Anteil innerhalb „Ist der Patient Ihrer Meinung nach tot?"	FB 2: 77,8% (7) FB 3: 80% (8)	FB 2: 20,2% (23) FB 3: 9,5% (11)	FB 2: 40% (4) FB 3: 50% (5)
Nein: *FB 2: 69,2% (92)* *FB 3: 77,9% (106)* Anteil innerhalb „Ist der Patient Ihrer Meinung nach tot?"	FB 2: 22,2% (2) FB 3: 20% (2)	FB 2: 75,4% (86) FB 3: 86,2% (100)	FB 2: 40% (4) FB 3: 40% (4)
Weiß nicht: *FB 2: 5,3% (7)*[400] *FB 3: 4,4% (6)* Anteil innerhalb „Ist der Patient Ihrer Meinung nach tot?"	FB 2: 0 FB 3: 0	FB 2: 4,4% (5) FB 3: 4,3% (5)	FB 2: 20% (2) FB 3: 10% (1)

Bei dieser Option liegt keine Einwilligung des Spenders vor, aber die Angehörigen stimmen einer Entnahme zu.

Eine Verletzung der dead donor rule wurde im zweiten Fallbeispiel von 23 Personen (16,9% i.d. FG) und im dritten Fallbeispiel von elf

[396] FB 2 = Fallbeispiel 2; FB 3 = Fallbeispiel 3.

[397] Der Wert in Klammern bezieht sich auf die Zahl der Nennungen.

[398] Zu 100% fehlend = keine Angabe (3 Teilnehmer), die Gesamtzahl der Nennungen beträgt 133.

[399] Die Abweichung zum Wert in Tabelle 29 ergibt sich durch fehlende Nennungen bei der Zustandseinordnung.

[400] Die Abweichung zum Wert in Tabelle 29 ergibt sich durch fehlende Nennungen bei der Zustandseinordnung.

Personen (8,1% i.d. FG) vorgenommen. Die Bereitschaft Organe zu entnehmen liegt beim zweiten Fallbeispiel um acht Prozentpunkte höher als beim dritten Fallbeispiel. Bei den Optionen eins bis drei hatten die Werte zu den Zustimmungen zu Organentnahmen bei beiden Fallbeispielen stets dichter beieinander gelegen.

Ebenso auffällig ist, dass die Bereitschaft zu einer Organentnahme im zweiten Fallbeispiel die Werte von Option eins und drei übersteigt, obwohl die Patientin nicht in eine Spende eingewilligt hatte.

Fallbeispiel 2 und 3, Option 5 (Tab. 34)

Tabelle 34: Kreuztabelle Fallbeispiel 2 und 3, Organentnahme Option 5

Ist die Patientin/der Patient Ihrer Meinung nach tot? Anteil i.d. FG *Option 5: Würden Sie einer Organentnahme zustimmen?*	*Ja: FB 2:*[401] *6,6% (9)*[402]*/ FB 3: 7,4% (10)*	*Nein: FB 2: 83,8% (114)/ FB 3: 85,3% (116)*	*Weiß nicht: FB 2: 7,3% (10)/FB 3: 7,4%*[403] *(10)*
Ja: *FB 2: 3,0% (4)* *FB 3: FB 3: 3,7% (5)* Anteil innerhalb „Ist der Patient Ihrer Meinung nach tot?“	FB 2: 0 FB 3: 0	FB 2: 3,5% (4) FB 3: 4,3% (5)	FB 2: 0 FB 3: 0
Nein: *FB 2: 91,7% (122)*[404] *FB 3: 91,9% (125)* Anteil innerhalb „Ist der Patient Ihrer Meinung nach tot?“	FB 2: 88,9% (8) FB 3: 90% (9)	FB 2: 93% (106) FB 3: 93,1% (108)	FB 2: 80% (8) FB 3: 80% (8)

[401] FB 2 = Fallbeispiel 2; FB 3 = Fallbeispiel 3.
[402] Der Wert in Klammern bezieht sich auf die Zahl der Nennungen.
[403] Zu 100% fehlend = keine Angabe (3 Teilnehmer), die Gesamtzahl der Nennungen beträgt 133.
[404] Die Abweichung zum Wert in Tabelle 29 ergibt sich durch fehlende Nennungen bei der Zustandseinordnung.

Weiß nicht: *FB 2: 5,3% (7)*[405] *FB 3: 4,4% (6)*			
Anteil innerhalb „Ist der Patient Ihrer Meinung nach tot?“	FB 2: 11,1% (1) FB 3: 10% (1)	FB 2: 3,5% (4) FB 3: 2,6% (3)	FB 2: 20% (2) FB 3: 20% (2)

Es liegt keine Einwilligung der Patienten zu einer Organentnahme vor und die Angehörigen sind nicht erreichbar. Deshalb ist die Zustimmung zu einer Organentnahme im Vergleich zu Option vier um mehr als 20 Prozent im zweiten und mehr als 13 Prozent im dritten Fallbeispiel gesunken.

Demzufolge tritt seltener eine Verletzung der dead donor rule auf, sie wird von vier Personen im zweiten (2,9% der gesamten Forschungsgruppe) und fünf Personen (3,7% der gesamten Forschungsgruppe) im dritten Fallbeispiel ausgeübt.

Fallbeispiel 2 und 3, Option 6 (Tab. 35)

Tabelle 35: Kreuztabelle Fallbeispiel 2 und 3, Organentnahme Option 6

Ist die Patientin/der Patient Ihrer Meinung nach tot? Anteil i.d. FG *Option 6: Würden Sie einer Organentnahme zustimmen?*	*Ja: FB 2:*[406] *6,6% (9)*[407]*/ FB 3: 7,4% (10)*	*Nein: FB 2: 83,8% (114)/ FB 3: 85,3% (116)*	*Weiß nicht: FB 2: 7,3% (10)/FB 3: 7,4%*[408] *(10)*
Ja: *FB 2: 1,5% (2)* *FB 3: 2,2% (3)*			
Anteil innerhalb „Ist der Patient Ihrer Meinung nach tot?“	FB 2: 0 FB 3: 0	FB 2: 1,8% (2) FB 3: 2,6% (3)	FB 2: 0 FB 3: 0

[405]Die Abweichung zum Wert in Tabelle 29 ergibt sich durch fehlende Nennungen bei der Zustandseinordnung.

[406]FB 2 = Fallbeispiel 2; FB 3 = Fallbeispiel 3.

[407]Der Wert in Klammern bezieht sich auf die Zahl der Nennungen.

[408]Zu 100% fehlend = keine Angabe (3 Teilnehmer), die Gesamtzahl der Nennungen beträgt 133.

Nein: *FB 2: 97,0% (129)*[409] *FB 3: 97,1% (132)* Anteil innerhalb „Ist der Patient Ihrer Meinung nach tot?“	FB 2: 100% (9) FB 3: 100% (10)	FB 2: 97,4% (111) FB 3: 97,4% (113)	FB 2: 90% (9) FB 3: 90% (9)
Weiß nicht: *FB 2: 1,5% (2)*[410] *FB 3: 0,7% (1)* Anteil innerhalb „Ist der Patient Ihrer Meinung nach tot?“	FB 2: 0 FB 3: 0	FB 2: 0,9% (1) FB 3: 0	FB 2: 10% (1) FB 3: 10% (1)

Die Ablehnung einer Spende durch die Angehörigen und eine fehlende Einwilligung des Spenders führen zu einer noch weiter gesunkenen Bereitschaft der Forschungsgruppe, Organe zu entnehmen. Die Verletzung der dead donor rule liegt bei 1,5 Prozent (2 Teilnehmer/FB 2) bzw. 2,2 Prozent (3 Teilnehmer/FB 3) innerhalb der gesamten Forschungsgruppe.

Fallbeispiel 2 und 3, Option 7 (Tab. 36)

Tabelle 36: Kreuztabelle Fallbeispiel 2 und 3, Organentnahme Option 7

Ist die Patientin/der Patient Ihrer Meinung nach tot? Anteil i.d. FG	*Ja: FB 2:*[411] *6,6% (9)*[412]*/ FB 3: 7,4% (10)*	*Nein: FB 2: 83,8% (114)/ FB 3: 85,3% (116)*	*Weiß nicht: FB 2: 7,3% (10)/FB 3: 7,4%*[413] *(10)*

[409]Die Abweichung zum Wert in Tabelle 29 ergibt sich durch fehlende Nennungen bei der Zustandseinordnung.

[410]Die Abweichung zum Wert in Tabelle 29 ergibt sich durch fehlende Nennungen bei der Zustandseinordnung.

[411]FB 2 = Fallbeispiel 2; FB 3 = Fallbeispiel 3.

[412]Der Wert in Klammern bezieht sich auf die Zahl der Nennungen.

[413]Zu 100% fehlend = keine Angabe (3 Teilnehmer), die Gesamtzahl der Nennungen beträgt 133.

Option 7: Würden Sie einer Organentnahme zustimmen?			
Ja: *FB 2: 0* *FB 3: 1,5% (2)*			
Anteil innerhalb „Ist der Patient Ihrer Meinung nach tot?“	FB 2: 0 FB 3: 0	FB 2: 0 FB 3: 1,7% (2)	FB 2: 0 FB 3: 0
Nein: *FB 2: 95,5% (126)*[414] *FB 3: 94,9% (129)*			
Anteil innerhalb „Ist der Patient Ihrer Meinung nach tot?“	FB 2: 88,9% (8) FB 3: 90% (9)	FB 2: 97,3% (110) FB 3: 96,6% (112)	FB 2: 80% (8) FB 3: 80% (8)
Weiß nicht: *FB 2: 4,5% (6)* *FB 3: 3,7% (5)*			
Anteil innerhalb „Ist der Patient Ihrer Meinung nach tot?“	FB 2: 11,1% (1) FB 3: 10% (1)	FB 2: 2,7% (3) FB 3: 1,7% (2)	FB 2: 20% (2)[415] FB 3: 20% (2)

Tabelle 36 basiert hinsichtlich des zweiten Fallbeispiels auf 132 Nennungen, da ein Teilnehmer bei dieser Option keine Antwort gegeben hat und drei Teilnehmer im Vorfeld keine Einordnung des Zustands vorgenommen haben. Aufgrund des Widerspruchs der Patienten ist im zweiten Fallbeispiel gar keine, im dritten eine Zustimmung zur Organentnahme von zwei Teilnehmern zu verzeichnen. Eine Verletzung der dead donor rule wurde im dritten Fallbeispiel von zwei Teilnehmern (1,5% der gesamten Forschungsgruppe) vorgenommen.

[414] Die Abweichung zum Wert in Tabelle 29 ergibt sich durch fehlende Nennungen bei der Zustandseinordnung. Innerhalb dieser Option fehlt zudem eine Nennung, die Gesamtzahl der Nennungen beträgt deshalb 132, weshalb sich die Prozente innerhalb der Kreuztabelle auf eine Grundgesamtheit von 132 beziehen.

[415] Die Gesamtzahl der Nennungen beträgt aufgrund drei fehlender Nennungen bei der Zustandseinordnung und einer fehlenden Nennung innerhalb der Option 132.

3.6.3.3 Korrekte Klassifizierung der Patienten in allen drei Fällen und Einstellungen zu Organentnahmen

Die Befragung in Ohio hatte ergeben, dass 29,5 Prozent der Teilnehmer die Patienten in allen drei Fallbeispielen in Übereinstimmung mit den gegenwärtigen medizinischen Kriterien und dem Gesetz als lebend oder tot klassifiziert haben.[416] Diese Zahl wurde als Richtwert für einen Teil der Hirntodhypothese verwendet. Die Vermutung wurde übertroffen, weil eine korrekte Klassifizierung in allen drei Fällen von 41,2 Prozent der Befragten vorgenommen wurde.

Darüber hinaus wurde ermittelt, wie viele Antworten eine korrekte Klassifizierung plus gesetzeskonforme Entscheidungen über Organentnahmen beinhalten. Die Werte schwanken dabei zwischen 37,5 Prozent und 83 Prozent (Tab. 37).

Übereinstimmung der Antworten mit den medizinischen und gesetzlichen Bedingungen für Organentnahmen

Tabelle 37: Entscheidung gemäß der gesetzlichen Vorschriften FB 1 bis 3

	Fallbeispiel 1, Anteil i.d. FG	*Fallbeispiel 2, Anteil i.d. FG*	*Fallbeispiel 3, Anteil i.d. FG*
Option 1 (Einwilligung Patient, Angehörige nicht erreichbar),	47,1%[417] (64)[418]	65,4% (89)	69,1% (94)
Option 2 (Einwilligung Patient, Zustimmung Angehörige),	56,6% (77)	49,3% (67)	55,1% (75)
Option 3 (Einwilligung Patient, Ablehnung Angehörige),	38,2% (52)	65,4% (89)	67,6% (92)
Option 4 (keine Einwilligung Patient, Zustimmung Angehörige)	38,2% (52)	63,2% (86)	73,5% (100)
Option 5 (keine Einwilligung Patient, Angehörige nicht erreichbar)	45,6% (62)	77,9% (106)	79,4% (108)

[416] Vgl. Siminoff, Laura A./ Burant, Christopher/ Youngner, Stuart J.: Death and organ procurement: public beliefs and attitudes, in: *Social Science & Medicine*, Bd. 59, Heft 11, Dezember 2004, S. 2330.

[417] Die Prozentzahl bezieht sich auf die gesamte Forschungsgruppe, zur Ermittlung wurde die Zahl der Nennungen ins Verhältnis zur Gesamtmenge von 136 gesetzt.

[418] Der Wert in Klammern bezieht sich auf die Anzahl der Nennungen.

Option 6 (keine Einwilligung Patient, Ablehnung Angehörige)	51,5% (70)	81,6% (111)	83,1% (113)
Option 7 (Ablehnung Patient, dringender Organbedarf eines anderen Patienten)	53,7% (73)	80,9% (110)	82,4% (112)

Die Anzahl der korrekten Antworten variiert sehr stark aufgrund der unterschiedlichen Bedingungen innerhalb der Optionen. Während in Fällen mit Komapatient und einer nicht vorhandenen Einwilligung zu einer Organentnahme plus Nichterreichbarkeit bzw. Ablehnung der Angehörigen (Fallbeispiel 2 und 3, Option 5-7) die höchste Zahl an korrekten Antworten gegeben wurde, haben zum ersten Fallbeispiel mehrmals weniger als 50 Prozent der Teilnehmer entsprechend der Gesetzeslage geantwortet.

Die Verletzungen der dead donor rule, die von 30 Prozent der Forschungsgruppe mindestens einmal vollzogen wurden (Vgl. Tab. 38), weisen auf die Notwendigkeit weiterer Reflexion und Aufklärung über eine aktive Sterbehilfe aus altruistischen Zwecken im Zusammenhang mit Organentnahmen hin. Denn eine Verletzung der dead donor rule hätte eine aktive Sterbehilfe zur Folge, wenn Organe entnommen werden, obwohl ein Patient noch lebt. In der Bundesrepublik Deutschland ist eine aktive Sterbehilfe derzeit verboten und ethisch umstritten.

Tabelle 38: Übersicht Verletzung der *dead donor rule*

Verletzung der ddr	*Fallbeispiel 1, Anteil i.d. FG*	*Fallbeispiel 2, Anteil i.d. FG*	*Fallbeispiel 3, Anteil i.d. FG*
Option 1 (Einwilligung Patient, Angehörige nicht erreichbar),	8,1% (11)[419]	14,0% (19)	13,2% (18)
Option 2 (Einwilligung Patient, Zustimmung Angehörige),	16,9% (23)	30,1% (41)	27,2% (37)
Option 3 (Einwilligung Patient, Ablehnung Angehörige),	11,0% (15)	14,7% (20)	15,4% (21)
Option 4 (keine Einwilligung Patient, Zustimmung Angehörige)	8,8% (12)	16,9% (23)	8,1% (11)

[419] Die Zahl in Klammern bezieht sich auf die Zahl der Nennungen.

Option 5 (keine Einwilligung Patient, Angehörige nicht erreichbar)	2,2% (3)	2,9% (4)	3,7% (5)
Option 6 (keine Einwilligung Patient, Ablehnung Angehörige)	0,7% (1)	1,4% (2)	2,2% (3)
Option 7 (Ablehnung Patient, dringender Organbedarf eines anderen Patienten)	0	0	1,5% (2)

Tabelle 38 visualisiert den Einfluss der Zustimmung von Patienten und Angehörigen auf die Bereitschaft zu Organentnahmen bis hin zu Verletzungen der dead donor rule. Die Bereitschaft, diese zu missachten, war immer dann am höchsten, wenn sowohl der Patient zu Lebzeiten als auch die Angehörigen mit einer Organentnahme einverstanden waren. Im zweiten Fallbeispiel in der zweiten Option wurde die Regel am häufigsten verletzt, 30 Prozent der Befragten haben hier einer Organentnahme zugestimmt, obwohl die Patientin vorher als lebend klassifiziert wurde. Wenn seitens der Patienten eine Einwilligung vorlag und die Angehörigen nicht erreichbar waren oder nicht zustimmten (Option 1 und 3), so waren acht bis 15 Prozent der Teilnehmer willens, einer Organentnahme, trotz vorheriger Einordnung der Patienten als lebend, zuzustimmen. Bei vorliegender Zustimmung der Angehörigen, aber fehlender Einwilligung des Patienten (Option 4), waren es 8,8 bis 16,9 Prozent. Eine fehlende Einwilligung des Patienten zuzüglich Nichterreichbarkeit bzw. Ablehnung der Angehörigen (Option 5 und 6) führte zu einer geringen Bereitschaft, Organe zu entnehmen, höchstens 3,7 Prozent der Umfrageteilnehmer waren damit einverstanden. Eine vorliegende Ablehnung seitens der Patienten führte zu einer nahezu vollständigen Ablehnung von Organentnahmen innerhalb der Forschungsgruppe. Der dringende Organbedarf eines Patienten auf der Warteliste führte bei den Befragten nicht zu einem Ansteigen der Organentnahmebereitschaft, in der entsprechenden Option sieben sind höchstens 1,5 Prozent der Forschungsgruppe mit Organentnahmen einverstanden.

Schlussfolgernd spielten Patientenwille und Angehörigenwille für die Teilnehmer entscheidende Rollen, wenn es darum ging, für oder gegen die Entnahme von Organen zu stimmen. Die Bereitschaft sinkt, wenn nicht mindestens Patient oder Angehöriger zugestimmt hat. Der Patientenselbstbestimmung kommt damit hohe Relevanz zu. Zwar wird das Hirntodkriterium bei Entscheidungen über Organentnahmen mehrheitlich beachtet, allerdings kommt es am häufigsten vor, dass die dead donor rule missachtet wird, wenn Spender und Angehörige in eine Spende eingewilligt haben.

Aufgrund der Antworten zu den Organentnahmen wird deutlich, dass Entscheidungen zum Teil nicht entsprechend der medizinischen Regelungen getroffen wurden. Nach geltendem Recht ist die Meinung der Angehörigen bei vorliegender Einwilligung des Spenders und Eintritt des Hirntodes nicht mehr notwendig für die Zulässigkeit einer Spende, da der Patient von seinem Selbstbestimmungsrecht Gebrauch gemacht hat. Eine zusätzliche Einwilligung der Angehörigen bedingte aber eine höhere Entnahmebereitschaft in der Forschungsgruppe.

Dass der Anteil der gesetzeskonformen Entscheidungen beim ersten Fallbeispiel in allen Optionen unter 60 Prozent bleibt (Vgl. Tab. 37), wurde dadurch ausgelöst, dass nur etwas mehr als die Hälfte den Patienten als tot klassifiziert hat.

3.6.3.4 Organentnahme bei ganzhirntoten Patienten

Innerhalb der Befragung hatten die Teilnehmer zudem über Organentnahmen bei einem *ganzhirntoten* Patienten zu entscheiden (Tab. 39).

> *Würden Sie der Organentnahme eines ganzhirntoten Patienten zustimmen?*

Tabelle 39: Organentnahme nach Ganzhirntod

	Ja (Anteil i.d. FG)	*Nein (Anteil i.d. FG)*	*Weiß nicht (Anteil i.d. FG)*	*Fehlend (Anteil i.d. FG)*
Option 1 (Einwilligung Patient, Angehörige nicht erreichbar) Bei Fallbeispiel 1	*74,3% (101)*[420] 67,6% (92)	*16,9% (23)* 23,5% (32)	*8,1% (11)* 8,8% (12)	*0,7% (1)*
Option 2 (Einwilligung Patient, Angehörige einverstanden) Bei Fallbeispiel 1	*94,1% (128)* 91,2% (124)	*2,2% (3)* 5,1% (7)	*3,7% (5)* 3,7% (5)	
Option 3 (Einwilligung Patient, Ablehnung der Angehörigen) Bei Fallbeispiel 1	*63,2% (86)* 61,8% (84)	*25,0% (34)* 30,1% (41)	*11,8% (16)* 8,1% (11)	
Option 4 (keine Einwilligung Patient, Zustimmung Angehörige) Bei Fallbeispiel 1	*54,4% (74)* 56,6% (77)	*34,6% (47)* 30,9% (42)	*11,0% (15)* 12,5% (17)	
Option 5 (keine Einwilligung Patient, Angehörige nicht erreichbar) Bei Fallbeispiel 1	*14,0% (19)* 9,6% (13)	*76,5% (104)* 77,2% (105)	*8,8% (12)* 13,2% (18)	*0,7% (1)*
Option 6 (keine Einwilligung Patient, Angehörige lehnen ab) Bei Fallbeispiel 1	*4,4% (6)* 4,4% (6)	*89,0% (121)* 90,4% (123)	*5,9% (8)* 5,1% (7)	*0,7% (1)*
Option 7 (Ablehnung Patient, dringender Organbedarf) Bei Fallbeispiel 1	*3,7% (5)* 0,7% (1)	*90,4% (123)* 93,4% (127)	*4,4% (6)* 5,9% (8)	*1,5% (2)*

[420] Der Wert in Klammern bezieht sich auf die Zahl der Nennungen.

Dass die Schwankungen bei den Antworten zu dieser Frage und dem ersten Fallbeispiel unter 10 Prozent bleiben, zeigt, dass die Befragten oft genauso wie beim ersten Fallbeispiel entschieden haben. Die vorherige, explizit als *ganzhirntot* formulierte, Zustandsbeschreibung hatte demzufolge nur in wenigen Fällen Einfluss auf die Zustimmung zu Organentnahmen.

3.6.4 Abgleich mit der Hirntodhypothese

Die *Hirntodhypothese* wurde basierend auf den Ergebnissen der Ohio-Studie formuliert. Dabei wurden 1.351 Bewohner des gleichnamigen US-Bundesstaates befragt, die Auswahl erfolgte durch ein Zufallsprinzip, die Befragung per Telefon.

Um durch die Auswahl der Teilnehmer die amerikanische Bevölkerung zu repräsentieren, wurden im Vorfeld der Befragung zwölf Fokusgruppen erstellt, wodurch Afro-Amerikaner, mittellose Angehörige der Arbeiterklasse, Lateinamerikaner, Behinderte, orthodoxe Juden, Moslems und Weiße aus der Mittel- und Oberschicht in die Studie einbezogen wurden. Weiterhin war durch die Auswahl des Bundesstaates Ohio ein Querschnitt der amerikanischen Bevölkerung möglich.[421] Tabelle 40 zeigt die wesentlichen Merkmale der Ohio-Forschungsgruppe und der im Rahmen dieser Arbeit befragten Journalisten im Überblick.

Tabelle 40: Forschungsgruppenvergleich mit Ohio-Studie

Charakteristika der Umfrage-Teilnehmer	*Ohio-Studie*[422]	*Befragung der Journalisten*
Alter	Durchschnitt: 43,51 Jahre	Durchschnitt: 36,61 Jahre
Geschlecht		
- männlich	32,9%	67,1%
- weiblich	41,9%	58,1%

[421] Zur genauen Aufschlüsselung der Daten über die Befragten der Ohio-Studie vgl.: Siminoff, Laura/ Burant, Christopher/ Youngner, Stuart: Death and Organ Procurement: Public Beliefs and Attitudes, in: *Social Science & Medicine*, Bd. 59, Heft 11 (Dezember 2004), S. 2328.

[422] Vgl. ebd., S. 2325-2331.

Bildung: Akademiker	BA oder höher: 27,3%	Abgeschl. Studium: 77,9%
Familienstand		
- ledig	23,9%	67,6%
- geschieden	16,8%	3,7%
- verwitwet	7,6%	0,7%
- verheiratet	51,6%	27,9%
Religion		
Protestantisch/Evangelisch	60,9%	27,2%
Katholisch	22,5%	15,4%
Jüdisch	1,6%	-
Muslimisch	0,6%	-
Andere Christliche Glaubensgemeinschaften	3,5%	-
Sonstige	1,9%	2,9%
Konfessionslos	3,1%	54,4%

Die Journalisten, die sich an der Befragung beteiligt haben, sind im Durchschnitt knapp sieben Jahre jünger, haben öfter einen akademischen Abschluss, sind öfter konfessionslos und mehrheitlich ledig. Der Frauenanteil ist unter den befragten Journalisten geringer als in der Ohio-Befragung.

Trotz bestehender Unterschiede hinsichtlich des Ortes, Zeitpunktes und der Zusammensetzung der Stichproben ähneln sich folgende Ergebnisse (Tab. 41).

Tabelle 41: Überblick Hirntodhypothese und Befragungsergebnisse

Hypothese basierend auf Ohio-Studie[423]	*Befragungsergebnisse Forschungsgruppe*	*Abgleich*
Einordnung des Patienten im ersten Fallbeispiel mehrheitlich als tot	Einordnung des Patienten im ersten Fallbeispiel zu 56,6% als tot	Hypothese bestätigt
Einordnung der Patienten im zweiten und dritten Fallbeispiel von maximal der Hälfte der Teilnehmer als tot	Einordnung des Patienten von 84% im zweiten Fallbeispiel und von 85% im dritten als lebend	Ergebnisse haben die Hypothese übertroffen

[423] Vgl. ebd., S. 2325-2331.

Korrekte Einordnung der Patienten in allen drei Fällen von ca. 30% der Teilnehmer	Korrekte Einordnung der Patienten in allen drei Fällen von 41,2%	Ergebnisse haben die Hypothese übertroffen
Mindestens 90% der Datensätze sind in sich logisch hinsichtlich der Einordnung der Patienten in den drei Szenarien	97,1% der Datensätze beinhalten eine logische Einordnung der Patienten in den drei Szenarien	Hypothese bestätigt
Verletzung der *dead donor rule* von ca. 30% der Teilnehmer mindestens einmal	Verletzung der *dead donor rule* von bis zu 30% der Befragten innerhalb der einzelnen Optionen	Hypothese bestätigt

Im ersten Fallbeispiel haben die Teilnehmer in Ohio den Patienten öfter als tot klassifiziert als die Journalisten. Bei Fallbeispiel zwei und drei waren die Journalisten zu mehr als 80 Prozent, und damit öfter als die Teilnehmer in Ohio, der Meinung, dass die Patienten leben. Das zeigt, dass noch vorhandene Hirnströme öfter als Zeichen dafür gewertet wurden, dass ein Patient noch lebt, als in Ohio.

Mehr als 40 Prozent der Teilnehmer haben in allen drei Fällen eine medizinisch korrekte Einordnung vorgenommen, das sind 11 Prozent mehr als in Ohio. Damit wird der unwiderrufliche Verlust aller Hirnfunktionen als Todeskriterium bei den Journalisten häufiger anerkannt (Tab. 42).

Tabelle 42: Entscheidung über Organentnahmen

FB	*Ohio-Studie*[424]	*Befragung der Journalisten*
1:	*Einordnung als tot: 86,2%* Davon Zustimmung zur Organentnahme: 96,9% (83,52% der Gesamtzahl)	*Einordnung als tot: 56,6% (77)*[425] Davon Zustimmung zur Organentnahme von bis zu 100% (77 Nennungen) in Option 2 (Einwilligung Patient + Zustimmung Angehörige), das entspricht 56,6% der Forschungsgruppe.
	Einordnung als lebend: 13,8% Davon Zustimmung zur Organentnahme: 66,8% (9,25% der Gesamtzahl)	*Einordnung als lebend: 22,8% (31)* Davon Zustimmung zur Organentnahme von bis zu 74,2% (23 Nennungen bei Option 2), das entspricht 16,9% der

[424]Ebd., S. 2325-2334.

[425]Die Zahl in Klammern bezeichnet die Anzahl der Nennungen.

		Forschungsgruppe.
2:	*Einordnung als lebend: 42,8%* Davon Zustimmung zur Organentnahme: 45,7% (19,54% der Gesamtzahl)	*Einordnung als lebend: 83,8% (114)* Davon Zustimmung zur Organentnahme von bis zu 36% (41 Nennungen) bei Option 2 (Einwilligung Patient + Zustimmung Angehörige), das entspricht 30,1% der Forschungsgruppe.
	Einordnung als tot: 57,2% Davon Zustimmung zur Organentnahme: 95,6% (54,68% der Gesamtzahl)	*Einordnung als tot: 6,6% (9)* Davon Zustimmung zur Organentnahme bis zu 100% (9 Teilnehmer) in Option 2, das entspricht 6,6% der Forschungsgruppe.
3:	*Einordnung als lebend: 65,9%* Davon Zustimmung zur Organentnahme: 34,3% (22,57% der Gesamtteilnehmerzahl).	*Einordnung als lebend: 85,3% (116)* Davon Zustimmung zur Organentnahme von bis zu 31,9% (37 Teilnehmer) in Option 2 (Einwilligung Patient + Zustimmung Angehörige), das entspricht 27,2% der Forschungsgruppe.
	Einordnung als tot: 34,1% Davon Zustimmung zur Organentnahme: 94,4% (32,19% der Gesamtteilnehmerzahl).	*Einordnung als tot: 7.4% (10)* Davon Zustimmung zur Organentnahme bis zu 100% (10 Teilnehmer) in Option 2, entspricht 7,4% der gesamten Forschungsgruppe

Fast alle Journalisten haben eine in sich logische Einordnung der drei Patienten vorgenommen, sieben Prozent mehr als in Ohio. Zudem wurde eine Verletzung der dead donor rule von 30 Prozent der Journalisten in mindestens einer Option vorgenommen. Insgesamt lag die Verletzung der dead donor rule in Ohio zwischen 9,3 und 22,6 Prozent in allen Fällen[426], bei den Teilnehmern dieser Studie zwischen 0 und 30 Prozent in allen Fällen und Optionen.

Abschließende Überlegungen zur Akzeptanz des Hirntods erfolgen im vierten Kapitel unter Einbezug des theoretischen Sachstands.

3.7 Einstellungen zur Entscheidungs- und Widerspruchslösung

Die Befragung diente sechstens dazu, herauszufinden, welche Einstellungen die Forschungsgruppe zur Entscheidungslösung vertritt und inwieweit eine Widerspruchslösung befürwortet wird. Die Erwartungen

[426] Vgl. ebd., S. 2331.

im Rahmen der *Gesetzeshypothese*[427] wurden durch die Ergebnisse der Befragung hinsichtlich der Akzeptanz beider Regelungen übertroffen.

3.7.1 Einstellung zur Entscheidungslösung

Laut einer Repräsentativumfrage der Bundeszentrale für gesundheitliche Aufklärung (BZgA)[428] ziehen 46 Prozent der Bürger eine Zustimmungsregelung einer Widerspruchsregelung[429] vor. Zwar ist die erweiterte Zustimmungslösung in Deutschland durch die Entscheidungslösung abgelöst worden, letztere schreibt aber ebenso eine ausdrückliche Zustimmung für die Zulässigkeit einer Organspende vor. Es war angenommen worden, dass 50 Prozent der Teilnehmer die Entscheidungslösung befürworten.

Diese Erwartungen wurden weit übertroffen, die Entscheidungslösung wird von 115 Teilnehmern (84,6% der Forschungsgruppe) befürwortet, lediglich 13 Journalisten (9,6% i.d. FG) lehnen die Entscheidungslösung ab, drei Befragte (2,2% i.d. FG) haben sich nicht ausreichend darüber Gedanken gemacht und fünf (3,7% i.d. FG) haben die Option „weiß nicht" gewählt.

Von den 23 bis 35 Jahre alten Teilnehmern stimmen der Entscheidungslösung 91,4 Prozent zu (64 Teilnehmer). Bei den 36 bis 49 Jahre alten Befragten sind es 76,9 Prozent (40 Teilnehmer) und bei den 50 bis 62 Jahre alten Teilnehmern ebenso 76,9 Prozent (10 Befragte)[430].

Die Entscheidungslösung war während des Befragungszeitraums bereits beschlossen worden, aber noch nicht in Kraft getreten. Die Ergebnisse weisen demnach auf eine grundlegend hohe Akzeptanz der Lösung noch vor Inkrafttreten hin.

---

[427] Dabei war angenommen worden, dass 50 Prozent der befragten Journalisten die Entscheidungslösung befürworten und dass weniger als 50 Prozent eine Widerspruchslösung für anstrebenswert halten. Vgl. S. 90.

[428] Vgl. Watzke, Daniela/ Schmidt, Karolina/ Stander, Volker: *Einstellung, Wissen und Verhalten der Allgemeinbevölkerung zur Organ- und Gewebespende*, Köln: Bundeszentrale für gesundheitliche Aufklärung (BZgA), 2013, in: `http://www.organspende-info.de/sites/all/files/files/Bericht-Studie-Organ-\%20und\%20Gewebspende-2012\%281\%29.pdf`, zuletzt überprüft am 24. Juni 2014, S. 69.

[429] Zu den Unterschieden der beiden Regelungen vgl. die einleitende Begriffsklärung bzw. Kap. 1.6.

[430] Bei der Berechnung beträgt die Gesamtzahl der Nennungen 135, da ein Teilnehmer keine Altersangabe gemacht hat.

3.7.2 Akzeptanz einer Widerspruchslösung

Aus den Ergebnissen einer 2013 veröffentlichten Umfrage der BZgA ging hervor, dass 30 Prozent der Teilnehmer eine Widerspruchslösung der Zustimmungslösung vorziehen.[431] In einer 2011 veröffentlichten Studie von Marlies Ahlert und Lars Schwettman lag die Befürwortung einer Regeländerung hin zu einer Widerspruchslösung zur Erhöhung der Spendenbereitschaft bei 46 Prozent.[432] Das lässt darauf schließen, dass weniger als die Hälfte der Bevölkerung eine solche Lösung grundlegend befürwortet.

Basierend auf diesen Daten war im Rahmen der *Gesetzeshypothese* angenommen worden, dass ebenso weniger als 50 Prozent der Journalisten eine Widerspruchslösung für erstrebenswert erachten. Diese Erwartung wurde durch die Befragung übertroffen, 51,5 Prozent (70 Teilnehmer) halten eine Widerspruchslösung auch hierzulande für erstrebenswert. 34,6 Prozent (47 Teilnehmer) sprechen sich dagegen aus, 8,8 Prozent (12 Teilnehmer) haben sich noch nicht ausreichend Gedanken zu diesem Thema gemacht und die übrigen 5,2 Prozent (7 Teilnehmer) haben „weiß nicht" als Antwort gewählt.

Innerhalb der drei Altersgruppen sieht die Zustimmung folgendermaßen aus: 35 Teilnehmer, die zwischen 23 und 35 Jahre alt sind (50% innerhalb dieser Altersgruppe), befürworten eine Widerspruchsregelung. 27 Befragte im Alter von 36 bis 49 Jahren (51,9% innerhalb dieser Altersgruppe) tun dies ebenso. Sowie sieben Teilnehmer zwischen 50 und 62 Jahren (53,8% innerhalb dieser Altersgruppe).

3.8 Anerkennung ethischer Prinzipien mittlerer Reichweite

Die Befragung diente siebtens dazu, die Einstellungen zu den biomedizinethischen Prinzipien Patientenselbstbestimmung (Respect for Autonomy), Nichtschaden (Nonmaleficence), Wohltun (Beneficence) und Gerechtigkeit (Justice) zu erfassen.

In der in diesem Zusammenhang formulierten *Prinzipienhypothese* war erstens davon ausgegangen worden, dass die Prinzipien Nichtschaden und Wohltun im Zusammenhang mit der jeweils geschilderten Si-

[431] Vgl. ebd., S. 69.

[432] Vgl. Ahlert, Marlies/ Schwettman, Lars: Einstellung der Bevölkerung zur Organspende, in: *Gesundheitsmonitor*, Gütersloh: Bertelsmann-Stiftung, 2011, S. 205.

tuation innerhalb des Prozesses von Organtransplantationen nach Ansicht der Teilnehmer mehrheitlich gewahrt bleiben. Diese Vermutung wurde durch die Umfrageergebnisse bestätigt.

Zweitens war angenommen worden, dass die derzeitige Wahrung der Patientenselbstbestimmung mehrheitlich anerkannt wird, aber auch eine Einschränkung des Selbstbestimmungsrechts für einen Teil der Forschungsgruppe annehmbar wäre. Diese Annahme wurde nicht bestätigt, da die allgemeine Akzeptanz der derzeitigen Patientenselbstbestimmung niedriger ausfällt als erwartet und eine Einschränkung der Selbstbestimmung von mehr Teilnehmern befürwortet wird als vermutet.

Drittens war angenommen worden, dass die Mehrheit der Forschungsgruppe Gerechtigkeit bei der Verteilung von Spenderorganen nicht für möglich hält, diese Vermutung wurde durch die Umfrageergebnisse bestätigt.

3.8.1 Patientenselbstbestimmung

Es war, ausgehend von den in der theoretischen Reflexion vertretenen unterschiedlichen Auffassungen vermutet worden, dass innerhalb der Antworten zur Wahrung der Selbstbestimmung von der Forschungsgruppe zum Teil auch eine Einschränkung der Patientenselbstbestimmung befürwortet wird. Diese Vermutung wurde durch die Umfrage bestätigt.

Die Entscheidungslösung wird zunächst von 58 Teilnehmern (42,6% innerhalb der Forschungsgruppe) befürwortet (Abb. 47).

> *In Deutschland ist es gesetzlich so geregelt, dass jeder Bundesbürger zu Lebzeiten bestimmen kann, ob er oder sie nach dem Tod als Organspender zur Verfügung stehen möchte oder nicht. Diese Entscheidung bleibt über den Todeszeitpunkt hinaus gültig, wer also zu Lebzeiten einer Organspende nicht zugestimmt hat, dem dürfen nach dem Tod auch keine Organe entnommen werden. Wie stehen Sie dazu?*

Abbildung 47: Einstellungen zur Patientenselbstbestimmung

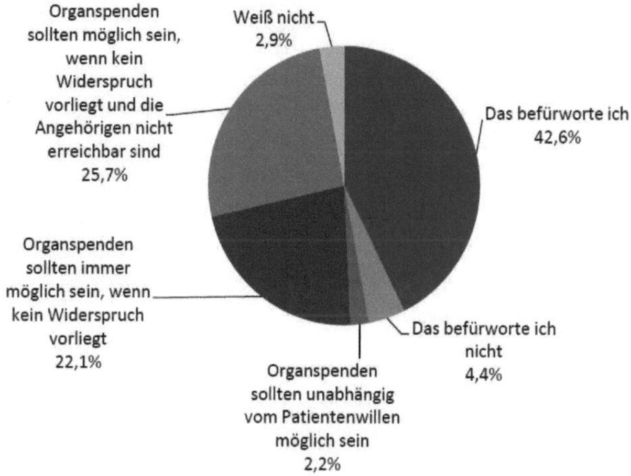

Knapp 48 Prozent der Teilnehmer würden hingegen einer Einschränkung des Selbstbestimmungsrechts zustimmen. Sie lassen sich in zwei Gruppen unterteilen.

Zum einen wären 30 Teilnehmer (22,1% innerhalb der Forschungsgruppe) damit einverstanden, dass eine Organentnahme immer dann zulässig ist, wenn kein Widerspruch vorliegt. Durch eine enge Widerspruchslösung wären Entnahmen in solchen Fällen legitimiert. 23 Teilnehmer haben im Vorfeld eine Widerspruchsregelung befürwortet und anschließend diese Antwort gewählt. Das entspricht einem Anteil von 16,9 Prozent der Forschungsgruppe, der eine Widerspruchsregelung befürwortet und einer dementsprechend erforderlichen Einschränkung der Selbstbestimmung zustimmt. Diese Antworten zeugen von innerer Logik und deuten auf eine hinreichende Kenntnis der Voraussetzungen einer Widerspruchslösung hin.

Zum zweiten wären 35 Teilnehmer (25,7% innerhalb der Forschungsgruppe) mit Organentnahmen auch dann einverstanden, wenn keine Entscheidung dokumentiert wurde und die Angehörigen nicht erreichbar sind. In der Untersuchung der Akzeptanz des Hirntodkriteriums lag in Fallbeispiel eins, Option fünf, ein solcher Fall vor: der Patient war verstorben, es lag keine Einwilligung vor und die Angehörigen waren nicht erreichbar. Drei Teilnehmer haben unter diesen Bedingungen einer

Organentnahme zugestimmt. Alle anderen innerhalb der 25,7 Prozent haben im genannten Fallbeispiel anders entschieden, was zeigt, dass die Situation in beiden Fragen unterschiedlich bewertet wurde.

Nur wenige Teilnehmer haben durch ihre Antwort die gegenwärtige Auffassung von der Patientenselbstbestimmung bezüglich Organentnahmen abgelehnt oder Unentschlossenheit gezeigt. Sechs Teilnehmer lehnen die derzeitige Möglichkeit der Patientenselbstbestimmung ab, vier Teilnehmer haben „weiß nicht“ gewählt. Die verbleibenden drei Teilnehmer befürworten Organentnahmen unabhängig davon, wie jemand zu Lebzeiten entschieden hat. Dadurch käme dem Einzelnen keine Möglichkeit zu, selbst darüber zu entscheiden, was mit dem Körper nach Eintritt des Todes geschieht.

Beauchamp und Childress setzen voraus, dass eine selbstbestimmt handelnde Person das Recht hat, Standpunkte zu vertreten und Entscheidungen zu treffen, die auf ihren persönlichen Werten und Überzeugungen beruhen.[433] Die befragten Journalisten sind überwiegend der Ansicht, dass dem Einzelnen dieses Recht im Zusammenhang mit postmortalen Organspenden aufgrund der gesetzlichen Regelungen ausreichend zukommt. Fast die Hälfte wäre sogar mit einer Einschränkung dieses Rechts einverstanden, ohne die Selbstbestimmung verletzt zu sehen.

In welchem Verhältnis die Einstellungen zur Selbstbestimmung zu den von der Forschungsgruppe zum Ausdruck gebrachten Auffassungen zur Solidarität stehen und welche Schlussfolgerungen daraus möglich sind, ist Teil der Diskussion im vierten Kapitel.

3.8.2 Nichtschaden

Hinsichtlich der Frage, ob ein Spender durch eine Organentnahme zu Schaden kommt, war vermutet worden, dass dies von der Mehrheit der Forschungsgruppe verneint wird, da die Wahrung des Prinzips Nichtschaden im Zusammenhang mit Organspenden kaum angezweifelt wird. Diese Vermutung wurde durch die Umfrageergebnisse bestätigt (Abb. 48).

[433] Vgl. Beauchamp, Tom Lamar/ Childress, James Franklin: *Principles of Biomedical Ethics*, 7. Aufl., New York u.a.: Oxford University Press, 2013, S. 106. Übersetzung der Autorin.

Laut Berufsethos soll ein Mediziner Schaden am Patienten vermeiden. Ist das Prinzip gewahrt, wenn einem Ganzhirntoten, der in eine Organspende eingewilligt hat, Organe entnommen werden, was denken Sie?

Abbildung 48: Akzeptanz des Nichtschaden-Prinzips

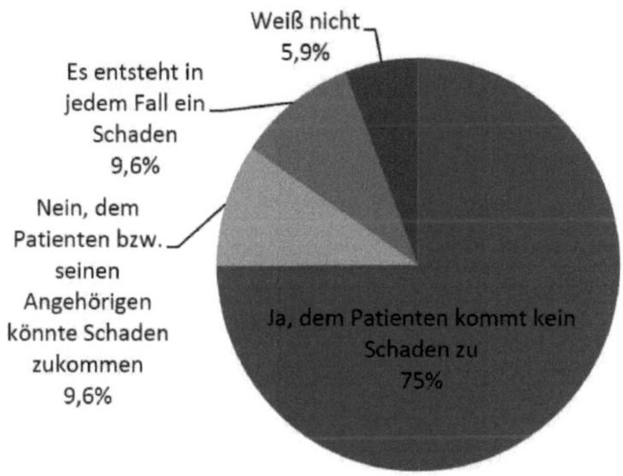

102 Teilnehmer (75% innerhalb der Forschungsgruppe) betrachten das Prinzip Nichtschaden als gewahrt. Organspendern kommt somit ihrer Meinung nach durch eine Explantation kein Schaden zu. 13 Teilnehmer (9,6% i.d. FG) sind der Ansicht, dass in jedem Fall eine Verletzung des Prinzips vorliegt, weitere acht (5,9% i.d. FG) haben keine Meinung. Zudem denken 13 Teilnehmer (9,6% i.d. FG), dass dem Patienten oder den Angehörigen durch eine Explantation ein Schaden zukommen kann.

3.8.3 Wohltun

Auch hinsichtlich dieses Prinzips war davon ausgegangen worden, dass mehrheitlich eine Wahrung anerkannt wird, wenn einem Patienten ein Organ transplantiert wird. 126 Teilnehmer (92,6% der befragten Journalisten) sind der Ansicht, dass die Ärzte bei einer Transplantation zum Wohle des Organempfängers handeln. Zwei Teilnehmer (1,5% innerhalb der Forschungsgruppe) haben das verneint, acht Befragte (5,9% i.d. FG) haben die Option „weiß nicht“ gewählt.

Durch die Antwortverteilung wird ersichtlich, wie positiv der Akt der Organeinpflanzung bewertet wird, auch wenn ein solcher mit Risiken verbunden ist und für den Empfänger durch die Einnahme von Immunsuppressiva eine erhöhte Infektionsgefahr besteht.

Sichtbar wird durch die Ergebnisse, dass Organeinpflanzungen eine sehr hohe Akzeptanz erfahren. Trotzdem aber aufgrund fehlender Spendebereitschaft und nicht vorhandener Organspendeausweise im Ernstfall oft keine Spenden zustande kommen können.[434] Dabei bieten Organspenden doch gerade jedem die Möglichkeit, Solidarität zu bekunden. In diesem Zusammenhang stellt sich die Frage, ob es nicht geboten sein sollte, die Voraussetzungen zu vereinfachen oder ob die Selbstbestimmung tatsächlich ein so starkes Prinzip ist, dass sie jedem auch das Recht einräumt, sich nicht mit der Frage nach der eigenen Spendebereitschaft auseinanderzusetzen. An dieser Stelle bedarf es weiterer ausführlicher Reflexion und empirischer Untersuchungen.

3.8.4 Gerechtigkeit

Es war davon ausgegangen worden, dass die Wahrung dieses Prinzip von der Forschungsgruppe im Hinblick auf die Allokation von Spenderorganen am häufigsten angezweifelt wird. Beauchamp und Childress haben im weiteren Rahmen bereits diverse Theorien der Gerechtigkeit diskutiert, aber festgestellt, dass keine genügt, um eine konstruktive Reflexion der Gesundheitspolitik zu ermöglichen.[435]

Das Problem der Allokation knapper Güter und Ressourcen stellt einen Aspekt dar, der im Gesamtkontext der Gerechtigkeitsproblematik innerhalb des Medizinwesens auftritt. Aufgrund der hohen Diskrepanz zwischen Angebot und Bedarf an Spenderorganen stellen diese knappe Güter dar, welche nach möglichst gerechten Kriterien zu verteilen sind. Die im Rahmen der *Prinzipienhypothese* formulierten Erwartungen wurden durch die Befragung bestätigt (Abb. 49).

> *Momentan kann nur etwa jeder vierte Patient auf der Warteliste mit einem Spenderorgan versorgt werden. Die Verteilung der Spenderorgane erfolgt über ein Punktesystem, in das Wartezeit, Dringlichkeit, Blutgruppenkompatibilität und andere Faktoren einfließen. Wie beurteilen Sie die Verteilung der Spenderorgane hinsichtlich der Gerechtigkeit?*

---

[434] Vgl. Kap. 3.4-3.6.

[435] Vgl. Kap. 1.7.4 und Beauchamp, Tom Lamar/ Childress, James Franklin: *Principles of Biomedical Ethics*, 7. Aufl., New York u.a.: Oxford University Press, 2013, S. 292-293.

Abbildung 49: Meinungen zur Gerechtigkeit bei der Organallokation

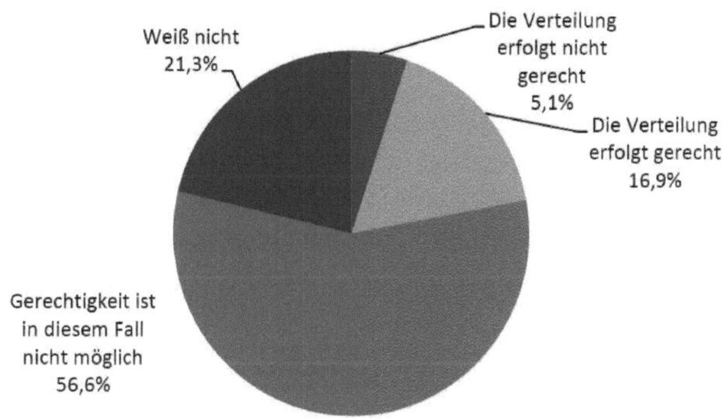

77 Teilnehmer (56,6% innerhalb der Forschungsgruppe) sind der Meinung, dass Gerechtigkeit nicht möglich ist. 23 Teilnehmer (16,9% der Befragten) finden, dass Organe gerecht verteilt werden Damit liegt eine wesentlich geringere Anerkennung dieses biomedizinethischen Prinzips im Vergleich zu den drei vorangegangen vor. Die Ergebnisse spiegeln kritische Haltungen gegenüber der derzeitigen Verteilung der Spenderorgane wider, die auch auf der theoretischen Ebene erkennbar sind.[436]

Derzeit liegt die Verantwortung für die Verteilung der Spenderorgane in Deutschland bei der Stiftung Eurotransplant in Leiden, Niederlande. Sie vermittelt „nach medizinischer Dringlichkeit und Erfolgsaussicht entsprechend den Richtlinien der Bundesärztekammer“[437]. 2013 wurden über 85 Prozent von den in Deutschland insgesamt entnommenen 3.035 Organen an Empfänger innerhalb von Deutschland vermittelt.[438]

Die bei Eurotransplant liegende Verteilung von Spenderorganen wurde u.a. vom Deutschen Ethikrat kritisiert, er regte an, „die ethischen Wertvorstellungen, die der Allokation von Organen zugrunde liegen, intensiv öffentlich zu diskutieren und sie gesetzlich besser zu verankern.“[439] Hinsichtlich der Verteilungskriterien sprach sich auch der

---

[436] Vgl. Kap. 1.7.4.

[437] Deutsche Stiftung Organtransplantation: *Organspende und Transplantation in Deutschland. Jahresbericht 2013*, Frankfurt/ Main, April 2014, S. 22.

[438] Vgl. ebd.

[439] Vgl. Siegmund-Schultze, Nicola: Deutscher Ethikrat: Werden Organe gerecht verteilt?, in: *Deutsches Ärzteblatt*, 110. Jg., Heft 41 (11. Oktober 2013), A-1896.

Transplantationschirurg Prof. Dirk L. Stippel von der Universitätsklinik Köln dafür aus, „die Erfolgsaussicht stärker zu gewichten als bisher. Das bedeute im Ernstfall, dass man Patienten sagen müsse, die Gesellschaft trage ab einem bestimmten MELD-Wert[440] eine Transplantation nicht mehr mit."[441]

Durch die Umfrageergebnisse wird belegt, wie dringend die vom Deutschen Ethikrat geforderte intensive öffentliche Diskussion der Organallokation ist und welch hohe Sensibilität erforderlich ist, um eine Wahrung des Prinzips der Gerechtigkeit in diesem Zusammenhang voranzubringen.

3.9 Zusammenfassung der Umfrageergebnisse

Im Folgenden werden die wesentlichen Ergebnisse der Befragung zusammengefasst dargestellt.

Forschungsgruppe

An der Umfrage haben sich 136 in Deutschland tätige Journalisten im Alter zwischen 23 und 62 Jahren beteiligt. Das Durchschnittsalter beträgt 36,6 Jahre. 58 Prozent der Teilnehmer sind weiblich, 42 Prozent männlich. Zum Zeitpunkt der Befragung waren zwei Drittel der Teilnehmer ledig und 61 Prozent kinderlos. 54 Prozent der Forschungsgruppe sind konfessionslos.

98 Prozent der Teilnehmer haben die Schule mit dem Abitur beendet, 78 Prozent haben später ein Hochschulstudium begonnen und abgeschlossen, die Mehrheit studierte eines oder mehrere Fächer der Geisteswissenschaften.

Die befragten Journalisten verfügen durchschnittlich über 12,5 Jahre Berufserfahrung, die meisten üben verschiedene Tätigkeiten aus. Dazu gehören für 56 Prozent der Teilnehmer redaktionelle Arbeiten, 29 Prozent arbeiten als Autoren, 21 Prozent als Moderatoren. Weniger als 15 Prozent sind als Reporter, Chef vom Dienst, Redaktionsleiter, Sprecher oder Sonstiges tätig.

---

[440] Schweregrad einer Lebererkrankung. Anmerkung der Autorin.

[441] Vgl. Siegmund-Schultze, Nicola: Deutscher Ethikrat: Werden Organe gerecht verteilt?, in: *Deutsches Ärzteblatt*, 110. Jg., Heft 41 (11. Oktober 2013), A-1896.

Die Mehrheit der Forschungsgruppe ist (u.a.) im Hörfunk tätig (81%), ein Viertel arbeitet beim Fernsehen, ein Fünftel im Onlinebereich und 13 Prozent der Teilnehmer arbeiten für ein Printmedium.

Dabei sind 40 Prozent der Teilnehmer vorwiegend für ein regionales Medium tätig, 37 Prozent für ein überregionales, ein Fünftel arbeitet hauptsächlich für ein bundesweit verbreitetes Medium und der Anteil der Lokaljournalisten liegt bei 1,5 Prozent.

Die Teilnehmer sind überwiegend in mehreren Ressorts gleichzeitig tätig, 62,5 Prozent bearbeiten Themen aus dem Bereich Gesellschaft, 61 Prozent aus dem Ressort Kultur, 45,6 Prozent bearbeiten soziale Themen, 41,2 Prozent sind im Politikressort tätig, 37 Prozent im Bereich Unterhaltung, 35,3 Prozent im Musikbereich, 31 Prozent erstellen Nachrichten. Weniger als 20 Prozent sind in den Bereichen Sport, Religion, Wissenschaft, Medizin, Wirtschaft oder Sonstiges publizistisch tätig.

Relevanz der postmortalen Organgabe für Medienberichte

48,5 Prozent der Teilnehmer halten Publikationen über Hirntod und postmortale Organspende für relevant, 36 Prozent für sehr relevant. 12 Prozent halten entsprechende Berichte für eher relevant. Weniger als vier Prozent der Teilnehmer sind der Ansicht, Berichte über Hirntod oder postmortale Organspenden sind eher nicht relevant bzw. nicht relevant.

Selbsteinschätzung Vorbereitungsstand

84 Prozent der Teilnehmer haben sich nach eigenen Angaben schon einmal mit dem Thema Organtransplantation beschäftigt. Dennoch fühlen sich 36 Prozent eher unvorbereitet auf Fragen hinsichtlich des Todeszeitpunkts und eventuell folgenden Organentnahmen. 22 Prozent fühlen sich einigermaßen vorbereitet. 16 Prozent fühlen sich sehr vorbereitet und entschlossen, 11 Prozent sehr vorbereitet, aber noch unentschlossen. 15 Prozent haben angegeben, sich nicht vorbereitet zu fühlen.

Grundsätzliche Bereitschaft zur postmortalen Spende bzw. Annahme von Organen

Mehr als die Hälfte (57%) der Forschungsgruppe möchte grundsätzlich nach dem Tod Organe spenden. 19 Prozent haben sich dazu noch nicht ausreichend Gedanken gemacht. 17 Prozent sind unentschlossen und sieben Prozent lehnen eine postmortale Spende ab.

Weiterhin würde genau die Hälfte der Befragten im Krankheitsfall ein Spenderorgan annehmen. Ein Viertel würde dies wahrscheinlich tun. 12,5 Prozent machen die Annahme von der Art und Schwere der Krankheit abhängig, die übrigen 12,5 Prozent der Teilnehmer würden entweder kein Organ annehmen, wahrscheinlich keins oder vielleicht.

Dokumentation der Spendebereitschaft (tatsächliche Spendebereitschaft)

36 Prozent der Befragten sind nicht im Besitz eines gültigen Organspendeausweises. 34 Prozent haben einen solchen. Ein Viertel möchte sich bei Gelegenheit einen zulegen, fünf Prozent sind im Besitz eines Ausweises, haben ihn aber noch nicht ausgefüllt bzw. unterschrieben.

Einstellungen zum Hirntodkriterium

70 Prozent der Teilnehmer sind der Meinung, dass ein Mensch tot ist, wenn die Gesamtfunktion von Großhirn, Kleinhirn und Hirnstamm unwiderruflich erloschen ist. 43 Prozent nennen zudem einen irreversiblen Herzstillstand mit Kreislaufkollaps als Todeszeichen, 36 Prozent eine unwiderruflich erloschene Gesamtfunktion des Großhirns, für 35 Prozent dürfen bei der Ableitung der Hirnströme keine Gehirnfunktionen darstellbar sein. Für 23 Prozent gehört zum Tod, dass die Teile des Gehirns unwiderruflich erloschen sind, die unser Bewusstsein steuern. Weniger als 20 Prozent der Teilnehmer sind der Ansicht, dass erloschener Herzschlag, erloschener Puls oder die erloschene Atmung Todeszeichen darstellen.

57 Prozent der Teilnehmer klassifizieren einen Patienten, bei dem Atmung und Kreislauf künstlich aufrechterhalten werden und bei dem keine Hirnströme ableitbar sind, als tot (Fallbeispiel 1). 23 Prozent sind der Ansicht, dass er noch lebt und 20 Prozent haben dazu keine Meinung.

Einer Organentnahme bei diesem Patienten würden 68 Prozent zustimmen, wenn ein gültiger Spenderausweis vorliegt und die Angehörigen nicht erreichbar sind. Liegen Spenderausweis und Zustimmung der Angehörigen vor, so würden 91 Prozent der Befragten einer Organentnahme zustimmen. Bei vorliegendem Ausweis und Ablehnung der Angehörigen liegt die Bereitschaft zur Organentnahme bei 62 Prozent. Ohne Spenderausweis, aber mit Einwilligung der Angehörigen, würden 57 Prozent einer Organentnahme zustimmen. Bei fehlendem Ausweis und Nichterreichbarkeit der Angehörigen würden 10 Prozent einer Organentnahme zustimmen. Liegt kein Ausweis vor und lehnen die Angehörigen ab, sind es noch vier Prozent, bei einer zu Lebzeiten abgelehnten Spende sind es 0,7 Prozent.

Eine Patientin, die wegen eines offenen Schädel-Hirn-Traumas im Koma liegt und mit hoher Wahrscheinlichkeit nie wieder aufwacht (Fallbeispiel 2), bei der aber noch geringe Gehirnaktivitäten vorhanden sind, lebt für 84 Prozent der Forschungsgruppe. Sieben Prozent sind der Meinung, sie sei tot, sieben Prozent sind unentschlossen.

Organentnahmen an dieser Patientin würden 22 Prozent der Befragten zustimmen, wenn ein Organspendeausweis vorliegt und die Angehörigen nicht erreichbar sind. Bei vorliegendem Spenderausweis und Zustimmung der Angehörigen wären 43 Prozent mit einer Organentnahme einverstanden. Bei gültigem Organspendeausweis und Ablehnung der Angehörigen liegt die Zustimmung bei 21 Prozent. Ohne Ausweis und mit Zustimmung der Angehörigen wären 27 Prozent mit einer Organentnahme einverstanden. Bei nicht erreichbaren Angehörigen und nicht vorhandenem Ausweis sind es drei Prozent, wenn die Angehörigen ablehnen und kein Ausweis vorliegt, so sind es noch 1,5 Prozent und bei einer zu Lebzeiten geäußerten Ablehnung der Patienten ist keiner der Befragten mit einer Organentnahme einverstanden.

Einen Patienten, der sich im irreversiblen Koma befindet (Fallbeispiel 3), klassifizieren 85 Prozent der Befragten als lebendig. Jeweils sieben Prozent vertreten die Ansicht, dass der Patient tot ist, bzw. sind unentschlossen.

21 Prozent der Befragten wären mit einer Organentnahme einverstanden, wenn der Patient einen gültigen Organspendeausweis hat und die Angehörigen nicht erreichbar sind. Stimmen die Angehörigen einer Organentnahme zu und liegt zudem ein gültiger Spenderausweis vor, so erklären sich 40 Prozent mit einer Organentnahme einverstanden. Bei vorliegendem Ausweis, aber Ablehnung der Angehörigen sind es 20 Pro-

zent. 18 Prozent wären mit einer Organentnahme einverstanden, wenn die Angehörigen einer solchen zustimmen, aber kein Spenderausweis vorhanden ist. Ohne Ausweis und bei nicht erreichbaren Angehörigen sind es vier Prozent, ohne Ausweis und bei Ablehnung der Angehörigen zwei Prozent. Hat der Patient zu Lebzeiten einer Spende widersprochen, so würden lediglich 1,5 Prozent der Teilnehmer einer Organentnahme zustimmen.

Eine Person ist nach Ansicht von 92 Prozent der Befragten ganzhirntot, wenn die Gesamtfunktion von Großhirn, Kleinhirn und Hirnstamm unwiderruflich erloschen ist. 52 Prozent sind zudem der Meinung, dass eine Person hirntot ist, wenn bei der Ableitung der Hirnströme für 30 Minuten keine Gehirnfunktionen darstellbar sind. Für 20 Prozent muss das Herz aufgehört haben zu schlagen, 15 Prozent sind der Meinung, dass eine ganzhirntote Person nicht mehr atmet und 13 Prozent gehen davon aus, dass sie das Bewusstsein nicht mehr erlangt. Jeweils weniger als 10 Prozent vertreten die Auffassung, dass kein Pulsschlag mehr messbar sein sollte, bzw. dass bei der Ableitung der Hirnströme für eine Minute keine Hirnaktivitäten darstellbar sind.

Weiterhin finden 88 Prozent der Teilnehmer, dass eine ganzhirntote Person nichts mehr wahrnehmen kann. Acht Prozent denken, sie kann überhaupt etwas wahrnehmen und 1,5 Prozent sind der Meinung, sie könne hören.

Bei einer als ganzhirntot klassifizierten Person würden 74 Prozent einer Organentnahme zustimmen, wenn ein Spenderausweis vorliegt und die Angehörigen nicht erreichbar sind. Stimmen die Angehörigen zu und liegt ein gültiger Ausweis vor, so wären 94 Prozent mit einer Organentnahme einverstanden. 63 Prozent würden zustimmen, wenn ein Ausweis vorliegt und die Angehörigen ablehnen. Bei fehlendem Ausweis, aber Einwilligung der Angehörigen sind 54 Prozent mit einer Organentnahme einverstanden. Ohne Ausweis und bei Nichterreichbarkeit der Angehörigen liegt die Zustimmung bei 14 Prozent, ohne Ausweis und bei Ablehnung der Angehörigen bei vier Prozent, bei Patientenablehnung im Vorfeld bei vier Prozent.

Tabelle 43: Überblick Ergebnisse Fallbeispiele und Organentnahmen

	FB 1 (Anteil i.d. FG)	*FB 2 (Anteil i.d. FG)*	*FB 3 (Anteil i.d. FG)*	*Hirntod (Anteil i.d. FG)*
Ist der Patient Ihrer Meinung nach tot?	J[442]: 56,6% N: 22,8%[443]	J: 6,8% N: 83,8%	J: 7,4% N: 85,3%	
Organentnahme? SA[444]: Ja/Angehörige nicht erreichbar	J: 67,6% N: 23,5%	J: 22,1% N: 69,1%	J: 20,6% N: 74,3%	J: 74,8% N: 16,9%
Organentnahme? SA: Ja/Angehörige einverstanden	J: 91,2% N: 5,1%	J: 43,4% N: 49,3%	J: 40,4% N: 55,9%	J: 94,1% N: 2,2%
Organentnahme ? SA: Ja/Angehörige nicht einverstanden	J: 61,8% N: 30,1%	J: 21,3% N: 69,1%	J: 19,9% N: 74,3%	J: 63,2% N: 25,0%
Organentnahme? SA: Nein/Angehörige einverstanden	J: 56,6% N: 30,9%	J: 26,5% N: 68,4%	J: 17,6% N: 77,9%	J: 54,4% N: 34,6%
Organentnahme? SA: Nein/Angehörige nicht erreichbar	J: 9,6% N: 77,2%	J: 2,9% N: 91,2%	J: 3,7% N: 91,9%	J: 14,1% N: 76,5%
Organentnahme? SA: Nein/Angehörige nicht einverstanden	J: 4,4% N: 90,4%	J: 1,5% N: 96,3%	J: 2,2% N: 97,1%	J: 4,4% N: 89,0%
Organentnahme? SA: Nein/Ablehnung des Patienten	J: 0,7% N: 93,4%	J:- N: 94,9%	J: 1,5% N: 94,9%	J: 3,7% N: 90,4%

442 J = Ja, N = Nein.
443 Für alle Ja/Nein-Zellen dieser Tabelle gilt: Zu 100% fehlend = „weiß nicht" oder keine Angabe.
444 SA = Spenderausweis.

Einstellung zu gesetzlichen Regelungen

Die derzeit geltende Entscheidungslösung, die zum Zeitpunkt der Befragung noch nicht in Kraft getreten, aber verabschiedet worden war, wird von 85 Prozent der Befragten befürwortet. Zehn Prozent lehnen die Entscheidungslösung ab, die übrigen sechs Prozent haben sich noch nicht ausreichend Gedanken gemacht oder keine Meinung dazu.

Darüber hinaus halten 51,5 Prozent der Teilnehmer die Einführung einer Widerspruchslösung hierzulande für erstrebenswert. 35 Prozent lehnen eine solche Regelung ab, neun Prozent haben sich noch nicht ausreichend Gedanken gemacht und fünf Prozent lehnen eine solche Regelung ab.

Wahrung der biomedizinethischen Prinzipien mittlerer Reichweite

Erstens sind 43 Prozent der Befragten der Ansicht, dass aufgrund der derzeit geltenden Regelungen die *Patientenselbstbestimmung* angemessen respektiert wird, weil die Entscheidung zu einer Organspende nach dem Tod ihre Gültigkeit behält. 26 Prozent der Forschungsgruppe wären einverstanden, wenn Organentnahmen erfolgen würden, obwohl eine Person zu Lebzeiten keine Entscheidung dokumentiert hat und die Angehörigen nicht erreichbar sind. 22 Prozent wären einverstanden, wenn Organentnahmen bei nicht vorliegendem Widerspruch erfolgen. Vier Prozent sind der Ansicht, durch die aktuelle Regelung werde die Selbstbestimmung des Einzelnen nicht angemessen respektiert. Zwei Prozent finden, dass Entnahmen unabhängig vom Willen des Patienten möglich sein sollten. Drei Prozent haben die Option „weiß nicht“ gewählt.

Zweitens erfährt das Prinzip *Nichtschaden* eine hohe Zustimmung im Zusammenhang mit Organspenden. 75 Prozent der Befragten sind der Ansicht, dass ein Mediziner dieses Prinzip berücksichtigt hat, wenn er jemandem Organe entnimmt, der dem zu Lebzeiten zugestimmt hat. Jeweils zehn Prozent der Forschungsgruppe sind der Meinung, dass in jedem Fall ein Schaden entsteht, bzw. dass das Prinzip nicht befolgt wird, weil ein Schaden entstehen könnte, beispielsweise wenn die Angehörigen aus religiösen Gründen eine Organentnahme ablehnen würden. Sechs Prozent haben die Option „weiß nicht“ gewählt.

Drittens erfährt das Prinzip *Wohltun* eine sehr hohe Akzeptanz unter den Teilnehmern. 93 Prozent sind der Meinung, dass Ärzte zum Wohle eines Patienten handeln, wenn ihm ein Spenderorgan eingepflanzt wird. Eineinhalb Prozent haben das verneint, sechs Prozent wissen es nicht.

Viertens erfährt das Prinzip der *Gerechtigkeit* die höchste Ablehnung. Mehr als die Hälfte der Forschungsgruppe (57%) vertritt die Ansicht, dass bei der Verteilung von Spenderorganen trotz des Punktesystems, in das verschiedene Faktoren einfließen, keine Gerechtigkeit möglich ist. 21 Prozent wissen es nicht, 17 Prozent sind der Ansicht, die Verteilung erfolge gerecht und fünf Prozent denken, dass die Verteilung der Spenderorgane nicht gerecht erfolgt.

3.10 Überprüfung der Kernthese

Die Umfrageergebnisse haben die im Vorfeld formulierten Erwartungen zum Teil bestätigt, zum Teil wurden die Erwartungen übertroffen, teilweise blieben die Ergebnisse aber auch hinter den Erwartungen zurück.

Drei der sieben Arbeitshypothesen wurden vollständig bzw. überwiegend bestätigt. Dabei handelt es sich um die *Relevanzhypothese*, die in vollem Umfang durch die Ergebnisse bestätigt wurde. Zudem sind die Erwartungen zur *Hirntodhypothese* und der *Prinzipienhypothese* überwiegend eingetroffen, zusätzlich konnte die Umfrage für diese Aspekte auch neue Erkenntnisse erzielen, für die im Vorfeld keine Hypothesenbildung möglich war.

Hinsichtlich der Spende- und Annahmebereitschaft von Organen sind die Ergebnisse hinter den Erwartungen zurückgeblieben. Das ist auch der Fall hinsichtlich des vermuteten Vorbereitungsstandes.

Übertroffen wurden die Erwartungen hingegen bei der Zahl der vorhandenen Organspendeausweise und der Akzeptanz der Entscheidungslösung bzw. Befürwortung einer Widerspruchslösung. Tabelle 44 zeigt die einzelnen Arbeitshypothesen und die jeweiligen Ergebnisse im Überblick.

Tabelle 44: Überprüfung der Kernthese

Erwartetes Ergebnis laut Arbeitshypothese	*Eingetretenes Ergebnis*
Relevanzhypothese: *Mehrheit erachtet Thema postmortale Organspende als relevant* → positive Grundeinstellung, Interesse, Informationsbedarf, Publikationsabsichten	Hypothese *bestätigt*: *mehr als 80 Prozent stufen Thema als relevant bis sehr relevant ein* → positive Grundeinstellung, Interesse, Informationsbedarf, Publikationsabsichten in überwiegendem Maß vorhanden

Wissenshypothese: *Vorbeschäftigung mehrheitlich erfolgt, Vorbereitungsstand mehrheitlich mäßig* → mangelnde Sachkenntnis	Hypothese *teilweise bestätigt*: *Vorbeschäftigung überwiegend erfolgt, Vorbereitungsstand mehrheitlich einigermaßen bis nicht vorbereitet* → mehrheitlich mangelnde Sachkenntnis und Unentschlossenheit
Bereitschaftshypothese: *Annahmebereitschaft bei mehr als 75 Prozent, Spendebereitschaft bei etwa 70 Prozent* → positive Grundeinstellung, mehrheitliche Bereitschaft anderen zu helfen und Hilfe anzunehmen, Solidarität	Hypothese *nicht bestätigt*: *Spendebereitschaft bei 57 Prozent, Annahmebereitschaft bei 76 Prozent (definitiv oder wahrscheinlich)* → positive Grundeinstellung und Solidarität geringer als vermutet, Bereitschaft anderen zu helfen geringer als vermutet, Unentschlossenheit höher als vermutet
Ausweishypothese: *20 Prozent im Besitz eines gültigen Organspendeausweises* → mangelnde Sachkenntnis, Unentschlossenheit, Ängste, Bequemlichkeit	Hypothese *nicht bestätigt*: *34 Prozent haben einen Ausweis, 25 Prozent haben die Absicht einen zu besorgen* → ein Drittel hat Bereitschaft dokumentiert, in der übrigen Forschungsgruppe möglicherweise Unentschlossenheit, Ängste, Bequemlichkeit
Hirntodhypothese: *Einordnung des Patienten im ersten Fallbeispiel mehrheitlich als tot, Einordnung der Patienten im zweiten und dritten Fallbeispiel von ca. der Hälfte der Teilnehmer als lebend, korrekte Einordnung der Patienten in allen drei Fällen von ca. 30 Prozent der Teilnehmer, mindestens 90 Prozent der Datensätze in sich logisch hinsichtlich der Einordnung der Patienten in den drei Szenarien, Verletzung der dead donor rule in ca. 30 Prozent der Datensätze* → mehrheitliche Akzeptanz des Hirntodkriteriums, mehrheitliche Beachtung der dead donor rule, positive Grundeinstellung, mangelnde Sachkenntnis	Hypothese *teilweise bestätigt*: *Einordnung des Patienten im ersten Fallbeispiel von 57 Prozent als tot, Einordnung der Patienten im zweiten und dritten Fallbeispiel von 84 bzw. 85 Prozent als lebend, korrekte Einordnung der Patienten in allen drei Fällen von 41 Prozent, 97 Prozent der Datensätze in sich logisch, Verletzung der dead donor rule bis zu 30 Prozent innerhalb der einzelnen Optionen* → positive Grundeinstellung, aber Wissensmangel bestätigt, allein aufgrund dieser Fakten ergibt sich zunächst eine mehrheitliche Akzeptanz des Hirntodkriteriums, welche aber unter Einbezug nichthypothesengebundener Ergebnisse im vierten Kapitel diskutiert wird, sowie eine mehrheitliche Achtung der dead donor rule

Gesetzeshypothese: *50 Prozent befürworten die Entscheidungslösung, weniger als 50 Prozent bevorzugen eine Widerspruchslösung* → Unentschlossenheit, teilweise Konfrontationsbereitschaft, teilweise Akzeptanz der Einschränkung des Selbstbestimmungsrechts, mangelnde Kenntnis gesetzlicher Lösungsmöglichkeiten	Hypothese *nicht bestätigt*: *85 Prozent befürworten Entscheidungslösung, 51 Prozent halten Widerspruchslösung in Deutschland für erstrebenswert* → hohe Konfrontationsbereitschaft, Unentschlossenheit niedriger als angenommen, Bereitschaft zur Einschränkung der Selbstbestimmung höher als erwartet, Unkenntnis gesetzlicher Lösungsmöglichkeiten geringer als erwartet
Prinzipienhypothese: *Nichtschaden und Wohltun mehrheitlich als gewahrt angesehen, Einschränkung des Selbstbestimmungsrechts teilweise akzeptiert, Gerechtigkeit bei der Verteilung von Spenderorganen teilweise angezweifelt* → mehrheitliche Anerkennung biomedizinethischer Prinzipien, Wert von Organtransplantationen für Gesellschaft mehrheitlich anerkannt, positive Grundeinstellung	Hypothese *überwiegend bestätigt*: *Nichtschaden und Wohltun von mehr als drei Viertel der Forschungsgruppe anerkannt, Patientenselbstbestimmung von 43 Prozent anerkannt, für 48 Prozent Einschränkung der Selbstbestimmung denkbar, 57 Prozent halten Gerechtigkeit bei der Organallokation für nicht möglich* → positive Grundeinstellung, mehrheitliche Anerkennung biomedizinethischer Prinzipien, Wert von Organtransplantationen würde auch bei eingeschränktem Selbstbestimmungsrecht mehrheitlich anerkannt, Frage nach der gerechten Verteilung von Spenderorganen bedarf dringender und anhaltender Diskussion mit möglichen Konsequenzen auf unterschiedlichen Ebenen

Die *Kernthese* beinhaltete, dass Einstellungen und Kenntnisstand der Befragten *mehrheitlich eine positive Grundeinstellung zu postmortalen Organspenden zum Ausdruck bringen, der Nutzen von Transplantationen für die Gesellschaft anerkannt wird, aber Wissensmangel zu teils widersprüchlichen Aussagen führt.* Die Ergebnisse zu den Arbeitshypothesen haben die Kernthese in allen Punkten bestätigt, auch wenn nicht alle Resultate der Umfrage in vollem Umfang den Hypothesen entsprechen.

Die Ergebnisse zur *Relevanzhypothese* bestätigen alle drei Punkte der Kernthese. Sie weisen erstens eine positive Grundeinstellung der befragten Journalisten nach, sprechen zweitens aber auch für einen persönlichen und öffentlichen Aufklärungsbedarf, um bestehende Wissensdefizite auszugleichen. Drittens wird durch die als hoch erachtete

Relevanz auch die Wertschätzung von Organtransplantationen für die Gesellschaft ausgedrückt.

Die Ergebnisse zur *Wissenshypothese* weisen darauf hin, dass der trotz überwiegend erfolgter Vorbeschäftigung mehrheitlich als mäßig bis schlecht empfundene Vorbereitungsstand auf Wissensdefizite zurückzuführen ist, die höher sind als angenommen.

Die Resultate zur *Bereitschaftshypothese* zeigen zwar mehrheitlich eine positive Grundeinstellung gegenüber postmortalen Organspenden und damit auch deren Wertschätzung, aber auch die möglichen Folgen fehlenden Wissens und mangelnder Auseinandersetzung. So fällt die Spendebereitschaft niedriger aus als erwartet, weil knapp ein Fünftel noch nicht ausreichend darüber nachgedacht hat. Auch zur Annahmebereitschaft hat lediglich etwas mehr die Hälfte einen klaren Standpunkt. Dementsprechend wird in den Antworten seltener als angenommen Solidarität zum Ausdruck gebracht. Nicht in ausreichendem Maße erfolgte Auseinandersetzungen mit dem Thema können als Ursache für die erkennbare Unentschlossenheit angenommen werden.

Weiterhin belegen die Resultate der *Ausweishypothese* zunächst, dass eine Dokumentation des Spenderwillens öfter erfolgt ist als angenommen. Ein Drittel der Forschungsgruppe drückt durch den Besitz eines gültigen Ausweises Solidarität gegenüber den Mitmenschen und damit verbunden eine positive Grundeinstellung und allgemeine Wertschätzung der postmortalen Organspende aus. Ein Viertel der Forschungsgruppe hat hingegen die Absicht bekundet, sich bei Gelegenheit einen Spenderausweis zulegen zu wollen, was auf noch vorhandene Ängste, Vorbehalte, Bequemlichkeit oder schlicht eine gute Absicht hinweist.

Die Ergebnisse zur *Hirntodhypothese* ermöglichen eine Vielzahl an Schlussfolgerungen. Innerhalb der Ergebnisse treten zudem verschiedene Widersprüche auf. Fallbeispiel eins lässt zwar eine mehrheitliche Anerkennung des Hirntodkriteriums vermuten, die durch die Antworten zu den Fragen nach der konkreten Definition des Ganzhirntods nicht bestätigt wird.

Anhand der Ergebnisse zu den Organentnahmefragen wird deutlich, dass die festgeschriebenen Bedingungen, die für eine Organentnahme erfüllt sein müssen, zwar offenbar mehrheitlich bekannt sind, aber zu sehr unterschiedlichen Entscheidungen führen. So wird etwa eine Zustimmung der Angehörigen in vielen Fällen als Entscheidungskriterium für eine Organentnahme betrachtet, obwohl eine solche im konkreten

Fall rein rechtlich nicht notwendig gewesen wäre. Weiterhin wird die dead donor rule zwar mehrheitlich beachtet, aber je nach Ausgangslage von bis zu 30 Prozent der Befragten verletzt, womit die Zustimmung zu einer aktiven Sterbehilfe zum Ausdruck gebracht wird, was möglicherweise aber nicht intendiert ist.

Denn mit Blick auf die abgegebenen Selbsteinschätzungen zum Vorbereitungsstand kann nicht sicher davon ausgegangen werden, dass allen Befragten die Tragweite ihrer Entscheidungen stets bekannt war und somit eine aktive Sterbehilfe ganz bewusst in Kauf genommen wurde.

Die Ergebnisse zu den Organentnahmen bei einem konkret als ganzhirntot klassifizierten Patienten zeigen hingegen, welch hohe Zustimmung Organentnahmen erfahren, wenn der Verstorbene zu Lebzeiten eine Einwilligung formuliert hat.

Die Resultate der *Gesetzeshypothese* zeigen zunächst eine hohe Anerkennung der Entscheidungslösung, wodurch der gesamtgesellschaftliche Wert von Organspenden anerkannt wird. Eine durch die Entscheidungslösung erforderliche Bereitschaft zur aktiven Auseinandersetzung mit dem Thema Organspende wird dadurch ebenfalls signalisiert.

Höher als erwartet fällt zudem die Fürsprache aus, eine Widerspruchslösung auch in Deutschland zu etablieren. Die damit verbundene Einschränkung der Selbstbestimmung stünde allerdings im Widerspruch zu den sehr durch die Berücksichtigung der zu Lebzeiten getroffenen Entscheidungen über Organspenden geprägten Antworten. Fehlendes Sachwissen der Befragten könnte diesen Gegensatz begründen. So mag eine Widerspruchslösung zunächst für viele akzeptabel erscheinen, im konkreten Fall würden sie aber möglicherweise Organentnahmen ablehnen, wenn keine Einwilligung vorliegt. Dazu wären weitere Untersuchungen Wünschenswert. Insgesamt erfährt eine Widerspruchslösung aber zunächst von mehr als der Hälfte der Forschungsgruppe eine grundlegende Zustimmung.

Auch die Ergebnisse zum Abgleich der *Prinzipienhypothese* bringen zum Teil eine hohe Wertschätzung von Organtransplantationen seitens der Forschungsgruppe zum Ausdruck. Insbesondere der Aspekt der Wohltätigkeit gegenüber dem Organempfänger wird von fast allen Befragten bejaht. Auch sind drei Viertel der Ansicht, dass nach aktuell gültigem Recht beim Spender kein Schaden verursacht wird. Die Ergebnisse zum Selbstbestimmungsprinzip, die liberaler ausfallen als erwartet, stehen im Einklang mit den Ergebnissen zur Widerspruchslösungsakzeptanz. Sie bilden allerdings erneut einen Gegensatz zu den

Ergebnissen bzgl. der Organentnahmen, bei denen der Willensäußerung zu Lebezeiten hohe Beachtung beigemessen wurde. Nicht zuletzt lassen die Ergebnisse zur Gerechtigkeit bei der Organallokation auf einen Missstand schließen, der von mehr als der Hälfte erkannt wird. Wie eine gerechte Verteilung von Spenderorganen aussehen kann, bedarf demnach weiterer Reflexion. Die festgestellten inneren und logischen Brüche bei der Beantwortung der Fragen weisen auch insgesamt auf die Notwendigkeit weiterer Diskussion und Reflexion hin.

4 Diskussion

Der abschließende Teil dieser Forschungsarbeit thematisiert einzelne Aspekte der Untersuchung. Dabei geht es erstens um die Bewertung der Aussagen hinsichtlich der Akzeptanz des Hirntodkriteriums. Zweitens sind die Einstellungen der Forschungsgruppe zur aktiven Sterbehilfe aus altruistischen Zwecken von Interesse. Drittens werden die Auffassungen zur Selbstbestimmung und Solidarität thematisiert, auch im Hinblick auf ihre Aussagekraft zu einer Widerspruchslösung. Das Kapitel endet mit einer Schlussbetrachtung.

Anerkennung des Hirntodkriteriums

Anhand der Umfrageergebnisse sind folgende Aussagen zu den Einstellungen der Journalisten bezüglich des Hirntodkriteriums zu treffen:

- Der irreversible Verlust aller Hirnfunktionen stellt für knapp 70 Prozent ein Todeszeichen dar.

- Der irreversible Verlust aller Hirnfunktionen wird von 30 Prozent der Teilnehmer als alleiniges Todeskriterium anerkannt, 50 Prozent fordern zusätzlich den Nachweis, dass 30 min lang keine Hirnströme mehr messbar sind.

- Der Bewusstseinsverlust durch den Ausfall aller Hirnfunktionen wird von fast 90 Prozent der Befragten anerkannt.

- Mehr als 40 Prozent der Befragten lehnen es ab, einen Patienten ohne Hirnfunktionen als tot einzustufen.

- 44 Prozent betrachten den irreversiblen Verlust der Hirnfunktionen als Todeszeichen und klassifizieren den Patienten im ersten Fallbeispiel als tot.

- Mehr als 80 Prozent vertreten die Auffassung, dass ein Mensch mit schwachen Gehirnaktivitäten lebt.
- Die Bereitschaft zu Organentnahmen ist abhängig von der Klassifizierung des Patienten als tot oder lebendig.
- Die Klassifizierung bildet nicht allein das ausschlaggebende Kriterium für Entnahmen, es erfolgt zudem eine hohe Berücksichtigung des Willens der Verstorbenen *und* der Angehörigen, was zum Teil dazu führt, dass das Hirntodkriterium bei der Entscheidung über Organentnahmen vernachlässigt wird (Verletzung der dead donor rule).

Diskutabel ist im Folgenden, ob anhand dieser Aussagen von einer Akzeptanz des Hirntodkriteriums innerhalb der Forschungsgruppe gesprochen werden kann.

Teilhirntodkriterium

Anhand der Befragung ist deutlich geworden, dass ein Teilhirntodkriterium innerhalb der Forschungsgruppe keine mehrheitliche Anerkennung findet. Bei Entscheidung für ein Teilhirntodkriterium ist ein Mensch bereits dann tot, wenn die Funktion bestimmter Teile des Gehirns irreversibel erloschen ist, etwa der Hirnstamm (Hirnstammtod) oder das Großhirn (Großhirntod). Bei Anwendung des Großhirntodkriteriums ist der Tod des Menschen mit dem Erlöschen des Bewusstseins verknüpft. Deshalb ist in diesem Zusammenhang vom „Tod als unwiderruflicher Bewusstseinsverlust“[445] die Rede, wonach etwa auch anenzephale Säuglinge und einige Wachkomapatienten tot wären.

Innerhalb der Befragung wurde zwar keine direkte Akzeptanzüberprüfung der Teilhirntodkriterien vorgenommen, dennoch bringen die Ergebnisse eine Ablehnung des irreversiblen Ausfalls von Teilen des Gehirns als Todeskriterium anhand der Klassifizierungen beim zweiten und dritten Fallbeispiel zum Ausdruck. Auch wird anhand der Klassifizierungen im dritten Fallbeispiel deutlich, dass allein der Bewusstseinsausfall für den Großteil der Forschungsgruppe kein Todeszeichen darstellt. Bei Fallbeispiel zwei und drei vertreten 84 bzw. 85 Prozent

[445] Stoecker, Ralf: Die Hirntoddebatte, in: Stoecker, Ralf/ Neuhäuser, Christian/ Raters, Marie-Luise: *Handbuch Angewandte Ethik*, Stuttgart/ Weimar: Metzler: 2011, S. 460.

der Befragten die Ansicht, dass die beschriebenen Personen noch leben. Bei beiden Patienten waren noch Gehirnaktivitäten vorhanden, im Fallbeispiel drei war explizit vom Ausfall des Bewusstseins die Rede.

Ganzhirntodkriterium

Hinsichtlich des Ganzhirntodkriteriums ist die Menge der Umfrageergebnisse größer, was eine ausführlichere Betrachtung erfordert. Als medizinischer Standard stellt das Ganzhirntodkriterium zunächst eine notwendige Bedingung für Organentnahmen dar.

Diskutiert wird auf theoretischer Ebene, ob mit dem irreversiblen Verlust aller Hirnfunktionen das Ende des biologischen Lebens eingetreten ist. Es sprechen gute Gründe dafür, den irreversiblen Totalausfall des Gehirns als Todeskriterium anzuerkennen. Er markiert eine Grenze, die eindeutig feststellbar ist und die einen Zustand beschreibt, der für den Patienten unumkehrbar ist.

Die Hirntoddiagnostik besteht aus einer langen Reihe komplexer Untersuchungen, die von zwei Ärzten unabhängig durchgeführt werden müssen. Ist der Ganzhirntod eingetreten, wird der Mensch nie wieder sein Bewusstsein erlangen, nie wieder mit seiner Umwelt in Kontakt treten, das Erlöschen des Herz-Lungensystems steht unwiderruflich bevor, selbst wenn eine künstliche Beatmung stattfindet und der Kreislauf maschinell aufrechterhalten wird. Für den Einzelnen besteht keine Hoffnung mehr, als Funktionsganzes zu *sein*, weshalb dieser Zustand nach eigener Auffassung als Tod *anerkennbar* ist.

Bei den Journalisten ist allerdings deutlich geworden, dass der diagnostischen Ebene, konkret der Ableitung von Hirnströmen, bei der Entscheidung für das Hirntodkriterium immer wieder eine große Bedeutung zugemessen wurde. 41 Teilnehmer (30% innerhalb der Forschungsgruppe) erkennen den Ganzhirntod als Todeskriterium an, wenn, wie es die Medizin definiert, ein irreversibler Ausfall aller Hirnfunktionen vorliegt. 70 Teilnehmer (51,5% i.d. FG) erkennen den Ganzhirntod an, wenn mindestens 30 Minuten keine Hirnströme ableitbar sind, wobei lediglich zwei Teilnehmer (1,5% i.d. FG) dies als alleiniges Merkmal für den Ganzhirntod gewählt haben. 42 Teilnehmer (31% i.d. FG) erkennen den Ganzhirntod dann an, wenn ein irreversibler Ausfall aller Hirnfunktionen vorliegt *und* über 30 Minuten keine Hirnströme ableitbar sind. Zwei Teilnehmer (1,5% i.d. FG) verstehen unter Ganzhirntod den irreversiblen Ausfall aller Hirnfunktionen *und* keine ableitbaren Hirnströme über eine Minute.

Das zeigt, dass eine Messung der Hirnströme für mehr als die Hälfte der Teilnehmer als notwendig erachtet wird, um das Ganzhirntodkriterium anzuerkennen. Diese Untersuchung ist innerhalb des Diagnoseverfahrens allerdings nicht zwingend vorgeschrieben. „Bei Erwachsenen und Kindern nach Vollendung des 2. Lebensjahres [...] kann der Nachweis der Irreversibilität ohne Zuhilfenahme apparativer Methoden durch die klinische Verlaufsbeobachtung erfolgen“[446], schreibt die Neurologin Stefanie Förderreuther. Sie verdeutlicht weiter, dass der Hirntod nicht allein durch apparative Untersuchungen festgestellt werden kann. Sie sind als Ergänzung zu betrachten. Zusammengenommen ergäbe sich eine Akzeptanz des Hirntodkriteriums von 62,5 Prozent[447] innerhalb der Forschungsgruppe, wenn die Ableitung der Hirnströme zur Diagnostik dazugezählt wird. Allein basierend auf der medizinischen Definition des Ganzhirntodes ist allerdings keine mehrheitliche Akzeptanz innerhalb der Forschungsgruppe feststellbar.

Der Neurologe D. Alan Shewmon hatte den Totalausfall aller Hirnfunktionen als Todeskriterium abgelehnt, weil die meisten integrativen Funktionen des Körpers eines Hirntoten nicht hirnvermittelt sind, etwa Immunabwehr, Wundheilung, Fähigkeit zur Schwangerschaft u.a., so dass der irreversible Totalausfall des Gehirns nicht das Ende des biologischen Lebens darstellt.[448] Er bezieht sich auf Fälle, in denen hirntote Patienten mit Hilfe künstlicher Beatmung und Unterstützung des Herz-Kreislaufsystems noch länger als einige Tage in diesem Zustand stabil blieben und in dieser Zeit diverse körperliche Prozesse abliefen.[449] Die-

[446] Förderreuther, Stefanie: Hirntod-Organspende: Diagnostik, Durchführung, Organisation und rechtlicher Rahmen in Deutschland, in: *Der Diabetologe*, Bd. 6, Heft 5 (Juli 2010), S. 370.

[447] Diese Zahl setzt sich zusammen aus 30% innerhalb der Forschungsgruppe, die allein den Totalausfall aller Hirnfunktionen als Ganzhirntod definieren, plus 31%, für die zusätzlich 30 Minuten keine Hirnströme messbar sein dürfen, plus 1,5%, bei denen zusätzlich zum irreversiblen Ausfall aller Hirnfunktionen eine Minute keine Hirnströme messbar sein dürfen.

[448] Vgl. Shewmon, D. Alan: The Brain and Somatic Integration: Insights Into the Standard Biological Rationale for Equating “Brain Death” with Death, in: *Journal of Medicine and Philosophy*, 25. Jg., Heft 5 (2001), S. 457-478.

[449] In seinem Aufsatz nennt Shewmon unterschiedlich lange Zeiträume. Im Anschluss an einen Vortrag im Rahmen des Forums Bioethik 2012 berichtete er zudem von einem hirntoten Jungen, der 63 Tage lang ‚überlebte‘, wie Shewmon es ausdrückt. Vgl. *Hirntod und Organentnahme: Gibt es neue Erkenntnisse zum Ende des menschlichen Lebens?*, Forum Bioethik, Berlin: 2012, Simultanmitschrift,

se von Shewmon vertretene Auffassung, dass ein Totalausfall des Gehirns nicht „genügt", um vom Tod eines Organismus zu sprechen, wird von der Forschungsgruppe allerdings nicht mehrheitlich geteilt. Denn 30 Prozent (41 Teilnehmer) sind der Ansicht, dass der irreversible Ausfall ausreicht, um vom Tod eines Menschen zu sprechen, für weitere 42 Teilnehmer (31% innerhalb der Forschungsgruppe) genügt es, wenn zudem 30 Minuten keine Hirnströme ableitbar sind. Weiterhin klassifizieren 77 Teilnehmer (57% i.d. FG) den Patienten im ersten Fallbeispiel als tot. Durch die gegebenen Antworten wird dem Gehirn durchaus eine tragende Rolle in der Erhaltung des Organismus als Funktionsganzem zugeschrieben, welches nach vollständigem Erlöschen des Gehirns nicht mehr vorhanden ist. Die Auffassungen der Befragten dürften demnach grundsätzlich unter die von Shewmon als „mainstream rationale"[450] bezeichnete Position fallen, nach der das Gehirn dem Körper die integrative Einheit verleiht.

Indirekten Zuspruch seitens der Forschungsgruppe erhält deshalb die Position des *President's Council on Bioethics*. Dieser hatte Shewmons empirische Befunde zunächst bestätigt, dann aber eine Umdefinierung des Todes vorgenommen, wonach eine Akzeptanz des Ganzhirntodkriteriums doch möglich ist. Als Begründung heißt es, das totale Hirnversagen sei als Todeskriterium akzeptabel, nicht weil es einen „totalen Verlust der integrativen körperlichen Funktion anzeigt, sondern weil es ein Zeichen ist, dass der Organismus nicht länger in der essentiellen Arbeit involviert ist, die Lebewesen definiert"[451]. Diese essentielle Arbeit war von den Autoren vorhergehend definiert worden.[452] Auch wenn das „White Paper" des *President's Council* in mehrerer Hinsicht diskutabel ist, wird das totale Hirnversagen von mehr als der Hälfte der Befragten grundsätzlich als Todeskriterium akzeptiert, sofern es mit Hilfe apparativer Methoden sichtbar gemacht wird.

---

in: `http://www.ethikrat.org/dateien/pdf/forum-bioethik-2012-03-21-simultanmitschrift.pdf`, zuletzt überprüft am 11. Oktober 2014, S. 31.

[450] Vgl. Shewmon, D. Alan: The Brain and Somatic Integration: Insights Into the Standard Biological Rationale for Equating "Brain Death" with Death, in: *Journal of Medicine and Philosophy*, 25. Jg., Heft 5 (2001), S. 457.

[451] The President's Council on Bioethics: *Controversies in the Determination of Death. A White Paper*, Washington D.C.: 2008, in: `https://bioethicsarchive.georgetown.edu/pcbe/reports/death/Controversies\%20in\%20the\%20Determination\%20of\%20Death\%20for\%20the\%20Web\%20\%282\%29.pdf`, zuletzt überprüft am 13. Juni 2014, S. 64-65.

[452] Vgl. Kap. 1.5.2 und ebd., S. 61.

Der Mediziner Heinz Angstwurm erkennt das funktionierende Gehirn als notwendiges Merkmal für den lebenden Organismus an, durch das er in einer Wechselbeziehung mit seiner Umwelt steht. Er ist der Ansicht, dass die Funktionseinheit des Ganzen durch den Hirntod nicht mehr besteht.[453]

Auch dieser Standpunkt ist durch die Befragung grundlegend bestätigt worden. Etwa, weil die von Angstwurm als Zeichen für Selbständigkeit genannte Spontanatmung auch von der Forschungsgruppe als Merkmal für Leben betrachtet wird. Im dritten Fallbeispiel, bei dem ein Patient im irreversiblen Koma noch selbständig atmen konnte, waren 85 Prozent der Befragten der Ansicht, dass es sich um einen lebenden Menschen handelt.

Klaus Steigleder hat in seiner Stellungnahme zum Hirntodkriterium zunächst auf drei mögliche Argumentationsstränge hingewiesen, wie das Versagen der Hirnfunktion verstanden werden kann. Zum einen könne man die Auffassung vertreten, dass das Versagen der Hirnfunktion das Ende des Organismus als Funktionsganzes markiert und somit bereits das Ende seiner Integration. Dadurch tritt im Normalfall das Ende von Kreislauf und Atmung ein. Insofern würde das Hirntodkriterium keine grundsätzlichen Fragen an das Todesverständnis aufwerfen. Allerdings ist es durch intensivmedizinische Maßnahmen möglich, das Eintreten des Herzstillstands zu verzögern. Daher sollte die Bedeutung des Versagens der Hirnfunktionen für das Ende des biologischen Lebens hinterfragt werden.[454]

Weiterhin ist, so Steigleder, die Auffassung möglich, dass das Versagen der Hirnfunktion erst den Beginn der Desintegration[455] des Organismus darstellt. Denn durch Aufrechterhaltung des Kreislaufs und künstliche Beatmung kann ein Fortbestand des Organismus als Funktionsganzes temporär ermöglicht werden.

Drittens ist aber auch denkbar, dass dem Gehirn die Rolle eines „unverzichtbaren Integrators des Organismus“[456] abgesprochen wird,

---

[453] Angstwurm, Heinz: Der Hirntod aus ärztlicher Sicht. In: Bondolfi, Alberto/ Kostka, Ulrike/ Seelmann, Kurt: *Hirntod und Organspende*, Basel: Schwabe, 2003, S. 30.

[454] Vgl. Steigleder, Klaus: Hirntod, in: Schulz, Stefan et al. (Hrsg.): *Geschichte, Theorie und Ethik der Medizin: eine Einführung*, Frankfurt am Main: Suhrkamp, 2006, S. 438.

[455] Desintegration = Zerstörung.

[456] Steigleder, Klaus: Hirntod, in: Schulz, Stefan et al. (Hrsg.): *Geschichte, Theorie und Ethik der Medizin: eine Einführung*, Frankfurt am Main: Suhrkamp, 2006, S. 439.

wie es etwa D. Alan Shewmon tut, was bedeutet, dass ein Versagen der Hirnfunktion nicht zugleich das Ende des Organismus ist, sondern dieser auch unabhängig von den Hirnfunktionen gesteuert wird.

Klaus Steigleder selbst vertritt die Auffassung, dass Menschen (und auch Tiere) mehr sind als „bloße Organismen im Sinne eines Funktionsganzen“[457], sondern leibhaft existieren. Eine Minimalbedingung für die leibhaftige Existenz besteht seiner Ansicht nach im Vorhandensein eines Zentrums, das „mit der Fähigkeit zu Bewusstsein“ zusammenhängt. „Sofern nun die Fähigkeit eines solchen Wesens zu Bewusstsein von einem funktionierenden Gehirn abhängt, ist die Gehirnfunktion notwendige Bedingung der leibhaftigen Existenz.“[458]

Diese Priorität, die dadurch dem Bewusstsein für das Leben zugeschrieben wird, hatte Shewmon beispielsweise zurückgewiesen. Die Forschungsgruppe ist allerdings überwiegend der Ansicht, dass ein hirntoter Mensch über kein Bewusstsein mehr verfügt. Was im Sinne Klaus Steigleders für eine Anerkennung des Hirnversagens als Todeskriterium spräche.

Dass ein Teil der Forschungsgruppe die Irreversibilität des Ausfalls der Hirnfunktionen erst anerkennt, wenn diese anhand der Messung von Hirnströmen nachgewiesen wird, könnte durch die in Kapitel 1.5 erwähnten Schwierigkeiten begründet sein, den Zustand des Ganzhirntodes, der sich rein äußerlich nicht vom Koma oder sogar Schlaf unterscheiden mag, entgegen den traditionell verankerten Bildern des Todes, die von einem starren Leichnam geprägt sind, als Ende menschlichen Lebens anzuerkennen. Zwar ist der überwiegende Teil der Forschungsgruppe der Ansicht, dass ein ganzhirntoter Patient kein Bewusstsein mehr hat, dennoch besteht für viele das Verlangen, diesen Zustand optisch nachvollziehen zu können.

Eine Anerkennung des Totalversagens aller Hirnfunktionen als Todeskriterium ist demnach stark davon abhängig, dass die Irreversibilität für den Laien erkennbar ist. Die Neurologin Stefanie Förderreuther hatte bereits auf die Einbeziehung der Angehörigen im Prozess der Diagnostik hingewiesen:

> „Die Angehörigen sollten über die Entwicklung des neurologischen Befundes informiert sein, da sie selbst als Beobachter am Krankenbett keine Möglichkeit haben, eine neurologische Verschlechterung zu erkennen. Sie werden durch den

[457] Ebd., S. 442.
[458] Ebd.

> äußeren Anschein eines „schlafenden“ Patienten und stabilen Werten am Monitor fehlgeleitet und hoffen meist, dass der Patient nach der Beendigung eines „künstlichen Komas“ wieder erwacht.“[459]

Diese Empfehlung könnte aufgrund der Umfrageergebnisse möglicherweise dahingehend erweitert werden, dass, sofern die Angehörigen etwa über eine Organentnahme zu entscheiden haben, eine apparative Untersuchung in ihrem Beisein angebracht ist, um den Zustand des irreversiblen Ausfalls aller Hirnfunktionen nachvollziehbar zu machen. Damit können Angehörigen möglicherweise Zweifel an der Sicherheit des Todeszeichens genommen werden.

Insgesamt zeigen die Ergebnisse, dass die befragten Journalisten mehrheitlich anerkennen, dass das Gehirn als Steuerungselement der Funktionseinheit des Organismus fungiert, dass mit seinem irreversiblen Totalversagen dieses Funktionsganze zum Ende kommt und dass durch den mehrheitlich befürworteten Ausfall des Bewusstseins das Zentrum für die leibhaftige Existenz erlischt. Zweifel bestehen hingegen an der Sicherheit der Diagnose. Eine fehlende apparative Untersuchung zur Ableitung der Hirnströme verursacht eher eine Nichtakzeptanz des Hirntodkriteriums als eine noch vorhandene Atmung, ein schlagendes Herz oder ein Pulsschlag.

21 Teilnehmer (15,4% innerhalb der Forschungsgruppe) haben den Patienten im ersten Fallbeispiel als tot eingeordnet *und* vorher den irreversiblen Ausfall aller Hirnfunktionen als alleiniges Merkmal des Ganzhirntodes definiert. 27 Teilnehmer (19,8% i.d. FG) haben den Patienten als tot klassifiziert und den Ausfall der Hirnfunktionen *und* ein sichtbares, dreißigminütiges Ausbleiben der Hirnströme als Bedingung für den Ganzhirntod angesehen. Beide Antwortkombinationen sind in sich schlüssig, weil die Fallbeschreibung eine Ableitung der Hirnströme beinhaltete, wenn auch ohne konkrete zeitliche Bestimmung. Demzufolge hat lediglich etwas mehr als ein Drittel der Forschungsgruppe (35%) beide Fragen grundlegend hirntodanerkennend und in sich schlüssig beantwortet, bei allen anderen Teilnehmern waren keine genannten Übereinstimmungen zu verzeichnen.

Da die medizinische Definition des Ganzhirntods und die Todesdefinition der Teilnehmer häufig voneinander abweichen, kann *nicht von*

---

[459] Förderreuther, Stefanie: Hirntod-Organspende: Diagnostik, Durchführung, Organisation und rechtlicher Rahmen in Deutschland, in: *Der Diabetologe,* Bd. 6, Heft 5 (Juli 2010), S. 371.

einer mehrheitlichen Akzeptanz des Hirntodkriteriums im streng medizinischen Sinne gesprochen werden. Denn der Zeitpunkt des Todes wird mehrheitlich nicht an den Moment gekoppelt, in dem der Ganzhirntod mit Hilfe der zwingend vorgeschriebenen Untersuchungen diagnostiziert ist. Dennoch stellt es für die Mehrheit der Teilnehmer kein Problem dar, die Notwendigkeit des Gehirns für den Erhalt der Funktionseinheit Mensch grundlegend anzuerkennen und damit ebenso, den Totalhirnausfall als Ende des biologischen Lebens anzusehen, sofern er nachvollziehbar gemacht wird.

Umgang mit der dead donor rule

Der Ethiker Nikolaus Knoepffler hat die logische Konsequenz einer Ablehnung des Hirntodkriteriums so formuliert: „Wer nämlich am Ganzhirntodkriterium als maßgebliches Kriterium zweifelt, muss die Organentnahme entweder ablehnen oder der aktiven Sterbehilfe aus altruistischen Zwecken zustimmen.“[460]

Die aktive wird von der passiven Sterbehilfe unterschieden. Während die passive Sterbehilfe das „Zulassen eines natürlichen Todes“ durch Ablehnung lebenserhaltender Maßnahmen bezeichnet, wird der Tod bei der aktiven Sterbehilfe, wie der Name sagt, aktiv herbeigeführt.[461] Im Falle einer Organentnahme bei einem lebenden Patienten würde aufgrund der Entnahme lebenswichtiger Organe eine aktive Sterbehilfe vollzogen, was in Deutschland allerdings verboten ist.

Die sich in diesem Zusammenhang stellende Frage, ob aktive Sterbehilfe moralisch zu rechtfertigen ist, wird als „eine der nach wie vor brisantesten Fragen im Zusammenhang der medizinischen Ethik“[462] eingeordnet, deren lebhafte Diskussion in diesem Zusammenhang leider nicht hinreichend dargestellt werden kann, ohne das Kerngebiet dieser Arbeit zu verlassen.

Nachdem der Patient im ersten Fallbeispiel von 77 Teilnehmern (57% innerhalb der Forschungsgruppe) als tot klassifiziert wur-

[460]Vgl. Knoepffler, Nikolaus: Ethische Fragen bei Organtransplantationen, in: Preuß, Dirk/ Knoepffler, Nikolaus/ Kodalle, Klaus-M. (Hrsg.): *Körperteile – Körper teilen? Kritisches Jahrbuch der Philosophie. Beiheft 8*, Würzburg: Königshausen & Neumann, 2009, S. 16.

[461]Vgl. Zude, Heiko Ulrich: Medizinethik (Bioethik II), in: Knoepffler, Nikolaus et al. (Hrsg.): *Einführung in die Angewandte Ethik*, Freiberg/ München: Karl Alber, 2006, S. 129.

[462]Ebd., S. 128.

de, liegt die Zustimmung zu einer Organentnahme bei der zweiten Option (vorhandener Spenderausweis und Zustimmung der Angehörigen) bei 91,2 Prozent (124 Nennungen). Die Mehrheit (77 Teilnehmer/56,6% i.d. FG) hat bei der Entscheidung die dead donor rule beachtet, dennoch haben 17 Prozent der Befragten (23 Nennungen) eine Verletzung der Regel vorgenommen.[463] Im zweiten und dritten Fallbeispiel hat nahezu jeder dritte Teilnehmer in der zweiten Option einer Organentnahme zugestimmt, obwohl er den Patienten vorher als lebend klassifizierte. Damit liegt eine Verletzung der dead donor rule vor. Bis zu 30 Prozent der Teilnehmer haben somit einer aktiven Sterbehilfe aus altruistischen Zwecken zugestimmt, wenn sowohl Patient als auch Angehörige in eine Organentnahme eingewilligt haben (Fallbeispiel 2, Option 2).

Die Aufhebung des Ganzhirntodkriteriums als maßgebliches Kriterium für Organentnahmen wird in der theoretischen Reflexion unterschiedlich beurteilt. Der *President's Council on Bioethics* betrachtete eine Aufhebung der dead donor rule als beunruhigend, weil sie „die Idee beinhaltet, dass ein lebendes menschliches Wesen lediglich als Mittel zum Zwecke eines anderen menschlichen Wesens genutzt würde und sein oder ihr Leben in diesem Prozess verliert“[464].

Daneben bestehende Positionen befürworten eine aktive Sterbehilfe im Zusammenhang mit Organspenden hingegen, der Philosoph Dieter Birnbacher argumentiert beispielsweise in diese Richtung.

> „Während beim Abbruch einer begonnenen lebenserhaltenden Behandlung im Sinne einer Sterbehilfe die Rechtfertigung des Abbruchs im Willen und/oder Wohl des behandelten Patienten liegt, liegt sie bei der Organentnahme im Willen des behandelten Patienten und zugleich im Wohl eines anderen Patienten.“[465]

[463] 56,6 plus 17 ergibt 73,6 Prozent. Die verbleibenden Teilnehmer, die einer Organspende zugestimmt haben, haben in bei der vorhergehende Klassifizierung des Patienten die Option „weiß nicht“ gewählt.

[464] Vgl. The President's Council on Bioethics: *Controversies in the Determination of Death. A White Paper,* Washington D.C.: 2008, in: `https://bioethicsarchive.georgetown.edu/pcbe/reports/death/Controversies\%20in\%20the\%20Determination\%20of\%20Death\%20for\%20the\%20Web\%20\%282\%29.pdf`; zuletzt überprüft am 13. Juni 2014, S. 71.

[465] Birnbacher, Dieter: Das Hirntodkriterium in der Krise – Welche Todesdefinition ist angemessen?, in: Esser, Andrea M. et al. (Hrsg.): *Welchen Tod stirbt der Mensch? Philosophische Kontroversen zur Definition und Bedeutung des Todes*, Frankfurt: Campus, 2012, S. 38.

Der Philosoph Ralf Stoecker, der Hirntote in einem Zwischenstadium zwischen Leben und Tod betrachtet und Organentnahmen dennoch befürwortet, geht bei einer Explantation weder von einer aktiven Sterbehilfe, noch einem Eingriff an einem Toten aus, sondern beruft sich auf den besonderen moralischen Status des Hirntoten, welcher Organentnahmen rechtfertigt.[466]

Die Positionen von Ralf Stoecker und Dieter Birnbacher haben die Ablehnung der Gleichsetzung von Hirntod und Tod als Ausgangspunkt. Beide begründen zunächst ganz klar, warum die Patienten ihrer Auffassung nach noch leben und warum eine Organentnahme mit vorliegender Einwilligung dennoch zu rechtfertigen ist.

Die Forschungsgruppe hat mit ihren Entscheidungen eine gewisse Offenheit gegenüber der aktiven Sterbehilfe aus altruistischen Zwecken zum Ausdruck gebracht, welche streng an eine Zustimmung von Patient und Angehörigen gekoppelt ist. Dennoch darf nicht außer Acht gelassen werden, dass die dead donur rule in jeder Option mehrheitlich beachtet wurde. Letztere wird also von den Befragten überwiegend respektiert. Dennoch wären weitere Untersuchungen der Einstellungen zu aktiver Sterbehilfe aus altruistischen Zwecken erstrebenswert, denn die Ergebnisse unterstreichen die Relevanz der Debatte über die aktive Sterbehilfe, die, wie dargelegt, auch innerhalb der Ethik ihre Befürworter hat.

Selbstbestimmung und Solidarität

Die Auffassungen von Selbstbestimmung und Solidarität spielen beim Umgang mit Fragen zur postmortalen Organspenden eine wesentliche Rolle. Noch einmal soll der Blick deshalb auf die Zustimmungen der Befragten zu Organentnahmen gelenkt werden, die sich bei den einzelnen Optionen ergeben haben (Tab. 45).

---

[466]Vgl. Kap. 1.5.2 und Stoecker, Ralf: Die Hirntod-Debatte aus philosophischer Sicht, in: Bondolfi, Alberto/ Kostka, Ulrike/ Seelmann, Kurt (Hrsg.): *Hirntod und Organspende*, Basel: Schwabe, 2003, S. 67.

Tabelle 45: Organentnahme nach Ganzhirntod

Zustimmung zu Organentnahmen	*Fallbeispiel 1*	*Fallbeispiel 2*	*Fallbeispiel 3*	*Ganzhirntod*
Option 1 (Spenderausweis, Angehörige nicht erreichbar), Anteil i.d. FG	67,6% (92)[467]	22,1% (30)	20,6% (28)	74,3% (101)
Option 2 (Spenderausweis, Angehörige stimmen zu), Anteil i.d. FG	91,2% (124)	43,4% (59)	40,4% (55)	94,1% (128)
Option 3 (Spenderausweis, Angehörige lehnen ab), Anteil i.d. FG	61,8% (84)	21,3% (29)	19,9% (27)	63,2% (86)
Option 4 (Kein Spenderausweis, Angehörige stimmen zu), Anteil i.d. FG	56,6% (77)	26,5% (36)	17,6% (24)	54,4% (74)
Option 5 (Kein Spenderausweis, Angehörige nicht erreichbar), Anteil i.d. FG	9,6% (13)	2,9% (4)	3,7% (5)	14,0% (19)
Option 6 (Kein Spenderausweis, Angehörige lehnen ab), Anteil i.d. FG	4,4% (6)	1,5% (2)	2,2% (3)	4,4% (6)
Option 7 (Ablehnung des Patienten zu Lebzeiten, dringender Organbedarf), Anteil i.d. FG	0,7% (1)	0	1,5% (2)	3,7% (5)

Wie bereits in Kapitel 3.6 dargelegt wurde, übt die Art und Weise, in der Selbstbestimmung seitens eines Spenders ausgeübt wurde, einen erheblichen Einfluss auf die Bereitschaft der Forschungsgruppe zu Organentnahmen aus. Dabei ist die Bereitschaft am höchsten, wenn der Spender zu Lebzeiten eingewilligt hat und zudem die Angehörigen mit einer Spende einverstanden sind. Sollte eine Spende allerdings gegen den ausdrücklichen Willen des Patienten erfolgen, stimmte kaum noch jemand aus der Forschungsgruppe zu. Auch wurde im Rahmen dieser Diskussion bereits erörtert, dass die Klassifizierung des Patienten bei der Entscheidung über Entnahmen bisweilen in den Hintergrund rückt, wenn Spender und Angehörige eingewilligt haben. Insgesamt zeigt sich dadurch, dass die Mehrheit der Befragten die Selbstbestimmung des Patienten achtet und nicht gegen seinen Willen einer Organentnahme zustimmt.

Nun waren in einigen Optionen die Umstände aber derartig konzipiert, dass kein Spenderwille dokumentiert war und die Angehöri-

[467] Der Wert in Klammern bezeichnet die Anzahl der Nennungen.

gen nicht erreichbar waren, so dass erkennbar wurde, ob die Befragten Organentnahmen auch grundsätzlich befürworten, wenn kein Widerspruch, aber auch keine Zustimmung vorliegen (vgl. Option 5). In diesen Fällen betrug die Bereitschaft zu Organentnahmen allerdings weniger als 15 Prozent innerhalb der Forschungsgruppe.

Dabei hatten sich 51,5 Prozent der Befragten (70 Nennungen) an anderer Stelle der Befragung dafür ausgesprochen, eine Widerspruchslösung auch hierzulande einzuführen. 34,6 Prozent der Befragten halten eine Widerspruchslösung hierzulande für akzeptabel *und* haben eine entsprechende Änderung der Selbstbestimmung befürwortet.

Um eine Akzeptanz einer Widerspruchslösung mit all ihren Konsequenzen überzeugend zum Ausdruck zu bringen, hätte das Prinzip der Solidarität allerdings viel stärker zum Ausdruck gebracht werden müssen, als es die Umfrage getan hat. Denn anhand der Antworten zu Option fünf ist die Interpretation möglich, dass die Mehrheit der Befragten nicht der Meinung ist, ein Patient wäre, wenn er zu Lebzeiten keinen Ausweis eingeführt hat, grundlegend mit einer Spende einverstanden.

Entschiede sich der Gesetzgeber für eine Widerspruchslösung, so sollte allerdings auch ohne Dokumentation des Willens immer eine grundlegende Spendebereitschaft angenommen werden können, wie der Philosoph Dieter Birnbacher formuliert hat, auch wenn er selbst keine solche Regelung befürwortet.

> „Wer dem Selbstbestimmungsrecht eine hohe Priorität beimißt, wird (vor allem, wenn er gleichzeitig die Hirntoddefinition ablehnt), die Erlaubnis zur Organentnahme auf die – vorerst geringe Zahl – von Fällen beschränken wollen, in denen eine ausdrückliche Einwilligung des Verstorbenen vorliegt. Wer dem Prinzip der Hilfeleistung eine hohe Priorität einräumt, wird der Widerspruchslösung zuneigen, die eine Entnahme nur dann ausschließt, wenn der Verstorbene einer Entnahme ausdrücklich widersprochen hat.“[468]

Dagegen, dass dem Prinzip der Hilfestellung eine hohe Priorität eingeräumt wird, steht, dass nur das bereits genannte Drittel der Befragten hinsichtlich der Widerspruchslösung und einem damit verbundenen eingeschränkten Selbstbestimmungsrecht in sich schlüssig geant-

[468]Vgl. Birnbacher, Dieter: Organtransplantation. Stand der ethischen Debatte, in: *Information Philosophie*, 19. Jg., Heft 4 (1998), S. 36.

wortet hat. Des weiteren sind nur 37,5 Prozent der Befragten bereit, ein Spenderorgan anzunehmen *und* selbst zu spenden. Und nicht zuletzt verdeutlichen die bereits thematisierten Umfrageergebnisse zu den Organentnahmen, dass ohne Zustimmung kaum eine Organentnahme befürwortet wird.

Die ausgeübte Selbstbestimmung anderer wird demnach respektiert, dennoch ist, zumindest teilweise, eine Bereitschaft dazu vorhanden, Organentnahmen auch ohne gegebene Zustimmung zu befürworten. Dazu sei noch einmal auf die 30 Teilnehmer innerhalb der Forschungsgruppe verwiesen, die Organentnahmen befürworten würden, wenn zu Lebzeiten nicht ausdrücklich widersprochen wurde und weitere 35, die Organentnahmen selbst dann akzeptabel fänden, wenn zu Lebzeiten keine Entscheidung getroffen wurde und die Angehörigen nicht erreichbar sind. Zusammengenommen bilden sie fast die Hälfte der Forschungsgruppe. Darüberhinaus wären 51,5 Prozent der Teilnehmer mit einer Widerspruchslösung hierzulande einverstanden – diese Auffassungen stehen den getroffenen Entscheidungen über Organentnahmen innerhalb der einzelnen Optionen zum Teil gegenüber.

Bei einer erweiterten Widerspruchslösung wären Organentnahmen im Fallbeispiel eins in den Optionen eins bis fünf zulässig gewesen. Bei einer engen Widerspruchslösung zudem noch unter den in Option sechs geschilderten Bedingungen, da kein Widerspruch des Spenders vorlag. Die Mehrheit der Befragten hat jedoch stets im Sinne der geltenden Regelung entschieden.

Dafür, dass eine Widerspruchslösung ethisch geboten ist, sprechen verschiedene Gründe. Nach Ansicht von Dagmar Fenner wäre eine postmortale Organentnahme aus utilitaristischer Sicht auch „ohne Einwilligung oder sogar gegen den Willen eines Verstorbenen ethisch legitim“, weil sie „zu einer Steigerung des Gesamtnutzens führt.“[469] Nikolaus Knoepffler spricht aufgrund der in ihrem Lebensrecht bedrohten und dadurch schlecht gestellten Patienten[470] von einer „Verpflichtung, Organe bei Toten, die nicht widersprochen haben, zu entnehmen (falls medizinisch indiziert), sobald man sich für ein Hirntodkriterium ent-

[469] Fenner, Dagmar: *Einführung in die Angewandte Ethik*, Tübingen: Francke, 2010. S. 103.

[470] Vgl. Knoepffler, Nikolaus: Ethische Fragen bei Organtransplantationen, in: Preuß, Dirk/ Knoepffler, Nikolaus/ Kodalle, Klaus-M. (Hrsg.): *Körperteile – Körper teilen? Kritisches Jahrbuch der Philosophie. Beiheft 8*, Würzburg: Königshausen & Neumann, 2009, S. 19.

scheidet, denn man darf ihnen Solidarität unterstellen“[471]. Klaus Steigleder, der ebenfalls zu den Befürwortern einer Widerspruchslösung gehört, vertritt die Ansicht, dass „es die Pflicht zur Hilfeleistung verletzt, ohne gewichtigen Grund eine postmortale Organentnahme auszuschließen“[472]. Rechtsexperte Carlos Romeo-Casabona sieht in der in Spanien geltenden Widerspruchslösung klare Vorzüge, weil die Rechtsnormen „die Entwicklung von sozialen Werten wie der Uneigennützigkeit und der Solidarität förderten und fördern“[473]

Ähnliche Resultate könnten mit einer Einführung auch in Deutschland erzielt werden, wo, zumindest ausgehend von den Ergebnissen der Befragung, soziale Werte wie Uneigennützigkeit und Solidarität noch erhebliches Entwicklungspotential haben. Weshalb sich auch der Nationale Ethikrat für eine Widerspruchslösung, gekoppelt an eine Erklärungslösung, ausspricht.[474] Die Diskrepanz zwischen grundsätzlich vorhandener und tatsächlich ausgedrückter Spendebereitschaft, die auch innerhalb der Umfrageergebnisse sichtbar ist, würde dadurch etwa verringert, weil eine Spende weniger stark von einem gültigen Ausweis abhängig wäre.

> „Diese Diskrepanz kann nicht damit erklärt werden, dass in Umfragen keine wirkliche Spendebereitschaft erhoben wird, weil die Befragten nur Antworten geben, die von ihnen als sozial erwünscht angesehen werden. In ihr spiegeln sich eher vielfältige Gründe, etwas nicht zu tun, obwohl man es im Grunde nicht ablehnt: Man scheut den Aufwand, der mit dem Organspendeausweis verbunden ist, verschiebt die Entscheidung, vergisst oder verdrängt sie, weil man sich nicht

---

[471] Vgl. ebd.

[472] Steigleder, Klaus: Organtransplantation, in: Schulz, Stefan et al. (Hrsg.): *Geschichte, Theorie und Ethik der Medizin: eine Einführung*, Frankfurt am Main: Suhrkamp, 2006, S. 415.

[473] Carlos M. Romeo-Casabona: Das spanische Modell der ‚Zustimmungslösung‘ bei Organverpflanzung – von der gesetzlichen Regelung zur Praxis, in: Preuß, Dirk/ Knoepffler, Nikolaus/ Kodalle, Klaus-M. (Hrsg.): *Körperteile – Körper teilen? Kritisches Jahrbuch der Philosophie. Beiheft 8*, Würzburg: Königshausen & Neumann, 2009, S. 118.

[474] Nationaler Ethikrat: *Die Zahl der Organspenden erhöhen – Zu einem drängenden Problem der Trans-plantationsmedizin in Deutschland. Stellungnahme*, Berlin, 2007, in: `www.ethikrat.org/dateien/pdf/Stellungnahme_Organmangel.pdf`, zuletzt eingesehen am 14. August 2014, S. 50.

> gerne mit Gedanken an den eigenen Tod befassen und keine konkreten Festlegungen im Voraus dazu treffen möchte."[475]

Dass eine Widerspruchsregelung zu einer relativ geringen Widerspruchsrate führen würde, sieht der Nationale Ethikrat durch vier Gründe bedingt. Zum einen, weil auf ein Tätigwerden, also das Einlegen eines ausdrücklichen Widerspruchs, eher verzichtet würde. Zweitens, weil eine Norm auch als richtig akzeptiert wird. Drittens, weil die Entscheidung zum Widerspruch aufgeschoben wird, oder der Aufwand gescheut wird, diese zu dokumentieren. Und viertens, weil die Widerspruchsmöglichkeit möglicherweise nicht hinreichend zur Kenntnis genommen wird.[476]

Da die Entscheidungslösung, die zum Zeitpunkt der Befragung noch nicht in Kraft getreten war, innerhalb die Forschungsgruppe eine hohe Akzeptanz erfahren hat, wäre es denkbar, dass eine Widerspruchslösung ebenfalls dann eine breite Zustimmung finden würde, wenn sie Normcharakter hätte. Aufgrund der mit ihr einhergehenden Möglichkeit der Organentnahme ohne vorherige Willensäußerung sollte dies aber an eine vorherige Aufklärung der Öffentlichkeit gebunden sein, bei der sichergestellt werden kann, dass sie jeden Bürger in ausreichendem Maße erreicht. Damit Zweifel, wie etwa das von Marcus Düwell geschilderte bestehende Misstrauen in die Medizin[477], das durch die publik gewordenen Datenmanipulationen stärker geworden ist, ausgeräumt werden können.

Die Antworten der Forschungsgruppe deuten darauf hin, dass es diese zu großen Teilen nicht als solidarische Pflicht ansieht, Organe bei nicht vorliegender Einwilligung zu entnehmen. Das ist anhand der Antworten bei den einzelnen Optionen ersichtlich, die mehrheitlich eher den aktuellen Regelungen entsprechen, welche Organentnahmen ohne Einwilligung ebenfalls ablehnen. Um weitere Aussagen hinsichtlich der ethischen Pflicht zu Organentnahmen treffen zu können, wären allerdings weitere konkrete Befragungen nötig. Etwa, inwieweit Entscheidungen zu Organentnahmen bewusst im Einklang mit der geltenden Norm getroffen werden und inwieweit die Konsequenzen einer Widerspruchslösung tatsächlich bekannt sind und in konkreten Fallbeispielen auch befürwortet werden.

---

[475] Vgl. ebd., S. 25.

[476] Vgl. ebd., S. 30.

[477] Düwell, Marcus: *Bioethik: Methoden, Theorien und Bereiche*, Stuttgart/ Weimar: Metzler, 2008, S. 197-198.

Schlusswort

Anhand der vorgenommenen Befragung können keine allgemeingültigen Aussagen über die in Deutschland tätigen Journalisten getroffen werden, dennoch ist deutlich geworden, dass der Informationsbedarf auch bei den befragten Vertretern dieser Berufsgruppe hoch ist.

Die Untersuchung hat bestätigt, dass die bereits einige Jahre zurückliegende Studie von Laura A. Siminoff, Christopher Burant und Stuart J. Youngner hinsichtlich der Einstellungen und Überzeugungen der US-amerikanischen Allgemeinbevölkerung zum Thema Tod und Organspende nach wie vor relevant ist, weil sich gezeigt hat, dass auch die Forschungsgruppe zum Teil unwissend oder fehlinformiert über die medizinisch-legale Definition des Hirntods und seine Konsequenzen für Organentnahmen ist.[478]

Einstellungen und Kenntnisstand der befragten Journalisten weisen auf ähnliche Probleme hin. Wie die Amerikaner bereits festhielten, bildet der Grad der Informiertheit einen wichtigen Knotenpunkt für die Spendebereitschaft. Reflexion und Vermittlung von Sachwissen sind deshalb auch hierzulande dringend notwendig.

Dass ein Interesse an Informationen besteht, haben die Teilnehmer unzweifelhaft bekundet. Möglicherweise treten aber Probleme bei der Vermittlung von Informationen auf der Ebene zwischen Institutionen und Journalisten auf. Vielleicht ermöglichen es die vorhandenen Strukturen nicht, dass eine umfassende Information der in Deutschland tätigen Journalisten zustande kommt. Wo und wie der vorhandene Informationsfluss gestärkt werden könnte, sollte anhand weiterer Untersuchungen ergründet werden.

Weiterer Überlegungen bedarf auch die Frage, welche Rolle den in Deutschland tätigen Journalisten zukünftig im Zusammenhang mit Organtransplantationen zukommen kann und inwiefern sie dabei ihrer Aufklärungs- und Informationspflicht angemessen nachkommen können. Im 2012 erschienenen Band „Förderung der Organspende. Bestandsaufnahme und Bewertung“, herausgegeben vom *Deutschen Ärzte-Verlag*, heißt es:

[478] Siminoff, Laura A./ Burant, Christopher/ Youngner Stuart J.: Death and organ procurement: public beliefs and attitudes, in: *Social Science & Medicine*, Bd. 59, Heft 11 (Dezember 2004), S. 2325-2334.

> „Die Medien sollten die Bevölkerung über Werbespots aufklären, entsprechende Anzeigen kostenlos drucken und individuelle, unterstützende Berichte publizieren, wie dies z.B. kürzlich anlässlich der Nierenspende des SPD-Fraktionsvorsitzenden im Deutschen Bundestag, Frank-Walter Steinmeier, an seine Frau geschehen ist.“[479]

Diese Empfehlung legt Journalisten bereits eine Haltung nahe und ist deshalb bedenklich, weil dadurch die im Grundgesetz verankerte Pressefreiheit verletzt werden könnte.

Sinnvoller erscheint es hingegen, die bestehenden Informationsstrukturen so zu gestalten, dass ein Informationsfluss zu den Journalisten geschaffen wird, der es den betreffenden Publizisten ermöglicht, von sich aus eine aufklärungswillige und damit auch aufgeschlossene Haltung gegenüber Transplantationen einzunehmen, ohne eine Position vorzugeben. Zu beachten ist, dass Journalisten selbst entscheiden möchten, worüber sie wie berichten. Sie fungieren als *gatekeeper*[480], bewerten Nachrichten danach, ob sie *„neu“, „wichtig“, „interessant“* sind[481] oder aber, ob ein anderer Nachrichtenfaktor zutrifft.[482]

Dabei gelten innerhalb ihres Wirkungskreises ethische Maßstäbe, an denen sie sich zu orientieren haben. Etwa die in Ziffer 14 des Pressekodexes festgeschriebenen Richtlinien für Medizinberichterstattung.

---

[479] Meiser, Bruno/ Sengler, Helmut: Aufklärung und Öffentlichkeitsarbeit, in: Middel, Claus-Dieter et al. (Hrsg.): *Förderung der Organspende: Bestandsaufnahme und Bewertung*, Köln: Deutscher Ärzte-Verlag, 2012, S. 29.

[480] Theorie, basierend auf Kurt Lewin, später aufgegriffen von David Manning White. „Die Rolle des Journalisten im Nachrichtenfluss wird dieser Auffassung zufolge mit der des Torhüters verglichen, der darüber entscheidet, wer oder was das Tor passieren darf.“ Vgl. Schulz, Winfried: Nachricht, in: Noelle-Neumann, Elisabeth/ Schulz, Winfried/ Wilke, Jürgen (Hrsg.): *Fischer Lexikon Publizistik Massenkommunikation*, vollst. überarb. Aufl., Frankfurt am Main: S. Fischer, 2009, S. 387.

[481] Vgl. Schneider, Wolf/ Raue, Paul-Josef: *Das neue Handbuch des Journalismus und des Online-Journalismus*, vollst. überarb. Neuausg., Reinbek bei Hamburg: Rowohlt, 2012, S. 134 ff.

[482] Die Nachrichtenfaktoren lauten Frequenz, Schwellenfaktor, Eindeutigkeit, Bedeutsamkeit, Konsonanz, Überraschung, Kontinuität, Variation, Bezug auf Elite-Nation, Bezug auf Elite-Personen, Personalisierung, Negativismus. Vgl. Galtung, Johan/ Ruge, Mari Homboe: *The Structure of Foreign News: The Presentation of the Congo, Cuba and Cyprus Crises in Four Norwegian Newspapers*. In: *Journal of Peace Research*, 2. Jg., Heft 1 (März 1965), S. 64-91.

„Bei Berichten über medizinische Themen ist eine unangemessen sensationelle Darstellung zu vermeiden, die unbegründete Befürchtungen oder Hoffnungen beim Leser erwecken könnte. Forschungsergebnisse, die sich in einem frühen Stadium befinden, sollten nicht als abgeschlossen oder nahezu abgeschlossen dargestellt werden.“[483]

Jüngst ist wieder ein Fall bekannt geworden, bei dem eine Ärztin in Berlin offenbar den Versuch unternommen hat, Organvergaben zu manipulieren. Unter dem Bericht mit den Fakten findet sich in der *Berliner Zeitung* vom 23./24. August 2014 ein Artikel mit der Überschrift „Vertrauensverlust mit dramatischen Folgen“, in dem auf die 2012 bekannt gewordenen Manipulationen und den daraus entstandenen Konsequenzen eingegangen wird. Der Artikel schildert übersichtlich die daraus erfolgte Entwicklung der Organspendebereitschaft, weist auf die sich dadurch verschärfte Organknappheit hin, greift den entstandenen Vertrauensverlust auf und geht auf die Frage ein, ob die Aufgaben der DSO und die Prüfung der Organvergabe von privat-rechtlichen Stiftungen auf staatliche Institutionen übertragen werden sollten. Welche Position die einzelnen Parteien bezüglich dieser Überlegungen vertreten, wird ebenfalls geschildert.[484]

Dieser Artikel, der zusammen mit dem Bericht über den Manipulationsverdacht die gesamte zweite Seite der überregionalen Tageszeitung füllt, ist ein Beispiel für einen ausgewogenen und problemorientierten journalistischen Umgang mit dem Thema postmortale Organspende, in dessen Vorfeld die Informationsvermittlung offenbar vorbildlich funktioniert hat.

Insgesamt aber können die in Deutschland tätigen Journalisten noch wesentlich mehr zur Debatte beitragen, als es derzeit der Fall ist. Dass die Forschungsgruppe den Wert von Organtransplantationen anerkennt, haben die Befragungsergebnisse gezeigt. Auch eine an verschiedenen Stellen deutlich gewordene grundlegende Befürwortung einer Veränderung der gesetzlichen Regelungen hin zu einer Widerspruchslösung

[483] Deutscher Presserat: *Publizistische Grundsätze (Pressekodex): Richtlinien für die publizistische Arbeit nach den Empfehlungen des Deutschen Presserates; Beschwerdeordnung*, 2013, in: `http://www.presserat.de/fileadmin/user_upload/Downloads_Dateien/Pressekodex2013_big_web.pdf`, zuletzt überprüft am 14. Mai 2014.

[484] Vgl. Szent-Ivanyi, Timot: Vertrauensverlust mit dramatischen Folgen, in: *Berliner Zeitung*, 23./24. August 2014, S. 2.

ist klar erkennbar. Dennoch weisen Spendebereitschaft, Ausweisdichte und Selbsteinschätzung des Wissensstandes auf bestehende Problemfelder hin. Zusammengenommen ergibt sich ein Bild, das einen guten Willen erkennen lässt, der allerdings erst dann in einen Weg aus der Krise der Transplantationsmedizin münden kann, wenn immer wieder Impulse gegeben werden. Ziel dabei sollten gut informierte Journalisten sein. Möglicherweise kann die vorliegende Untersuchung dazu einen bescheidenen Beitrag leisten.

Literaturverzeichnis

Abadie, Alberto/ Gay, Sebastien: The impact of presumed consent legislation on cadaveric organ donation: A cross-country study, in: *Journal of Health and Economics*, Bd. 25, Heft 4 (Juli 2006), S. 599-620.

A Definition of Irreversible Coma. Report of the Ad Hoc Committee of the Harvard Medical School to Examine the Definition of Brain Death, in: *Journal of the American Medical Association [JAMA]*, Bd. 205, Nr. 6 (August 1968), S. 337-340.

Ahlert, Marlies/ Schwettmann, Lars: Einstellungen der Bevölkerung zur Organspende, in: *Gesundheitsmonitor*, Gütersloh: Bertelsmann-Stiftung, 2011, S. 193-213.

Angstwurm, Heinz: Der Hirntod aus ärztlicher Sicht, in: Bondolfi, Alberto/ Kostka, Ulrike/ Seelmann, Kurt (Hrsg.): *Hirntod und Organspende*, Basel: Schwabe, 2003, S. 27-33.

Baureithel, Ulrike/ Bergmann, Anna: *Herzloser Tod: das Dilemma der Organspende*, Stuttgart: Klett Cotta, 2001.

Beauchamp, Tom Lamar/ Childress, James Franklin: *Principles of Biomedical Ethics*, 7. Aufl., New York u.a.: Oxford University Press, 2013.

Beckmann, Rainer: Der Hirntod: Kein sicheres Todeszeichen!, in: *LebensForum*, Bd. 9, Heft 1 (2010), S. 26-29.

Berndt, Christina: Geben und Nehmen, in: *Süddeutsche Zeitung*, 10./11. Mai 2014, Wochenendbeilage, S. 3.

Berndt, Christina: Leber im Angebot, in: *Süddeutsche Zeitung*, 20. Juli 2012, S. 10.

Birnbacher, Dieter: Das Hirntodkriterium in der Krise – Welche Todesdefinition ist angemessen?, in: Esser, Andrea M. et al. (Hrsg.): *Welchen Tod stirbt der Mensch? Philosophische Kontroversen zur Definition und Bedeutung des Todes*, Frankfurt am Main: Campus, 2012, S. 19-40.

Birnbacher, Dieter: Einige Gründe, das Hirntodkriterium zu akzeptieren, in: Hoff, Johannes/ In der Schmitten, Jürgen (Hrsg.): *Wann ist der Mensch tot? Organverpflanzung und ‚Hirntod'-Kriterium*, Reinbek bei Hamburg: Rowohlt, 1994, S. 28-40.

Birnbacher, Dieter: Organtransplantationen – Stand der ethischen Debatte, in: *Information Philosophie*, 19. Jg., Heft 4 (1998), S. 30-43.

Brüsemeister, Thomas: *Qualitative Forschung: ein Überblick*, Wiesbaden: Westdeutscher Verlag, 2000.

Brust, Thomas: *Organspende und -transplantation: eine Analyse ethischer und christlicher Aspekte. Hilfen zur Entscheidungsfindung*, Dillenburg: Christliche Verlagsgesellschaft, 2013.

Buckow, Isabelle: *Freie Journalisten und ihre berufliche Identität. Eine Umfrage unter den Mitgliedern des Journalistenverbands Freischreiber*, Wiesbaden: Verlag für Sozialwissenschaften, 2011.

Bundesärztekammer: Richtlinien zur Feststellung des Hirntodes, in: *Deutsches Ärzteblatt*, 95. Jg., Heft 30 (24. Juli 1998), A-1861-1868.

Deutsche Bischofskonferenz/ Rat der Evangelischen Kirche in Deutschland: Organtransplantationen: Erklärung der Deutschen Bischofskonferenz und des Rates der Evangelischen Kirche in Deutschland, in: *Gemeinsame Texte*, Bd. 1, Bonn/ Hannover: Sekretariat der Deutschen Bischofskonferenz, 1990.

Deutsche Stiftung Organtransplantation: *Organspende und Transplantation in Deutschland. Jahresbericht 2013*, Frankfurt am Main, 2014.

Diekmann, Andreas: *Empirische Sozialforschung: Grundlagen, Methoden, Anwendungen*, 20. vollst. überarb. Aufl., Reinbek bei Hamburg: Rowohlt, 2009.

Düwell, Marcus: *Bioethik: Methoden, Theorien und Bereiche*, Stuttgart/ Weimar: Metzler, 2008.

Eser, Albin et al. (Hrsg.): *Lexikon Medizin, Ethik, Recht: Darf die Medizin, was sie kann? Information und Orientierung*, Freiburg im Breisgau: Herder, 1989.

Fenner, Dagmar: *Einführung in die Angewandte Ethik*, Tübingen: Francke, 2010.

Förderreuther, Stefanie: Hirntod-Organspende: Diagnostik, Durchführung, Organisation und rechtlicher Rahmen in Deutschland, in: *Der Diabetologe,* Bd. 6, Heft 5 (Juli 2010), S. 366-372.

Forsa: *Meinungen zur Organspende*, im Auftrag der DAK, 2011.

Frank, Charlotte: Vielleicht weht ja etwas Dankbarkeit rüber, in: *Süddeutsche Zeitung*, 17./18. März 2012, S. 13.

Frei, Ulrich: *Das ist nicht Hokuspokus*, Interview mit Heike Haarhoff, in: `http://www.taz.de/!79282/`, zuletzt überprüft am 8. Oktober 2014.

Galtung, Johan/ Ruge, Mari Homboe: The Structure of Foreign News: The Presentation of the Congo, Cuba and Cyprus Crises in Four Norwegian Newspapers, in: *Journal of Peace Research*, 2. Jg., Heft 1 (März 1965), S. 64-90.

Ginzel, Arndt/ Kraushaar, Martin/ Winter, Steffen: Die gekaufte Niere, in: *Der Spiegel*, 30. Juli 2012, S. 22-30.

Grillmeister, Thomas: Ihre zweite Chance, in: *Leipziger Rundschau*, 7. Mai 2014, S. 1 und 3.

Grillmeister, Thomas: Sie riskierte ihr Leben fürs Familienglück, in: *Leipziger Rundschau*, 10. September 2014, S. 1.

Gutmann, Thomas: Organtransplantation und Aufklärung, in: *Deutsche Zeitschrift für Philosophie*, Bd. 61, Heft 1 (April 2013), S. 141-142.

Hein, Jan-Philipp/ Hollweg, Petra/ Kailitz, Susanne/ Mayer, Kurt-Martin/ Neumann, Philipp/ Wendt, Alexander: Wenn Ärzte Gott spielen, in: *Focus*, 7. Januar 2013, S. 44-49.

Hirntod und Organentnahme: Gibt es neue Erkenntnisse zum Ende des menschlichen Lebens?, Forum Bioethik, Berlin: 2012, Simultanmitschrift, in: `http://www.ethikrat.org/dateien/pdf/forum-bioethik-2012-03-21-simultanmitschrift.pdf`, zuletzt überprüft am 11. Oktober 2014.

Hoff, Johannes/ In der Schmitten, Jürgen: Kritik der ‚Hirntod'-Konzeption. Plädoyer für ein menschenwürdiges Todeskriterium, in: Hoff, Johannes/ In der Schmitten, Jürgen (Hrsg.): *Wann ist der Mensch tot? Organverpflanzung und ‚Hirntod'-Kriterium*, Reinbek bei Hamburg: Rowohlt, 1994, S. 153-254.

Höfling, Wolfram: Todesverständnisse und Verfassungsrecht, in: Bondolfi, Alberto/ Kostka, Ulrike/ Seelmann, Kurt (Hrsg.): *Hirntod und Organspende*, Basel: Schwabe, 2003, S. 81-88.

Höfling, Wolfram (Hrsg.): *TPG: Transplantationsgesetz; Kommentar*, 2., völlig neu bearb. Aufl., Berlin: Schmidt, 2013.

Jonas, Hans: Gehirntod und menschliche Organbank: Zur pragmatischen Umdefinierung des Todes, in: Jonas, Hans: *Technik, Medizin und Ethik: zur Praxis des Prinzips Verantwortung*, Frankfurt am Main: Suhrkamp, 1987, S. 219-241.

Kesselring, Annemarie/ Kainz, Martina: Hirntod, Organentnahme und Organspende: Erfahrungen von Pflegenden, in: Bondolfi, Alberto/ Kostka, Ulrike/ Seelmann, Kurt (Hrsg.): *Hirntod und Organspende*, Basel: Schwabe, 2003, S. 139-148.

Kliemt, Hartmut: Transplantationsmedizin, in: Stoecker, Ralf/ Neuhäuser, Christian/ Raters, Marie Luise: *Handbuch Angewandte Ethik*, Stuttgart/ Weimar: Metzler, 2011, S. 463-467.

Klinkhammer, Gisela: Transplantationsmedizin: Werbung für die Organspende, in: *Deutsches Ärzteblatt*, 110 Jg., Heft 23-24 (10. Juni 2013), S. 1129.

Knoepffler, Nikolaus: *Angewandte Ethik: Ein systematischer Leitfaden.* Köln/ Weimar/ Wien: Böhlau, 2010.

Knoepffler, Nikolaus: Ethische Fragen bei Organtransplantationen, in: Preuß, Dirk/ Knoepffler, Nikolaus/ Kodalle Klaus-M. (Hrsg.): *Körperteile – Körper teilen? Kritisches Jahrbuch der Philosophie. Beiheft 8*, Würzburg: Königshausen & Neumann, 2009, S. 13-28.

Knoepffler, Nikolaus: Menschenwürde heute – ein wirkmächtiges Prinzip und echte Innovation, in: Knoepffler, Nikolaus/ Kunzmann, Peter/ O'Malley, Martin (Hrsg.): *Facetten der Menschenwürde*, Freiburg im Breisgau: Alber, 2011, S. 9-30.

Knoepffler, Nikolaus: *Menschenwürde in der Bioethik*, Berlin/ Heidelberg: Springer, 2004.

Kodalle, Klaus-M.: Überdehnte Solidaritätspflicht? Kritische Anmerkungen im Anschluss an Nikolaus Knoepfflers Vortrag, in: Preuß, Dirk/ Knoepffler, Nikolaus/ Kodalle, Klaus-M. (Hrsg.): *Körperteile – Körper teilen? Kritisches Jahrbuch der Philosophie. Beiheft 8*, Würzburg: Königshausen & Neumann, 2009, S. 29-39.

Korff, Wilhelm et al. (Hrsg.): *Lexikon der Bioethik. Band 2, G-Pa*, Gütersloh: Gütersloher Verlagshaus, 1998.

Leiner, Martin: Medienethik in der Gegenwart (Medienethik II), in: Knoepffler, Nikolaus et al. (Hrsg.): *Einführung in die Angewandte Ethik*, Freiburg/ München: Alber, 2006, S. 155-194.

Litz, Raimund: Der Hirntod in der pluralen Gesellschaft, in: Bondolfi, Alberto/ Kostka, Ulrike/ Seelmann, Kurt (Hrsg.): *Hirntod und Organspende*, Basel: Schwabe, 2003, S. 71-80.

Meiser, Bruno/ Sengler, Helmut: Aufklärung und Öffentlichkeitsarbeit, in: Middel, Claus-Dieter et al. (Hrsg.): *Förderung der Organspende: Bestandsaufnahme und Bewertung*, Köln: Deutscher Ärzte-Verlag, 2012, S. 29-32.

Montgomery, Frank Ulrich: *Gesundheitskarte als Spenderausweis*, Interview mit Timot Szent-Ivanyi, in: `http://www.berliner-zeitung.de/archiv/aerztepraesident-frank-ulrich-montgomery-hat-einen-vorschlag-wie-man-mehr-menschen-zur-organspende-bewegen-kann-gesundheitskarte-als-spenderausweis,10810590,10954612.html`, zuletzt überprüft am 8. Oktober 2014.

Müller, Sabine: Revival der Hirntod-Debatte: Funktionelle Bildgebung für die Hirntod-Diagnostik, in: *Ethik in der Medizin,* Bd. 22, Heft 1 (März 2010), S. 5-17.

Nida-Rümelin, Julian: Theoretische und angewandte Ethik: Paradigmen, Begründungen, Bereiche, in: Nida-Rümelin, Julian (Hrsg.): *Angewandte Ethik: die Bereichsethiken und ihre theoretische Fundierung; ein Handbuch*, 2., aktualisierte Aufl., Stuttgart: Kröner, 2005, S. 2-87.

Niemann, Heidi: Organspendeskandal weitet sich aus, in: *Berliner Zeitung*, 3. August 2012, S. 5.

President's Commission for the Study of Ethical Problems in Medicine and Biomedical and Behavioral Research: *Defining death: A Report on the medical, legal and ethical issues in the determination of death*, Washington, D.C.: US Government Printing Office, 1981.

Rehbock, Theda: Achtung der Autonomie gegenüber Organspendern?, in: *Deutsche Zeitschrift für Philosophie.* Bd. 61, Heft 1 (April 2013), S. 143-144.

Romeo-Casabona, Carlos M.: Das spanische Modell der ‚Zustimmungslösung' bei Organverpflanzung – von der gesetzlichen Regelung zur Praxis, in: Preuß, Dirk/ Knoepffler, Nikolaus/ Kodalle, Klaus-M. (Hrsg.): *Körperteile – Körper teilen? Kritisches Jahrbuch der Philosophie. Beiheft 8*, Würzburg: Königshausen & Neumann, 2009, S. 99-118.

Schneider, Wolf/ Raue, Paul-Josef: *Das neue Handbuch des Journalismus und des Online-Journalismus*, vollst. überarb. Neuausg., Reinbek bei Hamburg: Rowohlt, 2012.

Scholl, Armin: *Die Befragung: sozialwissenschaftliche Methode und kommunikationswissenschaftliche Anwendung*, Konstanz: UVK Verlagsgesellschaft, 2003.

Schöne-Seifert, Bettina: Medizinethik, in: Nida-Rümelin, Julian (Hrsg.): *Angewandte Ethik: die Bereichsethiken und ihre theoretische Fundierung; ein Handbuch*, 2., aktualisierte Aufl., Stuttgart: Kröner, 2005, S. 690-803.

Schöne-Seifert, Bettina: Transplantationsmedizin, In: Kahlke, Winfried/ Reiter-Theil, Stella: *Ethik in der Medizin*, Stuttgart: Enke, 1995, S. 97-110.

Schulz, Winfried: Nachricht, in: Noelle-Neumann, Elisabeth/ Schulz, Winfried/ Wilke, Jürgen (Hrsg.): *Fischer Lexikon Publizistik Massenkommunikation*, vollst. überarb. Aufl., Frankfurt am Main: S. Fischer, 2009, S. 359-396.

Schwetz, Herbert et al. (Hrsg.): *Einführung in das quantitativ orientierte Forschen und erste Analysen mit SPSS 18*, 3., überarb. Aufl., Wien: Facultas, 2013.

Shewmon, D. Alan: Chronic „brain death": Meta-analysis and conceptual consequences, in: *Neurology*, Bd. 51, Heft 6 (Dezember 1998), S. 1538-1545.

Shewmon, D. Alan: The Brain and Somatic Integration: Insights Into the Standard Biological Rationale for Equating 'Brain Death' with Death, in: *Journal of Medicine and Philosophy*, 25. Jg., Heft 5 (2001), S. 457-478.

Siegmund-Schultze, Nicola: Deutscher Ethikrat: Werden Organe gerecht verteilt?, in: *Deutsches Ärzteblatt*, 110. Jg., Heft 41 (11. Oktober 2013), S. 1896.

Siminoff, Laura A./ Burant, Christopher/ Youngner, Stuart J.: Death and organ procurement: public beliefs and attitudes, in: *Social Science & Medicine*, Bd. 59, Heft 11 (Dezember 2004), S. 2325-2334.

Singer, Peter: *Praktische Ethik*, 3., rev. und erw. Aufl., Stuttgart: Reclam, 2013.

Steigleder, Klaus: Moral, Ethik, Medizinethik, in: Schulz, Stefan et al. (Hrsg.): *Geschichte, Theorie und Ethik der Medizin: eine Einführung*, Frankfurt am Main: Suhrkamp, 2006, S. 15-45.

Steigleder, Klaus: Organtransplantation, in: Schulz, Stefan et al. (Hrsg.): *Geschichte, Theorie und Ethik der Medizin: eine Einführung*, Frankfurt am Main: Suhrkamp, 2006, S. 410-434.

Stoecker, Ralf: Die Hirntod-Debatte, in: Stoecker, Ralf/ Neuhäuser, Christian/ Raters, Marie-Luise (Hrsg.): *Handbuch Angewandte Ethik*, Stuttgart/ Weimar: Metzler, 2011, S. 458-463.

Stoecker, Ralf: Die Hirntod-Debatte aus philosophischer Sicht, in: Bondolfi, Alberto/ Kostka, Ulrike/ Seelmann, Kurt (Hrsg.): *Hirntod und Organspende*, Basel: Schwabe, 2003, S. 49-70.

Stoecker, Ralf: Ein Plädoyer für die Reanimation der Hirntoddebatte in Deutschland, in: Preuß, Dirk/ Knoepffler, Nikolaus/ Kodalle, Klaus-M. (Hrsg.): *Körperteile – Körper teilen? Kritisches Jahrbuch der Philosophie. Beiheft 8*, Würzburg: Königshausen & Neumann, 2009, S. 41-59.

Szent-Ivanyi, Timot: Vertrauensverlust mit dramatischen Folgen, in: *Berliner Zeitung*, 23./24. August 2014, S. 2.

Szent-Ivanyi, Timot/ Junghänel, Frank: Wer noch warm ist, ist nicht tot. Interview mit der Soziologin und ehemaligen Krankenschwester Alexandra Manzei, in: *Berliner Zeitung*, 19./20. Mai 2012, Magazin S. 1-2.

Thurnherr, Urs: *Angewandte Ethik zur Einführung*, Hamburg: Junius, 2000.

Tichomirowa, Katja: Eine Chance, Leben zu retten, in: *Berliner Zeitung*, 23. März 2012, S. 5.

Veatch, Robert M.: Donating Hearts after Cardiac Death – Reversing the Irreversible, in: *New England Journal of Medicine*, Bd. 359, Heft 7 (2008), S. 672-673

Vom Lehn, Brigitta: Wenn der Körper noch warm ist, in: *Berliner Zeitung*, 25. Mai 2012, S. 2.

Vieth, Andreas: *Einführung in die Angewandte Ethik*, Darmstadt: Wissenschaftliche Buchgesellschaft, 2006.

Weischenberg, Siegfried: *Journalistik. Theorie und Praxis aktueller Medienkommunikation. Band 2: Medientechnik, Medienfunktionen, Medienakteure*, 1. Aufl., Nachdruck, Opladen: Westdeutscher Verlag, 2002.

Weischenberg, Siegfried/ Malik, Maja/ Scholl, Armin: *Die Souffleure der Mediengesellschaft: Report über die Journalisten in Deutschland.* Konstanz: UVK Verlagsgesellschaft, 2006.

Woratschka, Rainer: Mit Spenderherz, in: *Der Tagesspiegel*, 26. Mai 2012, S. 2.

Zude, Heiko Ulrich: Medizinethik (Bioethik II), in: Knoepffler, Nikolaus et al. (Hrsg.): *Einführung in die Angewandte Ethik*, Freiburg/ München: Alber, 2006, S. 105-135.

Internetquellen

ARD: *Mediennutzung und Freizeitverhalten*, in: `http://www.ard.de/home/intern/fakten/ard-mediendaten/Mediennutzung_und_Freizeitbeschaeftigung/408808/index.html`, zuletzt überprüft am 23. März 2014.

ARD/ZDF: *Onlinestudie*, in: `http://www.ard-zdf-onlinestudie.de/index.php?id=501`, zuletzt überprüft am 7. Oktober 2014.

Deutscher Journalisten-Verband: *Arbeitsmarkt und Berufschancen*, in: `http://www.djv.de/startseite/info/themen-wissen/aus-und-weiterbildung/arbeitsmarkt-und-berufschancen.html`, zuletzt überprüft am 17. November 2013.

Deutscher Journalisten Verband: *Berufsbild Journalistin – Journalist*, in: http://www.djv.de/fileadmin/user_upload/Infos_PDFs/Flyer_Broschuren/Berufsbild_Journalistin_Journalist.pdf, zuletzt überprüft am 3. Januar 2014.

Deutscher Journalisten-Verband: *Grundsatzprogramm*, in: https://www.djv.de/fileadmin/user_upload/Infos_PDFs/Flyer_Broschuren/DJV_Grundsatzprogramm.pdf, zuletzt überprüft am 17. November 2013.

Deutscher Presserat: *Publizistische Grundsätze (Pressekodex): Richtlinien für die publizistische Arbeit nach den Empfehlungen des Deutschen Presserates; Beschwerdeordnung*, 2013, in: http://www.presserat.de/fileadmin/user_upload/Downloads_Dateien/Pressekodex2013_big_web.pdf, zuletzt überprüft am 15. Juni 2014.

Deutsche Stiftung Organtransplantation: *Eine Entscheidung zur Organspende ist wichtig – gerade jetzt*, in: http://www.dso.de/dso-pressemitteilungen/einzelansicht/article/eine-entscheidung-zur-organspende-ist-wichtig-gerade-jetzt.html, zuletzt überprüft am 20. September 2014.

Deutsche Stiftung Organtransplantation: *Entwicklung der postmortalen Organspende in Deutschland*, in: http://www.dso.de/dso-pressemitteilungen/einzelansicht/article/entwicklung-der-postmortalen-organspende-in-deutschland.html, zuletzt überprüft am 23. März 2014.

Deutsche Stiftung Organtransplantation: *Zeichen der Hoffnung setzen*, in: http://www.dso.de/dso-pressemitteilungen/einzelansicht/article/zeichen-der-hoffnung-setzen.html, zuletzt überprüft am 8. September 2014.

Eurotransplant: *Current ethical consideration in organ transplantation*, in: https://www.eurotransplant.org/cms/mediaobject.php?file=ethical_considerations.pdf, zuletzt überprüft am 11. Juni 2014.

Eurotransplant: *Jahresstatistik 2013*, in: http://www.eurotransplant.org/cms/mediaobject.php?file=year_20131.pdf, zuletzt überprüft am 23. März 2014.

Eurotransplant: *Legislation within the Eurotransplant region*, in: https://www.eurotransplant.org/cms/mediaobject.php?file=legislation_et.pdf, zuletzt überprüft am 11. Juni 2014.

Gesundheitsminister einigen sich auf Entscheidungslösung, in: http://www.spiegel.de/politik/deutschland/organspende-gesundheitsminister-einigen-sich-auf-entscheidungsloesung-a-771680.html, zuletzt überprüft am 9. September 2014.

Höfling, Wolfram: Warten auf Herz und Niere: Die Macht der Bundesärztekammer, in: http://www.lto.de/recht/hintergruende/h/organspende-transplantation-warteliste-bundesaerztekammer/2/, zuletzt überprüft am 9. September 2014.

International Registry in Organ Donation and Transplantation, in: http://www.irodat.org/, zuletzt überprüft am 20. Februar 2014

Merkel, Angela: *Grußwort zur Stiftung FÜR'S LEBEN*, in: http://www.fuers-leben.de/index.php/seasons/current/2/n,38/s,0, zuletzt überprüft am 25. Juli 2014.

Nationaler Ethikrat: *Die Zahl der Organspenden erhöhen – Zu einem drängenden Problem der Transplantationsmedizin in Deutschland. Stellungnahme*, 2007, in: www.ethikrat.org/dateien/pdf/Stellungnahme_Organmangel.pdf, zuletzt überprüft am 14. August 2014.

Tag der Organspende: *Aktuelles zur Gesetzeslage*, in: http://www.tag-der-organspende.com/aktuelle-gesetzeslage-/index.html, zuletzt überprüft am 7. Oktober 2014.

The President's Council on Bioethics: *Controversies in the Determination of Death. A White Paper*, Washington, D.C.: 2008, in: https://bioethicsarchive.georgetown.edu/pcbe/reports/death/Controversies\%20in\%20the\%20Determination\%20of\%20Death\%20for\%20the\%20Web\%20\%282\%29.pdf, zuletzt überprüft am 13. Juni 2014.

Watzke, Daniela/ Schmidt, Karolina/ Stander, Volker: *Einstellung, Wissen und Verhalten der Allgemeinbevölkerung zur Organ- und Gewebespende*, Köln: Bundeszentrale für gesundheitliche Aufklärung (BZgA), 2013, in: http://www.organspende-info.de/sites/all/files/files/Bericht-Studie-Organ-\%20und\%20Gewebspende-2012\%281\%29.pdf, zuletzt überprüft am 24. Juni 2014.

Abbildungsverzeichnis

Tabellenverzeichnis

Studien und Materialien zur praktischen Philosophie
Studies and Materials on Practical Philosophy

Herausgegeben von
Professor Dr. mult. Nikolaus Knoepffler
und Dipl.-Jur. Sebastian C. Dewaldt

Bereits erschienen:

Band 1:
Nikolaus Knoepffler / Wolfgang Lienemann / Johannes Seidel, Verantwortungsvoller Umgang mit Embryonen, 2014,
102 Seiten, Preis: 19,99 €, ISBN 978-3-944420-19-6

Band 2:
Friedrich Gabel, Chancen und Probleme moderner Biotechnologie. Forschungsbericht über Biomarkerbasierte klinische Studien, 2014,
147 Seiten, Preis: 19,99 €, ISBN 978-3-944420-24-0

Band 3:
Christoph Steinhauser / Andreas Schmid / Steffen Schmidt, Ökonomie und Gerechtigkeit im Gesundheitswesen, 2015,
127 Seiten, Preis: 19,99 €, ISBN 978-3-944420-28-8

FSC
www.fsc.org
MIX
Papier aus verantwortungsvollen Quellen
Paper from responsible sources
FSC® C105338